O PENSAMENTO DE
ROBERT ALEXY
COMO SISTEMA

O GEN | Grupo Editorial Nacional – maior plataforma editorial brasileira no segmento científico, técnico e profissional – publica conteúdos nas áreas de ciências humanas, exatas, jurídicas, da saúde e sociais aplicadas, além de prover serviços direcionados à educação continuada e à preparação para concursos.

As editoras que integram o GEN, das mais respeitadas no mercado editorial, construíram catálogos inigualáveis, com obras decisivas para a formação acadêmica e o aperfeiçoamento de várias gerações de profissionais e estudantes, tendo se tornado sinônimo de qualidade e seriedade.

A missão do GEN e dos núcleos de conteúdo que o compõem é prover a melhor informação científica e distribuí-la de maneira flexível e conveniente, a preços justos, gerando benefícios e servindo a autores, docentes, livreiros, funcionários, colaboradores e acionistas.

Nosso comportamento ético incondicional e nossa responsabilidade social e ambiental são reforçados pela natureza educacional de nossa atividade e dão sustentabilidade ao crescimento contínuo e à rentabilidade do grupo.

O PENSAMENTO DE
ROBERT ALEXY
COMO SISTEMA

Organizadora
Cláudia Toledo

Colaboradores
Alejandro Nava Tovar
Alexandre Travessoni Gomes Trivisonno
Cláudia Toledo
Fernando Leal
Jan Sieckmann
Luís Afonso Heck
Martin Borowski
Matthias Klatt
Paula Gaido
Robert Alexy
Roberto José Ludwig

- A EDITORA FORENSE se responsabiliza pelos vícios do produto no que concerne à sua edição, aí compreendidas a impressão e a apresentação, a fim de possibilitar ao consumidor bem manuseá-lo e lê-lo. Os vícios relacionados à atualização da obra, aos conceitos doutrinários, às concepções ideológicas e referências indevidas são de responsabilidade do autor e/ou atualizador.

  As reclamações devem ser feitas até noventa dias a partir da compra e venda com nota fiscal (interpretação do art. 26 da Lei n. 8.078, de 11.09.1990).

- **O pensamento de Robert Alexy como sistema**
  ISBN 978-85-309-7693-4
  Direitos exclusivos para o Brasil na língua portuguesa
  Copyright © 2017 by
  FORENSE UNIVERSITÁRIA um selo da EDITORA FORENSE LTDA.
  Uma editora integrante do GEN | Grupo Editorial Nacional
  Travessa do Ouvidor, 11 – 6º andar – 20040-040 – Rio de Janeiro – RJ
  SAC: (11) 5080-0751 | faleconosco@grupogen.com.br
  bilacpinto@grupogen.com.br | www.grupogen.com.br

- O titular cuja obra seja fraudulentamente reproduzida, divulgada ou de qualquer forma utilizada poderá requerer a apreensão dos exemplares reproduzidos ou a suspensão da divulgação, sem prejuízo da indenização cabível (art. 102 da Lei n. 9.610, de 19.02.1998). Quem vender, expuser à venda, ocultar, adquirir, distribuir, tiver em depósito ou utilizar obra ou fonograma reproduzidos com fraude, com a finalidade de vender, obter ganho, vantagem, proveito, lucro direto ou indireto, para si ou para outrem, será solidariamente responsável com o contrafator, nos termos dos artigos precedentes, respondendo como contrafatores o importador e o distribuidor em caso de reprodução no exterior (art. 104 da Lei n. 9.610/98).

  1ª edição – 2017
  Foto de capa: *Christian-Albrechts Universität zu Kiel*

- CIP – Brasil. Catalogação na publicação.
  Sindicato Nacional dos Editores de Livros, RJ.

P467

  O pensamento de Robert Alexy como sistema / organização Cláudia Toledo. – 1. ed. – Rio de Janeiro : Forense, 2017.
  il.

  Inclui Sumário
  ISBN 978-85-309-7693-4

  1. Alexy, Robert, 1945-. 2. Jurisdição. 3. Direito – Filosofia. 4. Hermenêutica (Direito). 5. Juízes – Decisões. I. Toledo, Cláudia.

17-43503

CDD: 340.1

Sumário

Introdução
Cláudia Toledo e Waleska Marcy Rosa 1

"Dever" ideal e otimização
Robert Alexy 7

O pensamento de Robert Alexy como sistema – argumentação
jurídica, direitos fundamentais, conceito e validade do direito
Cláudia Toledo 29

Parte I
ARGUMENTAÇÃO JURÍDICA

Argumentação jurídica e devido processo legal
Matthias Klatt 51

Filosofia do Direito e hermenêutica filosófica
Luís Afonso Heck 79

Parte II
DIREITOS FUNDAMENTAIS

A distinção entre discricionariedade legislativa e judicial: uma proposta
a partir das teorias de Kelsen e Alexy
Alexandre Travessoni Gomes Trivisonno 99

Direitos fundamentais e princípios formais
Jan Sieckmann 129

VI   O PENSAMENTO DE ROBERT ALEXY COMO SISTEMA

Ponderação e hierarquia
Martin Borowski 153

A Norma de Direito Fundamental Associada: relevância,
operatividade e risco
Roberto José Ludwig 189

Parte III
CONCEITO E VALIDADE DO DIREITO

Não positivismo e a pretensão de correção
Alejandro Nava Tovar. 223

O projeto metodológico do não positivismo de Alexy
Fernando Leal 247

O espaço da Moral no Direito: um diálogo entre Robert Alexy e
Joseph Raz
Paula Gaido. 275

Introdução

Este livro vem publicar as palestras apresentadas em evento realizado pelo Programa de Pós-Graduação *Stricto Sensu* da Faculdade de Direito da Universidade Federal de Juiz de Fora, intitulado *II Congresso Internacional – O Pensamento de Robert Alexy como Sistema: Argumentação Jurídica, Direitos Fundamentais, Conceito e Validade do Direito*[1]. A correspondência entre a obra alexyana e os temas abordados por este programa de pós-graduação é evidenciada nas linhas de pesquisa que o compõem – *"Direito, Argumentação e Inovação"* e *"Direitos Humanos e Inovação"*, dentro da área de concentração *Direito e Inovação*.

A finalidade desta publicação é proporcionar ao público brasileiro acesso à conferência de Robert Alexy, exposta no artigo inédito **"Dever" Ideal e Otimização**, bem como o contato com a produção dos mais destacados representantes do pensamento alexyano na Alemanha (Matthias Klatt, Jan Sieckmann, Martin Borowski), no México (Alejandro Nava Tovar), na Argentina (Paula Gaido), além dos professores brasileiros que desenvolveram trabalhos científicos (pesquisa sênior, pós-doutorado, doutorado) com Alexy em sua cátedra em Kiel – Luís Afonso Heck, Alexandre Trivisonno, Roberto Ludwig, Fernando Leal, Cláudia Toledo. Nas palavras de Alexy, esses professores reunidos formam a sua "família científica".

Este livro tem como abertura o artigo **"Dever" Ideal e Otimização**, do Prof. Robert Alexy. Nele, Alexy procura responder

---

1   A realização deste congresso internacional foi viabilizada pelo financiamento concedido pelas instituições CAPES, CNPq, FAPEMIG, além do auxílio financeiro da UFJF (Reitoria, Faculdade de Direito e Programa de Pós-Graduação *Stricto Sensu* em Direito e Inovação).

críticas à sua proposta, na teoria dos princípios, de *mandamento de otimização*. Para tanto, retoma antigas críticas feitas por Aulis Aarnio e por Jan Sieckmann, somadas a outras mais recentes, tanto de Sieckmann quanto de Ralf Poscher. Para refutar tais críticas, Alexy utiliza um *modelo índice* do "dever 'ideal'", demonstrando o acerto e a pertinência dessa noção ao longo de sua exposição.

Em seguida, Cláudia Toledo – coordenadora daquele congresso internacional –, explica a estrutura da obra alexyana em artigo com o mesmo título do evento, qual seja, **O Pensamento de Robert Alexy como Sistema – Argumentação Jurídica, Direitos Fundamentais, Conceito e Validade do Direito.** A autora explica então que, no livro *Teoria da Argumentação Jurídica*, se faz a exposição do discurso jurídico não apenas em sua perspectiva analítica, mas também normativa, mediante a proposição de regras que o estruturam dentro de parâmetros da racionalidade. No livro *Teoria dos Direitos Fundamentais*, é realizada a análise desses direitos centrais à ordem jurídica do Estado Constitucional, conforme o prisma da teoria dos princípios, sendo demonstrada a máxima da proporcionalidade como importante instrumento para a racionalidade da solução da colisão principiológica frequentemente associada àqueles direitos. Finalmente, no livro *Conceito e Validade do Direito*, a partir da exposição das concepções jurídicas positivista e não positivista, o Direito é demonstrado como dotado de dupla natureza, composto por elementos correspondentes não apenas à dimensão real (emissão autoritativa e eficácia social), mas também à dimensão ideal (pretensão de correção).

Em seguida, diferenciadas análises sobre tópicos específicos do pensamento de Robert Alexy são apresentadas. Os artigos estão aqui dispostos não na ordem de sua apresentação no congresso, mas de acordo com a matéria por cada um abordada, tendo como parâmetro a ordem do desenvolvimento da própria obra de Alexy, centrada nos temas *Argumentação Jurídica, Direitos Fundamentais* e *Conceito e Validade do Direito*.

INTRODUÇÃO 3

Nesse sentido, dentro da temática *Argumentação Jurídica*, estão os artigos de Matthias Klatt e Luís Afonso Heck.

Matthias Klatt, no artigo **Argumentação Jurídica e Devido Processo Legal**, refuta, com clareza e inovação, as contestações e as objeções de *irracionalidade* usualmente atribuídas aos conceitos de *argumentação jurídica* e de *devido processo legal*. Para tanto, Klatt se vale da análise dos dois conceitos e da identificação de mútua relação entre eles.

A questão sobre a existência, ou não, de uma separação absoluta entre a *filosofia do direito* de Robert Alexy e a *hermenêutica filosófica* de Hans-Georg Gadamer é colocada por Luís Afonso Heck no artigo **Filosofia do Direito e Hermenêutica Filosófica**. Heck trabalha com a possibilidade de haver interfaces possíveis entre as propostas dos dois autores.

Em seguida, relacionados à temática *Direitos Fundamentais*, estão os artigos de Alexandre Travessoni Gomes Trivisonno, Jan Sieckmann, Martin Borowski e Roberto José Ludwig.

Alexandre Travessoni Gomes Trivisonno propõe, no artigo intitulado **A Distinção entre Discricionariedades Legislativa e Judicial: uma Proposta a partir das Teorias de Kelsen e Alexy**, a identificação de distinções entre a discricionariedade legislativa e a discricionariedade judicial, utilizando como ponto de vista a distinção *quantitativa* apresentada por Hans Kelsen em sua Teoria Pura do Direito, ao lado da distinção não apenas quantitativa, mas também *qualitativa* desenvolvida por Alexy em sua Teoria Discursiva do Direito.

Jan Sieckmann, por meio do artigo **Direitos Fundamentais e Princípios Formais**, procura refutar as objeções referentes à noção e à própria utilização de *princípios formais*, tal como proposto por Robert Alexy em sua teoria dos princípios. Sieckmann aponta as principais questões identificadas na concepção de princípio formal: a) problemas de natureza conceitual; b) problemas de natureza metodológica; c) problemas de natureza jurídica.

No artigo intitulado **Ponderação e Hierarquia**, Martin Borowski enfrenta uma linha específica dentre as diferentes críticas que são feitas por diversos acadêmicos à utilização e conceituação de *ponderação* e de *proporcionalidade*. O autor refuta no texto especificamente a destruição, pela teoria dos princípios, da *estrutura hierárquica* do ordenamento jurídico.

Diante da constatação de que a jurisprudência de diversos tribunais vem recorrendo expressamente à teoria de Robert Alexy para a solução de colisões na interpretação de direitos fundamentais e tendo em vista que, frequentemente, tais decisões não se valem da adequada estruturação da argumentação jurídica para chegar à regra de decisão do caso, Roberto José Ludwig propõe, no artigo **A Norma de Direito Fundamental Associada: relevância, operatividade e risco**, a possibilidade de a *norma de direito fundamental associada* ser o ponto fulcral da teoria dos direitos fundamentais, conectando seu estudo à teoria dos princípios.

Finalmente, abordando o tema *Conceito e Validade do Direito* estão os artigos de Alejandro Nava Tovar, Fernando Leal e Paula Gaido.

A teoria não positivista do Direito, de Robert Alexy, é relacionada à natureza e ao conteúdo da *pretensão por correção* no artigo de Alejandro Nava Tovar, no artigo intitulado **Não positivismo e a Pretensão de Correção**. Tovar expõe como a pretensão de correção deve ser compreendida no que se refere, especificamente, aos direitos fundamentais.

Fernando Leal, por sua vez, no artigo intitulado **O Projeto Metodológico do não Positivismo de Alexy**, apresenta proposta para identificar a complexidade do debate que envolve a oposição entre *positivistas* e *não positivistas*, verificando como o pensamento de Robert Alexy se insere neste debate.

Por fim, no artigo **O Espaço da Moral no Direito: um diálogo entre Robert Alexy e Joseph Raz**, Paula Gaido explica como reconhecer uma *necessária conexão* entre *Direito e Moral*, ao invés de colocar um ponto final, serve de estímulo à discussão sobre

INTRODUÇÃO 5

a melhor forma de compreender o Direito. Para tanto, Gaido se utiliza das compreensões diversas de Alexy e de Raz a respeito do valor moral, demonstrado como necessariamente vinculado ao Direito.

Assim, por meio de uma abordagem diversificada e da congregação de professores de diversas universidades, a reunião desses artigos amplia a discussão sobre o pensamento de Robert Alexy, possibilitando ir além de visões parciais e ensimesmadas.

Aos leitores de *O Pensamento de Robert Alexy como Sistema*, espera-se que esse esforço coletivo de produção científica e de debate de alto nível possa ser inspiração de reflexões sobre a Filosofia do Direito como um todo e sobre a obra de Robert Alexy, em particular.

Juiz de Fora, maio de 2017
Cláudia Toledo
Waleska Marcy Rosa

"Dever" ideal e otimização[1]

Robert Alexy
Professor de Direito Público e Filosofia do Direito na Faculdade de
Direito da Universidade de Kiel, Alemanha.

A base da teoria dos princípios é a distinção teórico-normativa entre regras e princípios. Em *Teoria dos Direitos Fundamentais*, defino princípios como *mandamentos de otimização*. Como tais, eles ordenam "que algo seja realizado na maior medida possível, segundo as possibilidades jurídicas e fáticas".[2] Excetuadas as regras, as possibilidades jurídicas são determinadas essencialmente por princípios contrários. Por tal razão, os princípios, individualmente considerados, sempre contêm mandamentos meramente *prima facie*. A determinação do grau apropriado de satisfação de um princípio relativamente aos mandamentos de outros princípios dá-se através da ponderação. Assim, a ponderação é a forma específica de aplicação dos princípios. Em contraste, regras são normas que ordenam algo determinado. Elas são *mandamentos definitivos*. Sua forma de aplicação é a subsunção.

Contra a definição de princípios como mandamentos de otimização, Aulis Aarnio e Jan-Reinard Sieckmann levantaram, há mais de 20 anos, a objeção de que o conceito de mandamento de otimização não é adequado para a distinção entre regras e princípios. A obrigação de otimizar tem um caráter definitivo. Somente

---

1   Tradução do idioma inglês para português por Rafael S. Glatzl. Revisão técnica por Mariana C. G. M. Ferreira e Cláudia Toledo. Título original: *Ideal "Ought" and Optimization*.

2   Robert Alexy. *A Theory of Constitutional Rights* (primeira publicação 1985). Trad. Julian Rivers. Oxford: Oxford University Press, 2002. p. 47.

poderá ser cumprida ou não cumprida, e seu total cumprimento é sempre obrigatório.[3] Aarnio coloca essa questão da seguinte forma: "Ou se otimiza ou não se otimiza. Por exemplo, em caso de conflito entre dois princípios de valor, os princípios devem ser reunidos de maneira ótima e apenas de maneira ótima".[4] Eles estão certos. Mandamentos de otimização são regras. Em minha resposta, há 15 anos, introduzi a distinção entre mandamentos de otimização e mandamentos a serem otimizados. Com base nessa distinção, classifiquei os mandamentos de otimização como regras e os mandamentos a serem otimizados como princípios. A primeira classificação mostra-se clara e verdadeira, mas a segunda leva a problemas e, portanto, necessita de explicação. A base para essa explicação será a tese de que os princípios expressam um "'dever' ideal",[5] uma tese encontrada neste artigo e, na verdade, em meu primeiro artigo sobre a teoria dos princípios, que remonta a 1979.[6] É de grande importância à teoria dos princípios que haja uma conexão necessária entre os mandamentos de otimização e o "dever" ideal. Para dizer nas palavras que utilizei na minha resposta a Aarnio e Sieckmann: "O 'dever' ideal implica o mandamento de otimização, e vice-versa. Eles são dois lados da mesma moeda."[7]

Poscher, em 2007, levantou a objeção de que os princípios enquanto 'dever' ideal não são necessários.[8] A "interpretação de

---

3 Jan-Reinard Sieckmann, *Regelmodelle und Prinzipienmodelle des Rechtssystems*. Baden-Baden: Nomos, 1990. p. 65.
4 Aulis Aarnio, Taking Rules Seriously. In: *Archives for Philosophy of Law and Social Philosophy*, suplemento 42, 180-192, p. 187, 1990.
5 Robert Alexy, On the Structure of Legal Principles. In: *Ratio Juris* 13, 294-304, p. 300, 2000.
6 Robert Alexy, Zum Begriff des Rechtsprinzips. In: *Rechtstheorie*, suplemento I, 59-87, p. 79-82, 1979.
7 *Ibidem*, p. 301.
8 Ralf Poscher, Einsichten, Irrtümer und Selbstmissverständnis der Prinzipentheorie. In: Jan R. Sieckmann (ed.). *Die Prinzipientheorie der Grundrechte. Studien zur Grundrechtstheorie Robert Alexys*. Baden-Baden: Nomos, p. 59-79, p. 69, 2007.

"DEVER" IDEAL E OTIMIZAÇÃO

princípios como mandamentos de otimização não ordena que os mandamentos sejam realmente otimizados, mas apenas que constituam objetos não normativos de otimização".[9] Essa tese da não necessidade é conexa à tese da não existência, a qual sustenta que "princípios que não têm a estrutura de regras não existem".[10] Busquei refutar a tese da não existência, assim como a tese da não necessidade, por meio de um modelo índice do "dever" ideal, publicado em 2009.[11] Esse modelo, da mesma forma, foi criticado por Poscher[12] e também por Sieckmann[13]. A crítica de Poscher deriva de um ponto de vista externo à teoria dos princípios, enquanto a crítica de Sieckmann parte de um ponto de vista interno à teoria dos princípios. Minha resposta a ambos começa com a apresentação do modelo índice.

1. O MODELO ÍNDICE DO "DEVER" IDEAL

A base do modelo índice é a distinção entre dois tipos de modalidades deônticas. As do primeiro grupo concernem ao "dever" ideal. Elas são expressas, por exemplo, do seguinte modo:

(1) $O_i p$.

---

9   Ralf Poscher, The Principles Theory. How many Theories and What is their Merit?. In: Matthias Klatt (ed.). Institutionalized Reason. The Jurisprudence of Robert Alexy. Oxford: Oxford University Press, 2012, p. 218-47.

10   *Ibidem*, p. 235.

11   Robert Alexy, Ideales Sollen. In: Laura Clérico and Jan Reinard Sieckmann (ed.). *Grundrechte, Prinzipien und Argumentation. Studien zur Rechtstheorie Robert Alexys*. Baden-Baden: Nomos, 2009. p. 21-38.

12   Ralf Poscher, Theorie eines Phantoms Die erfolglose Suche der Prinzipientheorie nach ihrem Gegenstand. In: *Rechtswissenschaft* 1, 2010. p. 349-72.

13   Jan Sieckmann, Prinzipien, ideales Sollen und normative Argumente. In: *Archives for Philosophy of Law and Social Philosophy* 97, 2011. p. 178-97.

É claro, as outras modalidades deônticas também podem ser indexadas dessa maneira, ou seja, $F_i p$ e $P_i p$ são igualmente possíveis. As modalidades do segundo grupo concernem ao "dever" real. São expressas da seguinte forma:

(2) $O_r p$.

As demais modalidades deônticas também podem ser indexadas dessa maneira.

O "dever" ideal, expresso por "$O_i p$", é um "dever" abstraído de qualquer "dever" contrário, seja um direito ou uma obrigação. Essa abstração significa que ele não está ainda relacionado às possibilidades limitadas do mundo normativo.[14] Nesse sentido, ele expressa um ideal. Essa abstração de razões contrárias implica que esse "dever" ideal é apenas um "dever" *prima facie*[15] ou um "dever" *pro tanto*.[16] Em contraste, o "dever" real, expresso por "O_r", é um "dever" definitivo ou um "dever" levando-se tudo em consideração. Dessa forma, "$O_i p$. e "$O_r p$. são considerados como uma reconstrução formal da distinção entre regras e princípios.

Essa reconstrução formal teria pouco valor se o modelo índice não oferecesse nada além de uma nova representação. Esse, contudo, não é o caso. A representação apresentada é a base para duas regras que expressam, de maneira formal, uma percepção da teoria dos princípios que é tão fundamental que podem ser consideradas como os dois "axiomas básicos da teoria dos princípios". Formuladas com o auxílio do operador de possibilidades "◊", apresentam-se do seguinte modo:

---

14   A otimização relativa às possibilidades fáticas não se preocupa com a limitação, mas com a extensão.

15   Ver Alexy, *A Theory of Constitutional Rights* (nº 1, acima), p. 579.

16   Ver S. L. Hurley, *Natural Reasons. Personality and Polity*. Oxford: Oxford University Press, 1989. p. 130.

"DEVER" IDEAL E OTIMIZAÇÃO

(3) $\lozenge (O_i p \, \& \, O_i \neg p)$

(4) $\neg \lozenge (O_r p \, \& \, O_r \neg p)$.

A formulação em (3), que pode ser designada como "axioma 1" ou o "primeiro axioma", estabelece que uma contradição de normas no nível ideal é possível no sentido de que ambas as normas mantêm sua validade. A formulação em (4), que pode ser chamada de "axioma 2" ou o "segundo axioma", estabelece que uma contradição de normas no nível real não é possível no sentido de que ambas as normas mantêm sua validade. Isso torna explícitas as diferentes estruturas para a resolução de conflitos de princípios e regras. Princípios colidentes e suas implicações nos casos concretos permanecem válidos mesmo se superados por outro princípio. Isto é, o conflito resolve-se pela dimensão do peso e não através da dimensão da validade. Em contrapartida, o conflito entre regras é solucionado através da dimensão da validade, em que uma das regras contrárias é declarada completamente inválida ou nela é introduzida uma cláusula de exceção,[17] o que significa declará-la parcialmente inválida.[18] É da maior importância que tanto o conflito que surge em relação ao "dever" ideal quanto o conflito que surge com referência ao "dever" real sejam conflitos de normas. Então, chegamos a um primeiro resultado intermediário. O "dever" ideal – e, com ele, os princípios – existe se existirem conflitos de normas na dimensão do "dever" ideal; e os princípios são necessários se a solução desses conflitos apenas puder ser adequadamente compreendida tomando-se como base o axioma 1.

---

17 Ver Alexy, *A Theory of Constitutional Rights* (nº 1, acima), p. 49-50.
18 Ver Christoph Kallmeyer, *Ideales Sollen*. Eine Analyse der Prinzipienkonstruktion, Cap. 3, I, 2.1.

2. A LEI DE COLISÃO

Juntamente aos dois axiomas, há duas leis que são basilares à teoria dos princípios: a Lei de Colisão e a Lei da Ponderação, a qual é mais desenvolvida pela Fórmula do Peso. Para responder à questão sobre se existem conflitos de normas na dimensão do "dever" ideal, é conveniente breve análise da Lei de Colisão. Para essa lei, dois conceitos são essenciais. O primeiro é a relação de precedência. Essa relação é simbolizada por "**P**". O segundo é a condição de precedência. Ela é simbolizada por "C". O resultado de cada aplicação da Fórmula do Peso pode ser expresso com base nesses dois conceitos. A forma padrão é:

(5) $(P_i \mathbf{P} P_j)C.$

Essa fórmula expressa uma relação condicional de precedência. Deve ser lida como segue: "O princípio P_i precede o princípio P_j sob a condição C". O ponto decisivo é que essa relação condicional de precedência implica uma regra. Precisamente essa implicação é a expressa pela Lei de Colisão, que funciona da seguinte maneira:

Se o princípio P_i tem precedência sobre o princípio P_j nas circunstâncias C: $(P_i \mathbf{P} P_j)C$, e se P_i dá ensejo a consequências jurídicas Q em circunstâncias C, então uma regra válida se aplica, que tem C como sua *protasis* e Q como sua *apodosis*: $C \rightarrow Q$.[19]

A fim de ilustrar o que se afirma, pode ser proveitoso recorrer a um caso. O caso em questão é uma decisão do Tribunal Constitucional Federal da Alemanha, que concerne a um clássico conflito entre a liberdade de expressão e o direito de personalidade.[20] Especificamente, o caso diz respeito a um oficial da reserva paraplégico que desempenhou com sucesso suas responsabilida-

---

19 Alexy, *A Theory of Constitutional Rights* (nº 1 acima), p. 54.
20 *BVerfGE* 86, 1.

"DEVER" IDEAL E OTIMIZAÇÃO 13

des, quando convocado para o serviço na ativa. Uma revista satírica amplamente divulgada, a *Titanic*, o descreveu inicialmente como um "assassino nato" e, em edição posterior, como um "aleijado". O Tribunal Superior de Apelação de Düsseldorf condenou a *Titanic* em ação interposta pelo oficial e ordenou que a revista o indenizasse no valor de DM 12.000.[21] Em seu recurso constitucional, apelando dessa decisão, a *Titanic* obteve êxito na decisão do Tribunal Constitucional no que se refere aos danos pela descrição como "assassino nato". Quanto à designação de "aleijado", o recurso constitucional foi rejeitado. Somente o primeiro ponto será analisado a seguir.

Princípios podem ser mais ou menos abstratos. A versão mais abstrata do princípio da liberdade de expressão é o mandamento de um estado de coisas[22] em que a liberdade de expressão seja realizada na maior medida possível. Pode-se designar os princípios desse tipo como "princípios no mais alto nível de abstração".[23] Nesse nível, os princípios estão mais próximos dos valores.[24] Quando se trata de direitos fundamentais, os princípios têm caráter de normas constitucionais permissivas e também o caráter de proibições constitucionais de interferências.[25] Somente a norma permissiva dirigida à *Titanic* será aqui considerada. Ela pode ser expressa como se segue:

(6) $\forall x\, (S_I x \rightarrow P_i Rx)$.

(6) deve ser lida da seguinte maneira: Para todo x ($\forall x$), se x é uma expressão de opinião (S_1), então ($\rightarrow$) sua *performance* ou realização (R) é *prima facie* constitucionalmente permitida (P_i).

---

21 **N.T.**: Doze mil marcos alemães.
22 Ver Alexy, *A Theory of Constitutional Rights* (nº 1 acima), p. 92.
23 *Ibidem*, p. 354.
24 *Ibidem*, p. 92-93.
25 *Ibidem*, p. 196-200.

O Tribunal Federal Constitucional justificadamente classificou a descrição do oficial da reserva paraplégico como "assassino nato" e como "aleijado" como uma expressão de opinião. Considerando-se "*a*" como a descrição "assassino nato" tem-se:

(7) $S_1 a$.

De (6) e (7), chega-se a:

(8) $P_i Ra$.

(8) decorre logicamente, de acordo com o esquema básico de subsunção, de (6) e (7); (8) estabelece que: É permitido *prima facie* que o oficial da reserva paraplégico seja descrito como um "assassino nato". A característica especial de (8) é a de que possui tanto um caráter concreto quanto um caráter ideal, expressos pelo índice.

O princípio da liberdade de expressão (6) colide, em nosso caso, com o direito de personalidade. Esse princípio tem uma estrutura complexa. Uma simplificação grosseira é aqui suficiente. Ela leva, em contrapartida, ao princípio colidente da liberdade de expressão:

(9) $\forall x (S_2 x \to \neg P_i Rx)$.

(9) deve ser lido da seguinte forma: Para todo x ($\forall x$), se x é uma interferência no direito de personalidade (S_2), então ($\to$) sua performance ou realização (R) é *prima facie* constitucionalmente não permitido ($\neg P_i$), ou seja, é proibida. Se a descrição do oficial da reserva paraplégico como "assassino nato" for classificada como uma interferência no direito de personalidade (S_2), expressa como (10):

(10) $S_2 a$,

"DEVER" IDEAL E OTIMIZAÇÃO   15

Então:

(11) ¬ P$_i$ Ra

decorre logicamente, mais uma vez de acordo com o esquema básico de subsunção, de (9) e (10). Isso, contudo, significa que a aplicação dos dois princípios ao caso *Titanic* leva a uma contradição entre duas instâncias concretas do "dever" ideal. De acordo com o primeiro axioma, essa contradição é possível sem qualquer perda de validade. Mas isso não significa que a contradição não exista. Ela existe, haja vista que os dois direitos colidentes no caso *Titanic* são igualmente válidos, ou seja, ambos existem, e então cabe a mim explicar o que é uma colisão de direitos. Trata-se de uma colisão ou conflito não de entes empíricos,[26] mas de normas, mais precisamente, de normas que possuem o caráter de princípios. Essa colisão consiste numa contradição, que deve ser resolvida pela ponderação conforme a terceira máxima parcial da proporcionalidade. Sem dúvida, estabelecer uma colisão é apenas o primeiro passo no processo de ponderação. O segundo axioma mostra que a colisão deve ser resolvida para se chegar ao nível do "dever" real ou definitivo. Isto é, a contradição ideal não pode ser transformada em uma contradição real. Se tal transformação fosse possível, o Direito perderia seu poder de regular o comportamento humano. Por essa razão, apenas uma das duas instâncias contrárias do "dever" ideal, em nosso caso ou a permissão de descrever o oficial da reserva paraplégico como um "assassino nato", como expressa em (8) P$_i$ Ra, ou a proibição de fazê-lo, como

---

26 Colisões ou conflitos de direitos não podem ser explicados em um nível puramente descritivo ou empírico. Em um nível puramente empírico, apenas efeitos causais são possíveis. Que *p* cause *q* não representa, assim, um conflito. Uma furadeira que penetre em _uma_ parede produz, de fato, um buraco, mas não se trata de um conflito entre a furadeira e a parede. Ver Robert Alexy, Jörn Ipsens Konstruktion der Grundrechte. In: *Der Staat 52*, 2013. p. 87-98, na p. 91.

expressa em (11) $\neg P_i\ Ra$, poderá passar ao nível do "dever" real. Essa seleção é regulada pelas duas leis básicas da teoria dos princípios, a Lei de Colisão e a Lei da Ponderação, a segunda na forma familiar da Fórmula do Peso.

A Lei de Colisão explica o que significa transformar um "dever" ideal ou *prima facie* em um "dever" real ou definitivo. A Fórmula do Peso estabelece os critérios para essa transformação. A fim de demonstrar como, de acordo com a Lei de Colisão, a transformação é executada, ao princípio da liberdade de expressão, como formulado acima em (6), deve ser atribuída a curta representação P_1, enquanto o direito da personalidade (9) será designado como P_2. Então, o Tribunal Constitucional Federal, no que diz respeito à descrição do oficial da reserva paraplégico como "assassino nato", concede precedência à liberdade de expressão devido ao contexto satírico. A condição "descrição de um oficial da reserva paraplégico como um 'assassino nato' em um contexto satírico" representa a variável "C" na Lei de Colisão, na qual expressa a condição de preferência. A condição, em nosso caso, será designada "C_1". Isso gera a seguinte afirmação preferencial:

$$(12)\ (P_1\ \mathbf{P}\ P_2)\ C_1.$$

A questão da Lei de Colisão é de que a afirmação preferencial (12) implica uma regra que tem C_1 como sua *protasis* e as consequências jurídicas erigidas por P_1 em nosso caso, ou seja, a permissão à descrição de "assassino nato", como sua *apodosis*. Essa permissão não é mais uma permissão ideal, e isso é de central importância. Trata-se de uma permissão real ou definitiva, que pode ser indicada como "P_r", pois deriva da solução à colisão dos dois princípios através do estabelecimento da relação condicional de precedência expressa por (12). Dessa forma, (8), ou seja, $P_i\ Ra$, é transformada em:

(13) $Pr\ Ra$.

"DEVER" IDEAL E OTIMIZAÇÃO

Essa transição do nível ideal ao nível real não seria possível se os princípios não existissem, pois não é possível derivar-se algo de algo que não exista. Sem a compreensão, em primeiro lugar, do que é um conflito de obrigações *prima facie* ou obrigações ideais e, em segundo lugar, como esse é resolvido pela transformação de um "dever" ideal em um "dever" real através de uma relação condicional de precedência, não é possível entender o que é a ponderação. Isso basta para estabelecer a existência e necessidade de princípios enquanto "deveres" ideais.

Sem dúvida, tudo isso é necessário, mas não suficiente para compreender ou construir a ponderação. Uma compreensão completa não é possível sem a segunda lei da teoria dos princípios, a Lei da Ponderação.

3. A FÓRMULA DO PESO

A Lei da Ponderação, que é idêntica à terceira máxima parcial da máxima da proporcionalidade, a proporcionalidade em sentido estrito, declara: "Quanto maior o grau de não satisfação ou de afetação de um princípio, maior deve ser a importância de satisfação do outro".[27]

Permeando quase toda adjudicação constitucional, a Lei da Ponderação é encontrada em várias formulações diferentes. Ela expressa a essência da ponderação e tem grande importância prática. Se, contudo, se almeja obter uma análise completa e precisa da estrutura de ponderação, a Lei da Ponderação tem que ser mais desenvolvida. O resultado de tal desenvolvimento é a Fórmula do Peso.[28] Ela opera da seguinte forma:

---

27   Alexy, *A Theory of Constitutional Rights* (nº 1 acima), p. 102.
28   Robert Alexy, The Weight Formula. In: Jerzy Stelmach, Bartosz Brożek, and Wojciech Załuski (ed.). *Frontiers of the Economic Analysis of Law*. Krakow: Jagiellonian University Press, 2007. p. 9-27. p. 25.

$$W_{i,j} = \frac{I_i \cdot W_i \cdot R_i}{I_j \cdot W_j \cdot R_j}$$

"$W_{i,j}$" representa o peso concreto do princípio P_i em relação ao princípio colidente P_j. A fórmula do peso define esse peso concreto como o quociente de três fatores localizados, por assim dizer, em cada um dos lados da ponderação: I_i e I_j são de especial importância; "I_i" representa a intensidade da interferência em P_j;"I_j" representa a importância de satisfazer o princípio colidente; I_j; também, pode ser compreendido como intensidade de interferência, ou seja, como a intensidade de interferência em P_j através da não interferência em P_i. "W_i" e "W_j" representam os pesos abstratos dos princípios colidentes P_i e P_j. Quando os pesos abstratos são iguais, o que é geralmente o caso nas colisões entre direitos fundamentais, eles anulam-se mutuamente. "Ri" e "R_j" representam dois fatores que têm recebido atenção cada vez maior em recentes discussões sobre direitos fundamentais. Eles se referem à confiabilidade das premissas empíricas e normativas concernentes à questão acerca de quão intensa é a interferência em P_i, e quão intensa seria a interferência em P_j se a interferência em P_i fosse omitida.

4. LEI DE COLISÃO E LEI DA PONDERAÇÃO

A Fórmula do Peso situa-se no centro do debate sobre a teoria dos princípios. Apesar disso, não será aqui discutida.[29] Somente sua relação com a Lei de Colisão será considerada. Essa relação é uma relação de justificação. A Fórmula do Peso torna explícita a forma de justificação da afirmação preferencial (*Pi* **P** *Pj)C*, a qual torna possível a transição do "dever" ideal para o real.

---

29 *Ibidem*, p. 20-27.

"DEVER" IDEAL E OTIMIZAÇÃO

Três relações preferenciais são possíveis: (1) P_i tem precedência sobre P_j, (2) P_j tem precedência sobre P_i, e (3) nenhum dos dois possui precedência em relação ao outro. A essas três possibilidades de precedência correspondem três possíveis pesos concretos: (1) $W_{i,j}$ pode ser maior que 1, (2) pode ser menor que 1, e (3) pode ser igual a 1. Se for maior que 1, P_i tem precedência sobre Pj, se for menor que 1, P_j tem precedência sobre P_i, e se for igual a 1, ocorre um empate. Nesse caso, nem Pi tem precedência sobre P_j e nem P_j tem precedência sobre P_i. Isso significa que o Estado, e especialmente o legislador, tem discricionariedade. Isso pode ser descrito por três regras que podem ser denominadas "regras de conexão":

(14) (a) $W_{i,j} > 1 \to (P_i\ \mathbf{P}\ P_j)C$
     (b) $W_{i,j} > 1 \to (P_j\ \mathbf{P}\ P_i)C$
     (c) $W_{i,j} = 1 \to \neg\,(P_i\ \mathbf{P}\ P_j)C\ \&\ \neg\,(P_j\ \mathbf{P}\ P_i)C$ (empate).

As regras de conexão mostram que a conexão entre a Lei de Colisão e a Fórmula do Peso, e, assim, a conexão com a Lei da Ponderação, é tão próxima quanto possível. Isso, por sua vez, significa que existe uma conexão intrínseca entre os dois axiomas e as duas leis da teoria dos princípios. Eles formam um sistema. Sem o "dever" ideal, o sistema seria incompleto. Esse é o núcleo da prova da existência dos princípios, assim, da prova de sua necessidade.

5. UMA EQUIVALÊNCIA FUNDAMENTAL

Com base nos dois axiomas e nas duas leis, uma equivalência fundamental pode ser formulada:

(15) $O_r\ Opt\ p \leftrightarrow O_i\ p$.

"$O_i\ p$. representa o "dever" ideal. Significa que é idealmente ou *prima facie* obrigatório que p. "$O_r\ Opt\ p$. expressa um mandamento de otimização. A obrigação de otimizar é uma obrigação real ou definitiva. Dessa forma, inicia-se com "O_r". O objeto dessa obrigação real não é a completa realização de p. como no caso de um "dever" ideal, mas apenas a otimização de p. Em meu artigo sobre o "dever" ideal, em 2009, formalizei a equivalência entre o "dever" ideal, e o mandamento de otimização da seguinte maneira:

(16) $O\ OptO\ p \leftrightarrow O_i p$.[30]

O objeto da otimização, contudo, é o idêntico ao objeto do "dever" ideal, e esse é um estado de coisas em sentido amplo, representado por p. No artigo anterior sobre "dever" ideal, afirmei que os mandamentos de otimização podem ser expressos por

(17) $O\ Opt\ p$

e também por

(18) $O\ OptO\ p$.[31]

Isso deve ser corrigido. Somente a primeira formulação (17) é adequada. Nesse ponto, a crítica de Poscher[32] é correta. Uma segunda correção à fórmula anterior é que o "O" no início da equivalência é substituído por "O_r". Essas duas correções à equivalência fundamental não significam, todavia, que a tese central de minha resposta a Aarnio e Sieckmann, em 2000, que diz que o "dever" ideal implica o mandamento de otimização, e

---

30 Alexy, Ideales Sollen (nº 10 acima), p. 25.
31 *Ibidem*, p. 24.
32 Poscher, Theorie eines Phantoms Die erfolglose Suche der Prinzipientheorie nach ihrem Gegenstand (nº 1, acima), p. 359.

"DEVER" IDEAL E OTIMIZAÇÃO

vice-versa,[33] deva ser corrigida. Pelo contrário, incorporada ao sistema dos dois axiomas e das duas leis da teoria dos princípios, minha tese é corroborada.

6. O ARGUMENTO DE IDENTIDADE DE POSCHER

Um dos principais argumentos de Poscher para sua tese de que "princípios, que não têm caráter de regras, não existem"[34] é seu argumento de identidade. O argumento afirma que uma análise de "colisão[ões] entre normas mostra... que regras e princípios são estruturados de forma idêntica e diferem apenas quanto a seus conteúdos contingentes dentro de uma única estrutura normativa".[35] A razão para isso, continua Poscher, é que, primeiramente, todas as normas têm a estrutura de regras e que, em segundo lugar, apenas o conteúdo daquelas "cláusulas de exceção"[36] que solucionam o conflito é diferente. Como forma de demonstrar isso, ele usa o seguinte exemplo:

> $N1_c$: Se uma conduta coloca em perigo interesses externos do Estado que *sobre ela prevalecem* [a superam], essa conduta pode ser proibida.

> $N2_c$: Se uma conduta atende à imprensa *e não coloca em perigo interesses externos do Estado que sobre ela prevaleçam*, o Estado deve abster-se de proibições.[37]

---

33 Alexy, *On the Structure of Legal Principles*, (nº 5 acima), p. 301.
34 Poscher, The Principles Theory. How many Theories and What is their Merit?, nº 8 acima), p. 235.
35 *Ibidem*, p. 230.
36 *Ibidem*.
37 *Ibidem*, p. 231.

As cláusulas de exceção nessas duas normas referem-se, sem dúvida, à ponderação, e as duas normas têm, de fato, o caráter de regras. Mas isso não é um problema para a teoria dos princípios. A teoria dos princípios incorpora tal situação com seu conceito de "duplo aspecto de normas de direitos fundamentais".[38] Normas de direitos fundamentais de duplo aspecto são normas de direitos fundamentais que contêm uma cláusula de limitação "relativa a princípios colidentes".[39] Esse é exatamente o tipo de norma a que Poscher se refere com $N1_c$ e $N2_c$. Entretanto, ele se equivoca quando sustenta que o passo de uma norma com uma cláusula de exceção que não requer ponderação para uma norma com cláusula de exceção que requer ponderação é "apenas um pequeno passo".[40] Trata-se de um grande passo, na verdade, um salto da subsunção à ponderação.[41] É impossível apreender a natureza de uma cláusula limitadora que se refira à ponderação e, por conseguinte, a estrutura da regra que a contém, sem que se recorra ao conceito de colisão entre princípios ou direitos. Colisões de princípios, contudo, somente podem existir se princípios existirem. Mandamentos de otimização não são suficientes para reconstruir colisões entre princípios ou direitos, uma vez que mandamentos de otimização como tais não podem colidir. Somente o "dever" ideal, conectado a eles pela equação fundamental, pode fazer isso. Em síntese, a tentativa de Poscher de reconstruir colisões entre direitos fundamentais exclusivamente no nível das regras está fadada ao fracasso.[42]

---

38   Alexy, *A Theory of Constitutional Rights* (nº 1 acima), p. 85 (tradução alterada).

39   *Ibidem.*

40   Poscher, The Principles Theory. How many Theories and What is their Merit? (nº 8 acima), p. 231.

41   Robert Alexy, Comments and Responses. In: Matthias Klatt (ed.). *Institutionalized Reason.* The Jurisprudence of Robert Alexy. Oxford: Oxford University Press, 2012. p. 319-56, p. 343.

42   Quanto a isso, um argumento pode ser acrescentado no que refere à construção dos direitos fundamentais. Entretanto, não discutirei isso aqui; ver *ibidem,* p. 345 e Alexy, Ideales Sollen (nº 10, acima), p. 31-32.

"DEVER" IDEAL E OTIMIZAÇÃO   23

7. AS OBRIGAÇÕES DE VALIDADE REITERADA DE SIECKMANN

Ao contrário de Poscher, Sieckmann defende a tese de que princípios expressam um "dever" ideal.[43] Não obstante, ele critica radicalmente o modelo índice ora defendido. Sua crítica culmina na tese de que a "concepção alexyana... parece ser uma teoria dos princípios sem princípios".[44] Assim, ele alcança, de um ponto de vista interno à teoria dos princípios, o mesmo resultado obtido por Poscher, de um ponto de vista externo à teoria dos princípios. A crítica de Sieckmann é baseada em duas teses. A primeira afirma que os princípios enquanto "deveres" ideais têm que ser construídos como obrigações de validade infinitamente reiterada.[45] A segunda tese sustenta que a distinção entre regras e princípios tem que ser substituída pela distinção entre proposições normativas e argumentos normativos.[46] Iniciarei com o argumento da reiteração infinita.

O ponto de partida da tese da reiteração infinita das obrigações de validade é plausível. A análise da decisão *Titanic* exposta acima pode muito bem ser interpretada no sentido de que princípios exigem a validade de certas normas. Em nosso caso, as normas em questão são que a descrição do oficial da reserva paraplégico como "assassino nato" é permitida (8), e que a descrição do oficial da reserva paraplégico como "assassino nato" é proi-

---

43 Sieckmann, Prinzipien, ideales Sollen und normative Argumente (n° 12 acima), p. 180.

44 Jan-Reinard Sieckmann, Zur Prinzipientheorie Robert Alexys. Gemeinsamkeiten und Differenzen. In: Matthias Klatt (ed.). *Prinzipientheorie und Theorie der Abwägung.* Tübingen: Mohr Siebeck, 2013. p. 271-295, p. 273. Aqui e no que segue, as citações dos artigos de Sieckmann em língua alemã foram traduzidas para o inglês pelo autor.

45 Sieckmann, Prinzipien, ideales Sollen und normative Argumente (n° 12 acima), p. 183-192.

46 Sieckmann, Zur Prinzipientheorie Robert Alexys. Gemeinsamkeiten und Differenzen (n° 40 acima), p. 274.

bida (11). Por essa razão, a ideia de obrigação de validade apresenta uma possibilidade de reconstrução do impacto normativo dos princípios. E Sieckmann está igualmente correto quando diz que "o 'dever' que está contido em obrigações de validade"[47] não pode, por um lado, ser definitivamente válido, pois isso excluiria a possibilidade de "princípios colidentes também reivindicarem validade",[48] mas deve, por outro lado, "possuir alguma forma de validade".[49] Isso significa que obrigações de validade devem ter uma validade que não é, em definitivo, nem válida nem inválida.

Em minha primeira crítica à tese da reiteração de Sieckmann, publicada em 2000, caracterizei essa tese como um "meio-termo",[50] ou seja, como uma tentativa de estabelecer algum tipo de validade entre a validade definitiva e a ausência de validade. O "dever" ideal do modelo índice pode ser compreendido apenas nesse sentido. E concordei com Sieckmann até esse ponto. Mas não concordei com sua tese de que obrigações de validade infinitamente reiterada são uma construção adequada da validade especial dos princípios.

O modelo de reiteração começa com a tese de que obrigações de validade têm a seguinte estrutura:

(19) "O VAL$_{DEF}$N".[51]

No caso *Titanic*, uma obrigação de validade dessa estrutura exigiria que deve ser definitivamente válido que todas as expressões de opinião sejam permitidas. Agora, a fórmula "O VAL$_{DEF}$N"

---

47 Sieckmann, Prinzipien, ideales Sollen und normative Argumente, (n⁰ 12 acima), p. 190.
48 *Ibidem.*
49 *Ibidem.*
50 Alexy, On the Structure of Legal Principles (n⁰ 5 acima), p. 302.
51 Sieckmann, Prinzipien, ideales Sollen und normative Argumente (n⁰ 12 acima), p. 190.

"DEVER" IDEAL E OTIMIZAÇÃO   25

de Sieckmann não pode nem expressar uma obrigação definitiva nem uma não obrigação, se seu objetivo é expressar um "dever" ideal. E aqui começa o problema. Sieckmann tenta tornar o meio-termo explícito por meio da reiteração. Com isso, a primeira obrigação de validade é, em um segundo nível, transformada em uma obrigação de validade que exige que "[deve] ser definitivamente válido que deve ser definitivamente válido que todas as expressões de opinião são permitidas".[52] Nesse segundo nível, o problema da definitividade novamente ocorre, o que resulta do fato de que um "dever" definitivo nunca é um "dever" ideal. A "solução"[53] de Sieckmann consiste em acrescentar um terceiro nível ao segundo: "Deve ser definitivamente válido que deve ser definitivamente válido que deve ser definitivamente válido que todas as expressões de opinião são permitidas".[54] E isso tem que prosseguir infinitamente. A reconstrução formal de Sieckmann de tudo isso se assemelha ao seguinte:

(20) "(1) O VAL_{DEF} N
(2) O VAL_{DEF} O VAL_{DEF} N
(3) O VAL_{DEF} O VAL_{DEF} O VAL_{DEF} N,
e assim por diante".[55]

Em minha primeira objeção, classifiquei isso como uma "oscilação contínua" que "descreve, de forma relativamente complicada, a noção de que os princípios situam-se em algum ponto entre a validade definitiva e a não obrigação",[56] e argumentei que isso não é suficiente para "servir como uma explicação do caráter dos princípios".[57]

---

52 *Ibidem.*
53 *Ibidem.*
54 *Ibidem.*
55 *Ibidem.*
56 Alexy, On the Structure of Legal Principles (nº 5 acima), p. 303.
57 *Ibidem.*

Sieckmann respondeu que essa objeção é falha, por ser fundada em uma descrição incompleta do modelo de reiteração infinita. Ela separa os diferentes níveis nos quais se encontra a validade definitiva de um lado, e a não obrigação, de outro. Com isso, "a estrutura infinita das obrigações de validade reiterada e as possibilidades de argumentação dela resultantes não são visualizadas".[58] Minha resposta a tal argumento é que vejo, sim, a estrutura infinita, mas não vejo que ela acrescente algo à compreensão da estrutura dos princípios. Sieckmann aponta, em sua resposta, para as "possibilidades de argumentação resultantes da estrutura infinita". Isso leva à sua segunda tese, que declara que a distinção entre regras e princípios tem que ser substituída pela distinção entre proposições normativas e argumentos normativos.[59]

A tese de Sieckmann é que o modelo índice do "dever" ideal "não permite a construção de razões com caráter de princípios que possam justificar juízos de ponderação definitivos".[60] Sua justificativa para isso é que o "dever" ideal expresso por "$O_i p$. é um "dever" que se abstrai de qualquer "dever" contrário. Essa abstração implica que se trata de um "dever" apenas *prima facie* ou *pro tanto*. Sieckmann sustenta que é impossível "construir razões para ponderação"[61] com essa base. Diz que isso resulta da necessidade de "incluir contrarrazões na ponderação".[62] Sem dúvida, concordo inteiramente com Sieckmann que contrarrazões devem ser incluídas na ponderação. Ponderação sem razões contrárias não seria ponderação. Mas refuto a tese de que o caráter abstrato do "dever" ideal no modelo índice exclua a inclusão de

---

58 Sieckmann, Prinzipien, ideales Sollen und normative Argumente (nº 12 acima), p. 193.
59 Sieckmann, Zur Prinzipientheorie Robert Alexys. Gemeinsamkeiten und Differenzen (nº 40 acima), p. 274.
60 Sieckmann, Prinzipien, ideales Sollen und normative Argumente (nº 12 acima), p. 183.
61 *Ibidem*, p. 184.
62 *Ibidem*.

"DEVER" IDEAL E OTIMIZAÇÃO 27

normas ideais contrárias na ponderação. A questão é exatamente o contrário. O caso *Titanic* pode, novamente, servir de exemplo. Se são aplicados ao caso os dois princípios abstratos da liberdade de expressão e da proteção da personalidade, formalizados acima como (6) e (9), obtêm-se duas normas ideais concretas, (8) e (11), que se contradizem mutuamente. No modelo índice, com essa contradição, que é, de acordo com o axioma 1, possível, a ponderação inicia-se e começa a fim de selecionar, como exigido pelo axioma 2, uma das duas normas concretas[63] para o nível do "dever" real. Tudo isso ocorre mediante a aplicação das duas leis da teoria dos princípios, a Lei de Colisão e a Lei da Ponderação, a última como explicada pela Fórmula do Peso. Então, as razões colidentes são íntima e sistematicamente conectadas.

A base da crítica de Sieckmann é seu conceito de argumento. De acordo com Sieckmann, "a relação entre razões de ponderação e resultados de ponderação não é uma inferência lógica, mas possui a estrutura de uma exigência normativa".[64] Razões de ponderação exigem que a norma em questão seja reconhecida como definitivamente válida. Com isso, elas não dizem respeito à correção ou verdade de um juízo ou proposição, mas exigem a realização de uma ação, pois, conforme Sieckmann, a "determinação do resultado da ponderação é uma ação".[65]

Concordo com Sieckmann que a realização institucional ou autoritativa de uma ponderação, como realizada pelos juízes, é uma ação. Contudo, para que essa ação seja racional, deve ser precedida por um juízo na forma de uma proposição. No caso *Titanic*, esse juízo pode assumir a seguinte forma: "a liberdade de

---

63 A possibilidade de um impasse, ver (14) (c), não será aqui objeto de maiores considerações.
64 Sieckmann, Prinzipien, ideales Sollen und normative Argumente (n° 12, acima), p. 188.
65 *Ibidem.*

expressão tem um peso concreto maior do que o direito de personalidade quando a descrição do oficial da reserva paraplégico como um 'assassino nato' se dá em um contexto satírico". Essa é uma proposição que levanta uma pretensão de correção, uma pretensão que tem que ser justificada no discurso jurídico. Em *Teoria da Argumentação Jurídica*, defini o conceito de argumento como se segue: "um argumento consiste em proposições pertencentes a uma única forma de argumento, as quais são aduzidas em apoio a uma proposição ulterior".[66] Isso é uma expressão da tese da proposicionalidade. Sieckmann defende uma tese de não proposicionalidade de orientação pragmática.[67] Concordo com Sieckmann que a dimensão pragmática da argumentação deve ser levada a sério. A teoria do discurso busca tornar a dimensão pragmática explícita por meio de um sistema de regras e formas do discurso prático geral e do discurso jurídico. Mas isso não implica que proposições, que podem ser verdadeiras ou falsas, corretas ou incorretas, percam assim seu papel central. Pelo contrário, a racionalidade discursiva pressupõe proposicionalidade.

---

66 Robert Alexy, *A Theory of Legal Argumentation*. The Theory of Rational Discourse as Theory of Legal Justification (primeira publicação 1978). Traduzida para a língua inglesa por Ruth Adler and Neil MacCormick. Oxford: Clarendon Press, 1989. p. 92.

67 Sieckmann, Prinzipien, ideales Sollen und normative Argumente (n° 12 acima), p. 195.

O pensamento de Robert Alexy como sistema – argumentação jurídica, direitos fundamentais, conceito e validade do direito

Cláudia Toledo
Professora de Teoria e Filosofia do Direito na Faculdade de Direito da
Universidade Federal de Juiz de Fora.

Neste artigo, pretende-se explicar sinteticamente o título do evento que deu origem a este livro. Isto é, almeja-se expor como o pensamento de Robert Alexy se articula em um *sistema*. Os artigos seguintes, correspondentes às palestras dos professores convidados para o congresso, abordam aspectos específicos da obra alexyana.

No título do congresso realizado, são mencionados os três livros que Alexy escreveu. Nos dois primeiros, estão a base do seu pensamento. Não por outro motivo são a publicação da sua tese de doutorado *Teoria da Argumentação Jurídica* (*Theorie der juristischen Argumentation*, defendida em 1976 e publicada em 1978) e tese de *Habilitation1 Teoria dos Direitos Fundamentais* (*Theorie der Grundrechte*, defendida em 1984 e publicada em 1985). Entre este e o terceiro livro, Alexy continuou a construção de seu pensamento em cerca de 30 artigos. Elaborou, então, em

---

1 No Brasil, não há essa titulação. Trata-se de qualificação acadêmica realizada após o doutorado, com o desenvolvimento de pesquisa e defesa de nova tese (*Habilitationsschrift*), requisito para a docência universitária na Alemanha.

1992, seu terceiro e último livro, *Conceito e Validade do Direito* (*Begriff und Geltung des Rechts*). Desde então, Alexy segue desenvolvendo, aperfeiçoando e enriquecendo sua obra *não em livros, mas por meio de artigos* (desde 1992 até 2016, foram escritos 108 artigos, traduzidos para mais de 20 idiomas).[2] E o jurista permanece, ainda hoje, em grande produção intelectual.[3] A seguir, serão destacadas as ideias principais desenvolvidas em cada livro, com a exposição, ao final, dos últimos tópicos tratados por Alexy, de modo a restar clara a visão da totalidade de sua obra e sua compreensão sistêmica.

1. TEORIA DA ARGUMENTAÇÃO JURÍDICA

Alexy possui duas graduações, tendo cursado simultaneamente Filosofia e Direito na Georg-August-Universität zu Göttingen. De sua graduação nos cursos de Filosofia e Direito, decorreu a elaboração de uma tese *jurídica* com forte embasamento *filosófico*, a *Teoria da Argumentação Jurídica – A teoria do discurso racional como teoria da fundamentação jurídica*. E depois uma tese *jurídica* com enfoque *reflexivo* sobre tema integrante do *direito constitucional*, a *Teoria dos Direitos Fundamentais*.[4]

Em sua primeira obra, *Teoria da Argumentação Jurídica*, Alexy aplica o modelo da Filosofia Analítica ao Direito, em sua dimensão discursiva, formulando uma teoria *analítico-normativa* do discurso *jurídico*. Isto é, uma teoria que analisa a estrutura

---

2   Cf. https://www.alexy.jura.uni-kiel.de/de/schriftenverzeichnis/schriftenverzeichnis

3   Em reconhecimento à excelência de seu pensamento, Alexy recebeu, até esta data, 17 títulos de doutor *honoris causa*, conferidos por diferentes universidades em todo o mundo.

4   Günther Patzig, professor do curso de Filosofia, foi o orientador de sua tese de doutorado, e Ralf Dreier, professor do curso de Direito, foi o orientador de sua tese de *Habilitation*.

O PENSAMENTO DE ROBERT ALEXY COMO SISTEMA... 31

lógica das fundamentações no discurso jurídico tanto de elaboração e aplicação do Direito (processo legislativo e decisões judiciais), quanto de abordagem científica do Direito (doutrina), estipulando critérios para a identificação e implementação da sua racionalidade (regras e formas do discurso prático geral e do discurso jurídico).[5] A teoria da argumentação jurídica proposta por Alexy não é exclusiva sobre o tema – dentre outros autores de peso que também trataram da matéria, podem-se citar Neil MacCormick, Aleksander Peczenik, Aulis Aarnio, Manuel Atienza, Chaïm Perelman. No entanto, é inequívoca a relevância de sua posição no debate sobre essa temática. Seu livro, publicado há quase 40 anos, tornou-se um clássico na discussão sobre a argumentação jurídica, sendo referência nessa área em âmbito internacional.

O trajeto percorrido por Alexy nesta obra é a análise de (1) algumas *teorias do discurso prático* (como as desenvolvidas por Stevenson, Wittgenstein, Austin, Hare, Toulmin, Perelman e especialmente Habermas), com base nas quais (2) delineia uma *teoria do discurso prático racional geral*, para então chegar à (3) formulação de sua *teoria da argumentação jurídica*.

Tanto o discurso teórico quanto o prático podem ser racionais ou não. No discurso *teórico* racional, procura-se comprovar a *verdade* das proposições afirmadas. No discurso *prático* racional, procura-se demonstrar a *correção* das proposições utilizadas. Desse modo, tanto verdade quanto correção são construídas

---

5 Alexy propõe 28 regras e formas, reunindo-as em tabela, como apêndice de seu livro. Elas são divididas entre aquelas aplicáveis ao *discurso prático geral* (regras fundamentais, regras de razão, regras de carga da argumentação, formas de argumento, regras de fundamentação, regras de transição) e aquelas próprias ao *discurso jurídico* (regras e formas da justificação interna e da justificação externa). Não obstante o detalhamento da tabela elaborada, Alexy ressalta não ter a pretensão de estarem corretas todas as regras e formas expostas, destacando ainda a hipótese de não estarem completas ou mesmo de haver repetição entre elas.

consensualmente, não mais sendo resultado da correspondência da asserção à realidade ou ao fato. O *consenso*, fundado no *melhor argumento*, é noção crucial trazida pela Filosofia da Linguagem, especialmente pela Teoria do Discurso habermasiana, principal base filosófica do pensamento de Alexy neste livro.

Corolário dessa noção é a relevância da *justificabilidade* das proposições feitas no discurso, pois é somente através dela que se demonstra a verdade ou correção dessa proposição. Quanto maior a qualidade da fundamentação das premissas trazidas para o discurso maiores a densidade e a precisão de sua justificação. Uma das condições mais relevantes para o nível dessa fundamentação é a delimitação de parâmetros objetivos para seu desenvolvimento. As regras do discurso são alguns desses parâmetros. Elas proporcionam a controlabilidade do acerto das proposições feitas.

Na verdade, Alexy não *cria* essas normas, que disciplinam o agir dos falantes no discurso prático geral e no discurso jurídico, mas *identifica* normas que já são nele seguidas, *explicitando* o que está *implícito* na prática discursiva – ou seja, o que se *faz* enquanto se *fala* no discurso. Dessa forma, torna mais clara sua dimensão *pragmática*.

Em outros termos, para que se perceba o que é mais *vivido* do que *pensado* na inter-relação dos sujeitos no discurso, é necessária a sua *análise*. Ao aplicar a estrutura da Filosofia Analítica ao discurso, Alexy articula racionalmente o que já está discursivamente *naturalizado*. Ao sintetizar os resultados do estudo das teorias do discurso prático abordadas, Alexy formula uma teoria do discurso prático *geral*, na qual estabelece critérios normativos para a correção das suas proposições. *Tais critérios são propriamente as regras e formas do discurso prático geral.* Aplicando o mesmo procedimento analítico ao discurso jurídico, identifica e articula as regras e formas que o regulam.

Uma das teses centrais alexyanas nesta obra é a de que o *discurso jurídico* é um *caso especial* do discurso prático geral. Isso porque em ambos os discursos (1) trata-se de *questões práticas,*

O PENSAMENTO DE ROBERT ALEXY COMO SISTEMA...

em que se decide sobre o que deve ser feito ou omitido e (2) levanta-se a *pretensão de correção* – os participantes do discurso pretendem que sua afirmação seja acertada, e nesse sentido fundamentam seu discurso. Contudo, no discurso jurídico há a especialidade da *limitação* dos argumentos ao *direito vigente*, isto é, o conteúdo do discurso jurídico são argumentos *institucionalizados* pelo Estado, mediante o direito positivo e os precedentes. Na medida em que o discurso prático geral pode ser racional – Alexy articula regras para que essa racionalidade seja promovida –, o discurso jurídico, enquanto caso especial, também pode ser racional. Para tanto, como dito, ao discurso jurídico aplicam-se *não apenas* as regras até então desenvolvidas para o discurso prático geral, mas também outras, que lhe são próprias.[6] No discurso jurídico, justificam-se proposições normativas específicas (legislação e precedentes), visando à demonstração de sua correção. Há duas esferas de justificação: *interna* e *externa*. Na justificação interna, verifica-se o acerto da dedução ou inferência *lógica* da *decisão* a partir das *premissas* colocadas, ou seja, investiga-se a fundamentação realizada no *silogismo jurídico*. Na justificação externa, visa-se a demonstrar a correção das próprias *premissas* trazidas ao discurso jurídico. *Alexy elenca então regras e formas específicas a esses dois âmbitos de justificação do discurso jurídico, propondo assim uma teoria da argumentação jurídica.*

Ao demonstrar critérios para a fundamentação racional das proposições que compõem a argumentação jurídica, a teoria ale-

---

6   Além da *racionalidade*, outra importante conclusão da *tese do caso especial* é a *conexão necessária* entre *Direito e Moral*. A tese da vinculação necessária entre Direito e Moral será retomada por Alexy em seu último livro, *Conceito e Validade do Direito*. Além disso, é de se destacar que, sendo o discurso prático geral composto por normas *morais* (universais) ao lado das normas éticas (sociais) e *pragmáticas* (relativas à utilidade e bem-estar), o discurso jurídico, porquanto caso especial, necessariamente assume também aquelas três dimensões normativas. Cf. Jürgen, Habermas. *Direito e Democracia:* entre facticidade e validade. Rio de Janeiro: Tempo Brasileiro, 1992.

xyana mostra-se não como *descritiva* da realidade, nem meramente *analítica* da estrutura discursiva, mas como teoria *normativa*, porquanto prescritiva de regras diretivas do comportamento dos interlocutores participantes do discurso jurídico no sentido da implementação da sua racionalidade.

2. TEORIA DOS DIREITOS FUNDAMENTAIS

Alexy escreve então sua tese de *Habilitation* fundada nas contribuições da teoria da argumentação jurídica para o tópico *direitos fundamentais*, componentes essenciais da realidade normativa de um *Estado Constitucional* ou de um Estado Democrático de Direito. Fundado em seu conhecimento filosófico, Alexy submete esse tema do direito constitucional à *reflexão crítica*, analisando a estrutura dos direitos fundamentais e articulando o modo como eles devem ser tratados para que se assegure a racionalidade do discurso jusfundamental.

A grande contribuição alexyana nesta obra foi o desenvolvimento da *teoria dos princípios*, da qual fazem parte conceitos que passaram a ser, desde a publicação do livro *Teoria dos Direitos Fundamentais*, crescentemente conhecidos e adotados em escala internacional. Tal como a obra anterior sobre a argumentação jurídica, este livro tornou-se um clássico em matéria de direitos fundamentais. Publicado há mais de 30 anos, as ideias centrais nele contidas são frequente objeto do atual debate jurídico, doutrinário, jurisprudencial e, inclusive, legislativo.[7] Tanto no sentido de sua ratificação e adoção quanto de sua crítica e rejeição, a

---

7   O Brasil é exemplo de país que adotou o pensamento alexyano no seu direito positivo. O art. 489 do atual Código de Processo Civil dispõe sobre os elementos essenciais da sentença. Em seu § 2º, chega a utilizar literalmente termos típicos desenvolvidos por Alexy, em sua teoria dos princípios.
Art. 489, § 2º – "No caso de *colisão* entre normas, o juiz deve *justificar* o objeto e os critérios gerais da *ponderação* efetuada, enunciando as *razões*

O PENSAMENTO DE ROBERT ALEXY COMO SISTEMA...	35

teoria dos princípios é tema constante do debate jurídico contemporâneo. Dela, a questão de maior relevo (e controvérsia) é a procedência ou não da *máxima da proporcionalidade* como orientadora da aplicação, mediante ponderação, dos princípios jurídicos – marcadamente dos princípios jusfundamentais.[8] Note-se que, ao elaborar a teoria dos princípios, mais uma vez, o que faz Alexy é aplicar a estrutura da Filosofia Analítica ao discurso jurídico. Isso ocorre tanto mediante (1) a *análise* dos direitos fundamentais, na busca do aprimoramento do seu tratamento conceitual quanto (2) mediante a *explicitação* do que é *implicitamente* praticado nas várias vezes em que esses direitos entram em conflito, articulando-se *racionalmente*, o que já *é praticado* na realidade.

---

que autorizam a *interferência* na norma afastada e as *premissas fáticas* que fundamentam a conclusão" (grifos acrescidos).

As expressões destacadas nesse parágrafo são precisamente as mesmas grifadas abaixo, empregadas nas duas leis centrais elaboradas por Alexy no seu livro *Teoria dos Direitos Fundamentais* (leis da ponderação e da colisão). Esses termos não são aleatórios, dotados de sentido ordinário, mas possuem significado próprio na obra alexyana:

Lei da Ponderação – Quanto maior o *grau de afetação* de um princípio, tanto maior terá que ser a *importância da satisfação* do outro.

Lei de Colisão – As *condições* sob as quais um princípio tem precedência em face de outro constituem o *suporte fático* de uma *regra* que expressa a consequência jurídica do *princípio preponderante*.

Dentre tais conceitos, destacam-se a distinção das normas jurídicas em *regras* e *princípios*; a *ponderação*, como método de aplicação dos princípios jurídicos; a *fórmula do peso*, como estrutura formal descritiva daquela ponderação; a solução de colisões principiológicas de modo racional, isto é, mediante a exposição de *razões* e contrarrazões.

---

8   Mais uma vez, fica clara a influência do pensamento alexyano no direito brasileiro. O art. 8º do atual CPC determina expressamente que o juiz observe a *proporcionalidade* ao aplicar o ordenamento jurídico. Em escala internacional, Carlos Bernal Pulido deixa clara a ampla disseminação da máxima da proporcionalidade no seu artigo The Migration of Proportionality across Europe. *New Zealand Journal of Public and International Law*, v. 11, nº 3, p. 483-515, 2013.

A divisão das normas jurídicas em *regras* e *princípios* foi primeiramente feita por Ronald Dworkin, em 1967, no artigo *The Model of Rules*, tendo sido por ele retomada e mais detalhadamente trabalhada em 1977, no livro *Taking Rights Seriously*.[9] A teoria dos princípios de Robert Alexy é fundada nessa distinção. Dworkin esclareceu haver, no ordenamento jurídico, esses dois tipos de normas, tendo desenvolvido a temática com enfoque especialmente filosófico. No seu livro *Theorie der Grundrechte*, publicado em 1985, Alexy conferiu à matéria o tratamento técnico-jurídico de que ela hoje se reveste, a começar pela já clássica definição de *princípios* como *mandamentos de otimização* e *regras* como *mandamentos definitivos*.

Da investigação de como se apresenta o discurso jurídico, em especial no momento de aplicação do Direito, decorre *explicitação* racional do que é *implicitamente* realizado na prática diária dos tribunais. Identifica-se, portanto, que:

1) O reconhecimento da existência tanto de normas mais específicas (com suporte fático mais preciso) quanto de normas mais gerais é secular. A identificação da estrutura das primeiras como *regras* e das últimas como *princípios* não é, portanto, recente. Variável é, sem dúvida, a qualificação que se dá a esses princípios, adjetivados, dentre outras classificações, como princípios "jurídicos", "constitucionais", "gerais do direito".

2) A forma de aplicação das normas jurídicas varia precisamente segundo sua estrutura. No caso das *regras*, procede-se ao clássico *silogismo jurídico*, em que, pela *subsunção*, se eleva o fato à norma, aplicando-se o direito no

---

9   Cf. Ronald Dworkin. The model of rules. *The University of Chicago Law Review*, v. 35, nº 14, 1967; Ronald Dworkin, *Taking rights seriously*. Harvard: Harvard University Press, 1977.

O PENSAMENTO DE ROBERT ALEXY COMO SISTEMA... 37

caso concreto. Se a regra é válida, ela deve ser cumprida. Se há conflito entre regras, apenas uma é válida e essa colisão é resolvida mediante os também clássicos critérios lógicos de solução de antinomias (hierárquico, de especialidade, cronológico) ou ainda pela hipótese que Alexy também coloca, a introdução de cláusula de exceção em uma das regras.

3) No caso dos *princípios*, verifica-se que não se trata de aplicação da norma segundo a lógica binária com que se articulam as regras, mas segundo uma *otimização gradativa* do seu mandamento normativo. O fato é que, em decorrência da proibição do *non liquet*, toda questão levada ao Judiciário, independentemente de sua regulação em regras ou princípios, sempre foi julgada. E questões amparadas por princípios nunca foram objeto de decisão simples, isto é, nunca se tratou de um "caso fácil". Para que se chegue à sentença, o procedimento sempre foi o mesmo, decide-se qual norma tem maior *peso*. Atribuir pesos diferenciados, escolhendo, de modo fundamentado, qual norma *é entendida* como dotada de maior peso naquele caso concreto é precisamente *ponderar*. Uma vez identificada essa norma (que é um princípio), ela é aplicada *à situação sub judice*, ou seja, é feita a *subsunção* do fato à norma (princípio precedente), segundo o tradicional silogismo jurídico.

Em síntese, nem foi o pensamento alexyano que criou os princípios jurídicos, nem foi com a teoria dos princípios que surgiu a ponderação como forma diferenciada de sua aplicação. A (grande) contribuição de Alexy consiste na *racionalização* do que se *faz* quando se está diante de princípios, ou seja, de *como* se articula o processo de ponderação pelo qual juízes aplicam os princípios em jogo.

Em virtude de sua latitude ou generalidade, os princípios frequentemente entram em conflito (ou colisão). Da análise do processo de solução dessa colisão, foram identificadas três etapas, expressas por Alexy nas máximas parciais de *adequação*, *necessidade* e *ponderação* ou proporcionalidade em sentido estrito. Tais máximas parciais integram a máxima da proporcionalidade.

Mais uma vez, essas máximas parciais não são criações aleatórias de Alexy em relação ao discurso jurídico, mas, sim, a descrição, em palavras e conceitos, de procedimentos identificados como já praticados pelo intérprete ao aplicar o Direito nos casos em que se faz necessária a solução de colisões principiológicas, Alexy almejou identificar critérios objetivos por que esse processo se pauta. Afinal, como dito, quanto mais parâmetros objetivos fornecidos a qualquer procedimento, maior o controle sobre as práticas realizadas. Neste caso, as práticas são as decisões jurídicas tomadas. Isto é, com a identificação de parâmetros objetivos para que se chegue às decisões jurídicas, proporciona-se maior grau de racionalidade ao processo decisório.

Em sua permanente busca pela institucionalização da razão no discurso jurídico, Alexy avança na análise do processo decisório por ponderação, articulando as *leis da ponderação e de colisão*, assim como a *fórmula do peso*. A elaboração dessa fórmula não se trata de uma tentativa de matematização do Direito, muito menos parte da crença ingênua na possibilidade de conversão do discurso jurídico em números, a partir de cuja multiplicação ou divisão chega-se a uma decisão judicial. A fórmula do peso nada mais é do que a expressão, em símbolos lógicos, da estrutura do processo de ponderação que se faz entre princípios jurídicos colidentes, no momento de sua aplicação pelo Poder Judiciário de qualquer país no mundo organizado sob o modelo de Estado Democrático de Direito. Como toda construção lógica, a fórmula é simplesmente a demonstração, em símbolos que não são palavras, de *fenômeno universalmente praticado e linguisticamente expresso*.

O PENSAMENTO DE ROBERT ALEXY COMO SISTEMA...39

Neste caso, trata-se da exposição de que, para a identificação de qual o princípio preponderante na situação concreta, os fatores a serem considerados são o *peso abstrato* de cada princípio em colisão e o grau de *interferência* em cada um deles naquelas *condições fáticas* em análise. O que determinará o grau de interferência em um princípio é a importância da satisfação do princípio oposto. Esse processo, ora descrito em duas frases, é sintetizado em uma única expressão lógica na fórmula do peso.

Conferir objetividade aos julgamentos é não apenas proporcionar sua *controlabilidade*, mas promover a *justiça* das decisões tomadas. Uma vez que objetividade controlável é a antítese de subjetividade arbitrária, indubitavelmente, uma decisão será tão mais justa quanto mais critérios objetivos tiver para a justificação das escolhas feitas. E, da utilização de tais critérios decorre maior controle objetivo daquela decisão, garantindo-se maior *racionalidade* ao processo decisório.

Elevação do grau de racionalidade nas decisões jurídicas não é sinônimo de estrita racionalidade ou absoluta objetividade. A proposta de Alexy se limita à promoção, no maior grau possível, da racionalidade, sem a crença (fadada ao fracasso) de exclusão ou anulação de qualquer margem de subjetividade no discurso jurídico e nas decisões dele extraídas.

A conexão entre a obra *Teoria dos Direitos Fundamentais* e a anterior *Teoria da Argumentação Jurídica* é evidenciada, antes de mais nada, pela busca de desenvolvimento da *racionalidade* no discurso jurídico. No primeiro livro, Alexy analisa propriamente a estrutura da argumentação jurídica e explicita regras que nela já implicitamente existem. Neste segundo livro, o autor faz um recorte temático no Direito, abordando, no âmbito do direito constitucional, os direitos fundamentais. Ao discurso jurídico cujo tema são esses direitos – ocorra ele no Poder Legislativo (legislação), no Poder Judiciário (precedentes) ou no debate doutrinário (dogmática) –, são integralmente aplicáveis as regras da *Teoria da Argumentação Jurídica* elaborada em

1976. À racionalidade atribuída à forma do discurso jurídico, Alexy busca acrescentar a racionalidade no tratamento de um dos vários conteúdos do Direito atual, os direitos fundamentais e sua estrutura principiológica.

3. CONCEITO E VALIDADE DO DIREITO

Finalmente, em 1992, Alexy publica seu terceiro e último livro, *Begriff und Geltung des Rechts* (*Conceito e Validade do Direito*). Como visto, depois dessa obra, Alexy passa a desenvolver seu pensamento exclusivamente em artigos, que totalizam mais de 100, de 1992 até a presente data.

Diversamente dos dois livros anteriores, obras advindas de duas teses acadêmicas, este livro surgiu do projeto da elaboração de um capítulo para a obra *Rechtssystem und praktische Vernunft* (Sistema Jurídico e Razão Prática), publicada em 1991, em coorganização com Ralf Dreier. Alexy visava então à exposição concisa da Teoria do Direito segundo sua concepção, amadurecida ao longo de cerca de 20 anos de pesquisa e docência. Como essa exposição superou em muito a extensão e profundidade exigidas por um artigo, Alexy decidiu publicá-la na forma de livro, do que resultou o *Conceito e Validade do Direito*.

Nesse, que é seu último livro, Alexy deixa clara a sistematicidade do seu pensamento. Sua obra não é composta por ideias estanques relativas exclusivamente a cada livro, mas ela vai-se construindo gradativamente (e assim permanece até hoje). Neste terceiro, Alexy retoma especialmente a noção de *pretensão de correção*, mencionada de forma mais breve e menos elaborada no seu primeiro livro. Na *Teoria da Argumentação Jurídica*, Alexy formulou a *tese do caso especial*, pela qual o discurso jurídico (a despeito da singularidade dos argumentos que o compõem) integra o discurso prático geral, uma vez que, assim como ele, trata de questões práticas e levanta a pretensão de correção. Não obstante

O PENSAMENTO DE ROBERT ALEXY COMO SISTEMA... 41

a tese do caso especial e a pretensão de correção, que lhe é inerente, integrarem o tema "argumentação jurídica", não se apresentavam como objeto nuclear daquela obra. Essa é matéria agora colocada em evidência. Aqui, ao examinar o *conceito* de Direito, Alexy discorre sobre as concepções *positivista* e *não positivista* a ele relativas. Embora haja distintas correntes em cada uma dessas concepções, trata-se sempre de uma discussão sobre a relação entre Direito e Moral. A despeito de suas diferenças, todas as concepções positivistas levantam a *tese da separação* entre Direito e Moral. Por sua vez, todas as teorias não positivistas, não obstante suas particularidades, defendem a *tese da vinculação* entre Direito e Moral.

Alexy defende uma concepção não positivista do Direito, segundo a qual ele é formado por três elementos essenciais, que lhe atribuem uma *dupla natureza*. O Direito possui necessariamente duas dimensões: uma *real* ou empírica, outra *ideal* ou crítica. À dimensão real, correspondem dois elementos verificáveis empiricamente: *emissão autoritativa* (produção legislativa pela autoridade competente) e *eficácia social* (cumprimento do direito positivo pela sociedade). A esses elementos, soma-se outro, que possui dimensão ideal – a *pretensão de correção*.

Os elementos da esfera empírica não são atinentes ao *conteúdo* do Direito. Perguntam simplesmente por sua *validade formal* (emissão autoritativa) e por sua *realização* ou cumprimento (eficácia social). Ambos os elementos relacionam-se, portanto, com o *princípio formal da segurança jurídica*, que se refere à *previsibilidade* do enquadramento da conduta no ordenamento jurídico, envolvendo então as noções de *estabilidade* do direito positivo e *confiabilidade* nele. Já o elemento da dimensão ideal do Direito, a pretensão de correção, diz respeito ao *conteúdo* do que é por ele declarado. Pretende-se que o Direito posto seja acertado e sua correção depende da sua justiça. Portanto, o critério de correção do Direito é fornecido pelo *princípio material da justiça*, composto pelos vários *princípios materiais de direitos fundamentais*.

Em um Estado Democrático de Direito, ambos os princípios da segurança jurídica e da justiça são essenciais e devem ser sempre conjugados. No caso de colisão entre o princípio da segurança jurídica e o princípio de justiça, Alexy afirma a preponderância *prima facie* do princípio da segurança jurídica, fundado no *argumento da injustiça*. Por esse argumento, a norma perde sua qualidade jurídica (somente) quando ultrapassa um limiar de injustiça. Esse limiar é estabelecido pela *Fórmula de Radbruch*, qual seja, a *injustiça extrema*. Isto é, via de regra, a norma permanece jurídica, ainda que injusta. Nessa hipótese, trata-se de uma norma jurídica *defeituosa*, mas válida. Entretanto, se a injustiça for extrema, a norma perde seu caráter jurídico, pois há, nesse caso, *ruptura* entre Direito e Moral, cuja vinculação é necessária. Essa situação é traduzida na Fórmula de Radbruch, segundo a qual "injustiça extrema não é direito". Por sua vez, essa fórmula somente é compatível com uma concepção *não positivista* do Direito.

A discussão sobre a concepção do Direito, se positivista ou não, pode soar ultrapassada, em virtude de seu caráter secular. De fato, sua relevância não fica clara na prática jurídica cotidiana, em que se decidem casos comuns. Neles, não se pergunta pelo conceito de Direito, pois ele é pressuposto como evidente. No entanto, aquela relevância resta explícita nos casos incomuns. A adoção de uma concepção sobre o Direito foi crucial em alguns dos momentos mais críticos da história mundial, como no Tribunal de Nuremberg, em que se julgaram os líderes nazistas pelos atos cometidos durante a Segunda Guerra Mundial, e nos julgamentos dos dirigentes do governo socialista da antiga Alemanha Oriental, República Democrática Alemã (RDA), após a reunificação de 1989.[10] Somente a assunção não positivista do

---

10 Embora aqui se trate de uma realidade nacional, a divisão da Alemanha entre República Federal da Alemanha e República Democrática Alemã somente aconteceu em virtude de contexto vivido em escala internacional: o embate entre *socialismo* e *capitalismo*, do qual resultou a de-

O PENSAMENTO DE ROBERT ALEXY COMO SISTEMA...   43

Direito fundamenta, de modo racional, o resultado desses julgamentos. Pelo argumento (não positivista) da injustiça, as normas elaboradas pelos dirigentes do exército alemão e pelo governo socialista da RDA não foram exemplos de mera injustiça, mas de *injustiça extrema*. Por conseguinte, não eram normas jurídicas. Tecnicamente, isso equivale a declará-las *nulas ab initio*, hipótese em que a decisão judicial tem efeitos *ex tunc*. O direito aplicado nesses casos foi o de um Estado Democrático de Direito, modelo de Estado dos países aliados e da Alemanha Ocidental.[11]

Essa concepção não positivista de Direito e a utilização da Fórmula de Radbruch pelo Tribunal Constitucional alemão restam claras nas palavras da decisão BVerfGE 3, 58 (119); 6, 132 (198), quando do julgamento, em 1968, de advogado judeu, que emigrara para a Holanda pouco antes da Segunda Guerra, e que perdera a nacionalidade alemã, em cumprimento ao direito nacional-socialista (Lei de Cidadania do *Reich*, de 25 de novembro

---

nominada "Guerra Fria", cujas consequências afetaram todo o mundo. Especialmente sobre o julgamento dos líderes alemães da RDA, cf. Robert Alexy. Mauerschützen. Zum Verhältnis von Recht, Moral und Strafbarkeit. Hamburg: *Joachim-Jungius-Gesellschaft der Wissenschaften*, v. 11, n° 2, 1993. Robert Alexy. Der Beschluß des Bundesverfassungsgerichts zu den Tötungen an der innerdeutschen Grenze vom 24. Oktober 1996. Hamburg: *Joachim-Jungius-Gesellschaft der Wissenschaften*, v. 15, n° 3, 1997.

---

11   Ao destacar apenas a emanação da norma de autoridade competente e sua eficácia social, o positivismo leva em consideração apenas o seu aspecto *formal*. Consequentemente, *qualquer um* pode ser o conteúdo do Direito, como afirmou Kelsen. Segundo o conceito positivista do Direito, portanto, as normas nazistas apresentam-se tão perfeitamente jurídicas como aquelas vigentes no mais democrático dos Estados. A qualificação de uma norma como injusta somente é possível se, juntamente àqueles elementos fáticos, se considera também a pretensão de correção como elemento essencial ao Direito, pois essa pretensão funciona como parâmetro crítico de análise do conteúdo normativo. Um conteúdo entendido como extremamente injusto só deixará de ser jurídico segundo uma concepção *não positivista* de Direito. Surge então inequívoca a atualidade e importância dessa temática, a despeito do caráter secular desse debate.

de 1941). O tribunal afirmou a "possibilidade de negar aos dispositivos 'jurídicos' nacional-socialistas sua validade como direito, uma vez que eles contrariam os princípios fundamentais da justiça de maneira tão evidente que o juiz que pretendesse aplicá-los ou reconhecer seus efeitos jurídicos estaria pronunciando a injustiça e não o direito". Nessa situação, está-se então diante de uma injustiça extrema e, *quanto mais extrema* a injustiça, *mais claro* é seu reconhecimento, ou seja, *mais evidente* ela é.

Nos artigos que se seguiram ao seu último livro, Alexy continuou desenvolvendo seu pensamento, ampliando-o qualitativa e quantitativamente, tanto com o aprofundamento de temas que já o compunham quanto com o acréscimo de novos elementos à sua obra. Tais temas e elementos apresentam-se reunidos não de maneira indistinta, mas formam um conjunto cujos tópicos possuem relação entre si, organizando-se de modo sistêmico.

Dentre as principais matérias examinadas, podem-se citar:

1) Detalhamento do *discurso jurídico* e sua relação com a *teoria do discurso*.[12]

12　Cf. entre outros, Rights, Legal Reasoning and Rational Discourse. In: *Ratio Juris* 5, p. 143-152, 1992; Eine diskurstheoretische Konzeption der praktischen Vernunft. In: R. Alexy; R. Dreier (ed.), Rechtssystem und praktische Vernunft, Archiv für Rechts- und Sozialphilosophie, Caderno 51 (1993), p. 11-29; Legal Argumentation as Rational Discourse. In: *Rivista internazionale di filosofia del diritto* 70, p. 165-178, 1993; Juristische Interpretation. In: R. Alexy, Recht, Vernunft, Diskurs. Studien zur Rechtsphilosophie, Frankfurt/M. 1995, p. 71-92; Jürgen Habermas' Theorie des juristischen Diskurses. In: R. Alexy, *Recht, Vernunft, Diskurs. Studien zur Rechtsphilosophie.*, Frankfurt/M. 1995, p. 165-174; Law, Discourse, and Time. In: *Archiv für Rechts- und Sozialphilosophie.* Beiheft 64 (1995), p. 101-110; Grundgesetz und Diskurstheorie. In: W. Brugger (ed.), *Legitimation des Grundgesetzes aus Sicht von Rechtsphilosophie und Gesellschaftstheorie.* Baden-Baden 1996, p. 343-360; The Special Case Thesis. In: *Ratio Juris* 12, p. 374-384, 1999.

O PENSAMENTO DE ROBERT ALEXY COMO SISTEMA...   45

2) Refinamento da análise das concepções *positivista* e *não positivista* do Direito, maior delineamento da *dupla natureza do Direito* e da noção de *pretensão de correção*.[13]

3) Aperfeiçoamento da análise do processo de *ponderação*, dentro da máxima da *proporcionalidade*, com a exposição, dentre outros, da *fórmula do peso*.[14]

---

13 Cf., entre outros, Zur Verteidigung eines nichtpositivistischen Rechtsbegriffs. In: *Öffentliche oder private Moral?* Festschrift für Ernesto Garzón Valdés, v. W. Krawietz/G. H. v. Wright (ed.), Berlin 1992, p. 85-108; A Definition of Law. In: *Prescriptive Formality and Normative Rationality in Modern Legal Systems.* Festschrift für Robert S. Summers, v. W. Krawietz/N. MacCormick/G. H. v. Wright (ed.), Berlin 1994, p. 101-107; A Defence of Radbruch's Formula. In: D. Dyzenhaus (ed.), *Recrafting the Rule of Law: The Limits of Legal Order,* Oxford/Portland Oregon 1999, p. 15-39; On the Thesis of a Necessary Connection between Law and Morality: Bulygin's Critique. In: *Ratio Juris* 13 (2000), p. 138-147; Between Positivism and Nonpositivism? A Third Reply to Eugenio Bulygin. In: Jordi Ferrer Beltrán/ José Juan Moreso/Diego M. Papayannis (ed.). *Neutrality and Theory of Law.* Springer: Dordrecht 2013, p. 225-238; *Philosophy of Law Issues* 8-9 (2010-2011), p. 60-68; Law and Correctness. In: M. D. A. Freeman (ed.), *Legal Theory at the End of the Millennium.* Oxford, 1998 (Current Legal Problems 51 (1998)), p. 205-22; Law and Morality: A Continental-European Perspective. In: *International Encyclopedia of the Social & Behavioral Sciences,* v. N. J. Smelser/P. B. Bates (ed.), v. 12, Amsterdam/ Paris/New York/Oxford/Shannon/Singapur/Tokio 2001, p. 8465-8469; On the Concept and the Nature of Law. In: *Ratio Juris* 21 (2008), p. 281-299; versão anterior em: Ius et Lex. Sonderheft, Warschau 2006, p. 29-51; Hauptelemente einer Theorie der Doppelnatur des Rechts. In: *Archiv für Rechts- und Sozialphilosophie* 95 (2009), p. 151-166.

14 Cf., entre outros, Güter- und Übelabwägung, Rechtlich; Norm/ Normen, Rechtlich; Prinzipien, Rechtlich. In: *Lexikon der Bioethik,* v. W. Korff/L. Beck/P. Mikat (ed.), Gütersloh 1998, v. 2, p. 181-182; p. 777-779; Bd. v. 3, p. 66-67; Kollision und Abwägung als Grundprobleme der Grundrechtsdogmatik. In: *World Constitutional Law Review.* Korean Branch of International Association of Constitutional Law (ed.) 6 (2001), p. 181-207; Die Abwägung in der Rechtsanwendung. In: *Jahresbericht des Institutes für Rechtswissenschaft an der Meiji Gakuin Universität Tokio* 17 (2001), p. 69-83; Die Gewichtsformel. In: *Gedächtnisschrift für Jürgen*

46 CLÁUDIA TOLEDO

4) Enfoque nos *direitos fundamentais* – sua estrutura *principiológica*; seu conteúdo, os *direitos humanos*, cuja *existência* é fundada na sua *justificabilidade*; sua apresentação no *Estado Democrático de Direito*.[15]

Sonnenschein, v. J. Jickeli/P. Kreutz/D. Reuter (ed.), Berlin 2003, p. 771-792; On Balancing and Subsumption. A Structural Comparison. In: *Ratio Juris* 16 (2003), p. 433-449; Grundrechte und Verhältnismäßigkeit. In: *Die Freiheit des Menschen in Kommune, Staat und Europa*. Festschrift für Edzard Schmidt-Jortzig, v. U. Schliesky/C. Ernst/S. E. Schulz (ed.), Heidelberg, 2011, p. 3-15.

---

15 Cf., entre outros, Diskurstheorie und Menschenrechte. In: R. Alexy, *Recht, Vernunft, Diskurs*. Studien zur Rechtsphilosophie, Frankfurt/M. 1995, p. 127-16; Die Institutionalisierung der Menschenrechte im demokratischen Verfassungsstaat. In: S. Gosepath/G. Lohmann (ed.), *Philosophie der Menschenrechte*. Frankfurt/M. 1998, p. 244-264; Grundrechte im demokratischen Verfassungsstaat. In: *Justice, Morality and Society*. Festschrift für Aleksander Peczenik, v. A. Aarnio/R. Alexy/G. Bergholtz (ed.), Lund 1997, p. 27-42; Grund- und Menschenrechte. In: Jan-R. Sieckmann (ed.), *Verfassung und Argumentation*. Baden-Baden 2005, p. 61-72; Grundrechte. In: *Enzyklopädie Philosophie*, v. H. J. Sandkühler (ed.), Hamburg 1999, v. 1, p. 525-529; Zur Struktur der Rechtsprinzipien. In: B. Schilcher/P. Koller/B.-C. Funk (ed.). *Regeln, Prinzipien und Elemente im System des Rechts*. Wien 2000, p. 31-52; Grundrechtsnorm und Grundrecht. In: *Rechtstheorie*. Caderno 13 (2000), p. 101-115; Zur Entwicklung der Menschen- und Grundrechte in Deutschland. In: Christiana Albertina 54 (2002), p. 6-18; Grundrechte, Abwägung und Rationalität. In: *Ars Interpretandi*. Yearbook of Legal Hermeneutics 7 (2002), p. 113-125; Menschenrechte ohne Metaphysik?. In: *Deutsche Zeitschrift für Philosophie* 52 (2004), p. 15-24; Die Konstruktion der Grundrechte. In: L. Clérico/J.-R. Sieckmann (ed.). *Grundrechte, Prinzipien und Argumentation*. Studien zur Rechtstheorie Robert Alexys. Baden-Baden 2009, p. 9-19; FördeRecht 1 (2012), p. 1-10; Law, Morality, and the Existence of Human Rights. In: *Ratio Juris* 25 (2012), p. 2-14; Rights and Liberties as Concepts. In: Michel Rosenfeld/András Sajó (ed.). *The Oxford Handbook of Comparative Constitutional Law*. Oxford: Oxford University Press, 2012, p. 283-297; The Existence of Human Rights. In: *Archiv für Rechts- und Sozialphilosophie*, Caderno 136 (2013), p. 9-18; The Absolute and the Relative Dimension of Constitutional Rights. In: *Oxford Journal of Legal Studies* 36 (2016), p. 1-17.

O PENSAMENTO DE ROBERT ALEXY COMO SISTEMA...   47

5) Enriquecimento da investigação sobre *princípios formais*, conflitos de competência advindos da *revisão judicial* no Estado Constitucional, determinação dos *princípios formais* e materiais em jogo.[16] Em síntese, da totalidade da produção alexyana e de sua construção sistematicamente ordenada, denota-se um elemento comum, a *institucionalização da razão*. A obra de Alexy busca constantemente identificar a racionalidade presente na realidade jurídica, objetivando *não só* sua descrição, mas sua implementação e incremento. Sua contribuição resta assim não apenas no *esclarecimento* das questões que leva ao debate, mas na perspectiva *propositiva* do seu pensamento, visando ao aperfeiçoamento da realidade jurídica no sentido de sua racionalidade, requisito indispensável para sua *correção*, ou seja, para um *Direito* que não só normatize a vida social, mas que seja *justo*.

---

16 Cf. entre outros, Verfassungsrecht und einfaches Recht – Verfassungsgerichtsbarkeit und Fachgerichtsbarkeit. In: *VVDStRL* 61 (2002), p. 7-33; Balancing, constitutional review, and representation., In: *International Journal of Constitutional Law* (I. CON) 3 (2005), p. 572-581; Two or Three?. In: Martin Borowski (ed.), On the Nature of Legal Principles. *Archiv für Rechts- und Sozialphilosophie.* Caderno 119 (2010), p. 9-18; Constitutional Rights, Democracy, and Representation. In: *Rivista di filosofia del diritto. Journal of Legal Philosophy* 4 (2015), p. 23-35; Constitutional Rights and Constitutional Review. In: Kenneth Einar Himma/Bojan Spaić (ed.). *Fundamental Rights. Justification and Interpretation,* Eleven International Publishing, Den Haag 2016, p. 63-74; Formal principles: Some replies to critics. In: *International Journal of Constitutional Law* 12 (2014), p. 511-524.

PARTE I

ARGUMENTAÇÃO JURÍDICA

Argumentação jurídica e devido processo legal[1]

Matthias Klatt
Professor de Teoria do Direito na Faculdade de Direito da Universidade de Graz, Áustria.

1. A QUESTÃO DA IRRACIONALIDADE

De uma forma superficial, porém pragmática, seria possível rapidamente compreender o que é a argumentação jurídica e o que o devido processo legal requer. Mas qual é, exatamente, a relação entre os dois? Essa relação é o foco do presente artigo. Muitos estudiosos dizem que argumentação jurídica não era regulada pelo direito. De acordo com esse entendimento, ela seria regulada por aquilo que poderíamos chamar de cinco I-s da argumentação jurídica: a argumentação jurídica é considerada intuitiva, incidental, indeterminada, ideológica e irracional.

Um argumento central para essa visão bastante cética, inspirado na pesquisa sociológica, é a falta de uma hierarquia clara entre os vários cânones hermenêuticos. Em razão dessa ausência de hierarquia, parece ser impossível justificar a livre escolha de

---

1   Tradução do idioma inglês para português por Luiza A. B. Borges. Revisão técnica por Mariana C. G. M. Ferreira e Cláudia Toledo. Título original: *Legal Argumentation and the Rule of Law.*
N.T.: A expressão *rule of law* é mais usualmente traduzidda como *devido processo legal* e por esta tradução optou-se por usá-la no artigo. Não obstante, destaca-se que, no sentido utilizado pelo autor, a expressão *rule of law*, muitas vezes, pode ser entendida em português como *Estado de Direito.*

uma ou outra decisão, especialmente nos casos difíceis. No que se refere à interpretação de precedente, essa linha argumentativa está presente na clássica observação de Llewellyn:

> Há dois cânones que se contrapõem em praticamente toda questão. [...] No exame de apenas um dia de divulgação dos votos de decisões, observei 26 formas diferentes e descritíveis com as quais um dos nossos melhores tribunais estaduais lidou com seus próprios processos, repetidamente usando de três a seis formas diferentes em um único voto. O importante é que todas as 26 formas (mais outras doze que, por acaso, não foram usadas naquele dia) estão corretas (Llewellyn, 1950, p. 401, 396).

A questão da irracionalidade não é, de forma alguma, limitada à seara da argumentação jurídica. Ela também alcança o devido processo legal. O devido processo legal é descrito como uma máscara para esconder a usurpação injustificada do poder político. É visto como um exemplo do imperialismo ocidental, impondo sobre os Estados estrangeiros um modelo particular de direito que está em conflito com a cultura jurídica local (Krygier, 2012, p. 233, 247-249). Além disso: parecemos incapazes de apresentar uma concepção minimamente precisa do significado de devido processo legal. O devido processo legal é limitado a aspectos formais de autoridade e procedimento? Ou é, antes, a dimensão material de justiça que constituiu seu centro? Ou, essa é uma terceira opinião, alguma combinação dos dois? O infinito debate sobre essas questões fez Martin Loughlin desenvolver a seguinte análise: "O devido processo legal [...] é mera retórica, uma convicção que é reforçada por sua ambiguidade intrínseca: a ubiquidade da expressão 'devido processo legal' corresponde apenas à multiplicidade de seus significados" (Loughlin, 2010, p. 313).

Há, atualmente, um estudo alemão que demonstra que se aleguem não menos que 140 diferentes conceitos jurídicos como

ARGUMENTAÇÃO JURÍDICA E DEVIDO PROCESSO LEGAL 53

aspectos do devido processo legal (Sobota, 1997, p. 471-526). Loughlin conclui que o devido processo legal seria "inteiramente inviável na prática" e continua: "o fato de ser irrealizável na prática o torna peculiarmente suscetível de ser utilizado para propósitos ideológicos" (ver também Endicott, 1999; Loughlin, 2010, p. 314).

É precisamente nesse ponto que as duas concepções de irracionalidade – a referente à argumentação jurídica e a relativa ao devido processo legal – combinam-se perfeitamente. A expressão de Loughlin "na prática" pode ser lida como "na prática da argumentação jurídica". E, desse modo, a situação pode ser sintetizada assim: argumentação jurídica não é devido processo legal, e o devido processo legal não é viabilizado pela argumentação jurídica. Se tanto a argumentação jurídica quanto o devido processo legal são imprecisos, contestados, repletos de paradoxos e dilemas, ainda mais imprecisa e contestada deve ser a relação entre os dois.

No entanto, é exatamente essa questão da relação que abordarei e o farei em três passos. Primeiramente, apresentarei com mais detalhes o conceito de devido processo legal. Em segundo lugar, delinearei consequências para o papel da argumentação jurídica, resultando no que chamarei de "natureza dupla da argumentação jurídica". Por fim, discutirei o principal desafio contra minha própria concepção.

2. O DEVIDO PROCESSO LEGAL

Devido processo legal é um conceito contestado, empregado a uma "série de princípios intimamente interrelacionados, que juntos constituem o núcleo da doutrina [...] do constitucionalismo" (Allan, 2001, p. 1). Podemos distinguir duas diferentes concepções de devido processo legal. Ronald Dworkin as rotulou de concepção "livro de regras" e concepção "direitos" (Dworkin, 2001, p. 9-18).

2.1. "Livro de Regras" e "Direitos"

A concepção "livro de regras" concentra-se nos procedimentos e na autoridade. Ela salvaguarda a segurança jurídica e a separação de poderes (Dicey, 1915, p. 120-121; Fuller, 1969, p. 33-34; Raz, 2002, p. 214-219). Sua ideia central é a de que o poder do Estado deve ser exercido de acordo com regras explicitamente estabelecidas em um "livro de regras" público disponível a todos. Todo o ordenamento jurídico deve seguir essas regras até que elas sejam alteradas. A concepção livro de regras não estipula nada acerca do conteúdo das regras. Contudo, isso não significa que questões da justiça material das regras não possam ser discutidas. Significa, simplesmente, que tais questões não pertencem ao ideal de devido processo legal. A concepção direitos, ao contrário, incorpora as exigências de justiça material ao devido processo legal. O devido processo legal necessariamente salvaguarda, por exemplo, direitos fundamentais, que podem ser definidos como direitos humanos que são transformados em direito constitucional positivado (Alexy, 1998a, p. 259-260; Dworkin, 2001, p. 11-13). A concepção direitos do devido processo legal necessariamente implica a máxima da proporcionalidade (Allan, 2011, p. 159; Klatt; Meister, 2012b). Nessa concepção, questões de justiça material das regras são internas ao devido processo legal.

Essa distinção entre a concepção formal e a material é bastante direta. Muito mais complexo é o problema normativo sobre qual concepção devemos seguir. Essa dificuldade é devido a um dilema (cf. Allan, 2001, p. 23): quando adotamos a concepção formal, corremos o risco de o devido processo legal ser transformado em uma mera máscara mal utilizada para legitimar as estruturas de poder existentes, escondendo a injustiça material (Unger, 1976, p. 176-181, 192-223). Quando, alternativamente, seguimos a concepção material, estamos vulneráveis à objeção do desacordo racional e do valor pluralismo (Craig, 1997, p. 487). Na concepção material, o devido processo legal, como Joseph Raz

ARGUMENTAÇÃO JURÍDICA E DEVIDO PROCESSO LEGAL 55

nos lembra, pode se referir a praticamente qualquer ideal político (Raz, 2002, p. 211, 221). O devido processo legal parece cair dentro de uma completa filosofia social e pode perder qualquer função independente. Portanto, não é uma ideia convincente interpretar o devido processo legal como a regra do bom direito. Gostaria de sugerir que podemos resolver esse dilema esclarecendo a relação entre o devido processo legal e o conceito de direito.

2.2. O Devido Processo Legal e o Conceito de Direito

A íntima relação entre o devido processo legal e o conceito de direito é claramente indicada pelas próprias palavras devido processo legal.[2] Foi Jeremy Waldron, contudo, quem mais claramente tornou essa relação explícita (Waldron, 2008b, p. 5, 44, 58). O devido processo legal e o conceito de direito são "duas perspectivas sobre a mesma ideia básica" (ver também Craig, 1997, p. 479; Waldron, 2008b, p. 45). Nosso conceito de direito influencia fortemente nosso conceito de devido processo legal, os dois estão intimamente conectados. O reconhecimento dessa influência é surpreendentemente raro na literatura sobre o devido processo legal. Para se obter uma concepção precisa de devido processo legal, precisamos esclarecer o que entendemos por direito. Para essa finalidade, empregarei um conceito específico de direito, baseado na tese da dupla natureza de Robert Alexy.

2.3. A Regra da Dupla Natureza do Direito

O direito possui uma dupla natureza que compreende tanto uma dimensão real ou fática, quanto uma dimensão

---

2 N.T.: A afirmação do autor apenas faz sentido na literalidade dos termos utilizados em inglês. Neste idioma, a palavra *law* se faz presente nas duas expressões *rule of law* e *concept of law*. Por essa razão, o Prof. Matthias Klatt afirma que a proximidade entre essas expressões já é denotada pelas próprias palavras utilizadas.

ideal ou crítica (Alexy, 2010). A dimensão ideal do direito é estabelecida pela pretensão de correção do direito (Alexy, 1998b). A pretensão de correção compreende a correção moral. Consequentemente, a dimensão ideal do direito implica o não positivismo. O principal desafio contra a dimensão ideal do direito é a objeção do irracionalismo moral: essa objeção argumenta que proposições práticas são necessariamente subjetivas, relativas ou puro decisionismo (Mackie, 1977, p. 35). Entretanto, os não positivistas podem apontar para a possibilidade de engajamento em um discurso prático racional (Alexy, 2013b, p. 101-102).

Ainda, a tentativa de integrar o pluralismo moral mediante o discurso racional e teorias procedimentais de racionalidade prática, de fato, tem seus limites. As formas e a regra do discurso racional, contudo, nem sempre conduzem a uma única resposta correta. Experimentamos o dissenso racional (Rawls, 1993, p. 55). As insuficiências da dimensão ideal são a razão pela qual temos a dimensão real do direito como seu complemento. A dimensão real do direito consiste na positividade do direito, que é definida pela emissão autoritativa e eficácia social (Alexy, 2010, p. 173). Procedimentos legalmente estabelecidos garantem o alcance de decisões e seu cumprimento, resolvendo, assim, os problemas de conhecimento prático e coordenação social, que a dimensão ideal nos deixa. A dimensão real do direito se origina da necessidade de segurança jurídica (Radbruch, 1990, p. 50). A dimensão real, desse modo, origina-se na dimensão ideal, uma vez que "a criação e o desenvolvimento da ordem jurídica são importantes objetivos morais" (Allan, 2015, p. 25; Finnis, 1982, p. 231-233; cf. também Finnis, 1987, p. 376-377).

Quando reconhecemos completamente a relação entre o devido processo legal e o conceito de direito, a base filosófica do princípio constitucional do devido processo legal torna-se clara. Da base em um conceito não positivista de direito, segue-se que o devido processo legal é um devido processo legal de dupla na-

ARGUMENTAÇÃO JURÍDICA E DEVIDO PROCESSO LEGAL 57

tureza.[3] Esse é o conceito de devido processo legal com o qual trabalharei no restante deste artigo. Na próxima seção, tratarei detalhadamente das implicações que o devido processo legal de dupla natureza tem para a argumentação jurídica.

3. A DUPLA NATUREZA DA ARGUMENTAÇÃO JURÍDICA

A íntima relação entre o conceito de direito e o devido processo legal pode indubitavelmente ser testemunhada no campo da argumentação jurídica, porque "diferentes modelos de julgamento (...) refletem concepções divergentes de direito e de legalidade" (Allan, 2015, p. 2). Portanto, uma implicação do devido processo legal de dupla natureza é que a argumentação jurídica também possui uma dupla natureza: a argumentação jurídica compreende tanto elementos reais quanto elementos ideais (cf. Kloosterhuis, 2014). A aplicação do direito não consiste na mera interpretação de textos autoritativos, como representantes da real dimensão do direito. Pelo contrário, ela requer razão prática e julgamento moral independentemente do fato de os princípios de justiça e equidade aplicados estarem baseados no direito positivo (Allan, 2015, p. 6; Perry, 1987, p. 215). O devido processo legal, então, é uma regra da razão. Esse último significado de devido processo legal é equivalente à dignidade humana e à liberdade dos cidadãos. Esse entendimento coloca uma exigência fundamental para a argumentação jurídica: argumentação jurídica deve implicar argumentação moral. Trevor Allan levantou claramente esse pon-

---

3 N.T.: Novamente, a conexão terminológica entre as duas expressões fica notória em inglês: segundo a concepção não positivista, o direito tem uma dupla natureza, *dual nature of law*. Em inglês, é então possível adjetivar o termo direito como *dual-natured law*. A expressão *rule of law*, segundo o não positivismo, poderia ser entendida como *rule of dual-natured law*. Em português, a literalidade não é tão clara: fala-se em *dupla natureza* do direito e devido processo legal *de dupla natureza*.

to: " O devido processo legal é, em última análise, um governo da razão: ele é satisfeito por um debate rigoroso sobre as demandas de justiça, adequadamente sintonizadas às circunstâncias do caso concreto [...]" (Allan, 2001, p. 315). E, poderíamos acrescentar, adequadamente sintonizadas também com a dimensão autoritativa do direito.

Gostaria de ilustrar a dupla naureza da argumentação jurídica, passando por todas as três categorias de métodos jurídicos, quais sejam, interpretação, desenvolvimento ulterior do direito e ponderação. A dupla natureza do direito tem consequências importantes em todas as três categorias.

3.1. Interpretação

A distinção normativo-categórica entre regras e princípios é de grande importância para a análise da argumentação jurídica. Regras pertencem à dimensão real, ao passo que princípios pertencem à dimensão ideal do direito (Alexy, 2010, p. 180). Isso porque regras expressam um dever definitivo ou real, enquanto princípios expressam um dever *prima facie* ou ideal (Alexy, 2009, p. 21-33). Poder-se-ia pensar, assim, que, devido a essa conexão entre as categorias de normas e as duas dimensões do direito, o todo processo de subsunção pertenceria à dimensão real, pois se relaciona com a aplicação das regras. A ponderação, ao contrário, pertenceria à dimensão ideal.

Esse enquadramento, entretanto, é muito pouco elaborado. Temos que distinguir entre dois diferentes tipos de subsunção. O primeiro tipo pode ser chamado de "subsunção livre de ponderação". Nele se aplica uma regra, cuja validade possa ser estabelecida com base apenas na emissão autoritativa e eficácia social. Nenhum aspecto da dimensão ideal é necessário, razões autoritativas e institucionais são suficientes para justificar a decisão jurídica. Incontáveis casos fáceis são decididos diariamente com o auxílio da subsunção livre de ponderação. O segundo tipo de subsunção é a "subsunção dependente de ponderação". Ela neces-

ARGUMENTAÇÃO JURÍDICA E DEVIDO PROCESSO LEGAL

sariamente inclui elementos da dimensão ideal, principalmente na forma de argumentos objetivo-teleológicos.

Analisando brevemente os vários cânones, podemos afirmar os seguintes resultados quanto à presença da dupla natureza do direito na interpretação jurídica: o argumento *semântico* utiliza a literalidade de uma norma e estabelece como os termos jurídicos são realmente utilizados (Klatt, 2008, p. 45-46, 52-54). Portanto, o argumento semântico pertence à dimensão autoritativa do direito (cf. Alexy, 1989, p. 239: "caso especial da argumentação empírica"). Tudo isso se torna mais claro quando o argumento genético-semântico leva ao sentido utilizado pelo legislador original. O argumento *histórico* utiliza "fatos concernentes à história dos problemas jurídicos em discussão" (Alexy, 1989, p. 239), então ele também utiliza razões da dimensão real do direito. Esse argumento histórico, contudo, deve também implicar, pelo menos, uma premissa normativa da dimensão ideal (Alexy, 1989, p. 239). Considerações semelhantes são válidas para a argumentação jurídica *comparada*, levando a soluções tomadas em outro ordenamento jurídico. A pretensão de correção do direito transcende a faticidade dos ordenamentos jurídicos locais. A dupla natureza do direito está, assim, presente no argumento histórico e no comparativo.

O argumento *sistemático* é aquele que revela a dupla natureza de forma mais clara possível. O argumento sistemático visa à consistência e à coerência. Consistência é uma característica formal e consiste na ausência de qualquer contradição lógica entre os elementos de um ordenamento jurídico, a saber, normas, interpretações, precedentes e contribuições doutrinárias (MacCormick, 1984, p. 37). Coerência, por outro lado, é uma qualidade material que objetiva a conectividade substancial desses elementos em relação a um todo. Ambos os aspectos do argumento sistemático podem ser muito bem explicados com o auxílio da exposição de Dworkin sobre interpretação jurídica. Ele os combina em sua ideia de interpretar o direito como sistema ("integridade"). Consistência é compreendida pelo elemento "ajuste" de Dworkin:

o juiz deve ajustar seus julgamentos ao conjunto de precedentes (Dworkin, 1982, p. 166 ss., 1986, p. 228-232). Em contrapartida, coerência é estabelecida mediante "justificação", a qual necessariamente implica questões substanciais de moral política (Dworkin, 1986, p. 231, 256). Consistência e ajuste se relacionam com a dimensão real do direito, enquanto a "justificação" refere-se à dimensão ideal do direito.

A dupla natureza do direito também pode ser verificada no argumento *teleológico*, que pode assumir duas formas diferentes. A interpretação subjetivo-teleológica dirige-se aos objetivos perseguidos pelo legislador original e, portanto, pertence à dimensão real do direito. Estabelecer a vontade do legislador histórico equivale a estabelecer fatos (Alexy, 1989, p. 239, 241). É, assim, um caso específico de argumentação empírica. Por sua vez, os argumentos objetivo-teleológicos abrem a subsunção para argumentos decorrentes da dimensão ideal do direito (cf. Alexy, 1989, p. 241–244; para uma visão crítica, cf. Waldron, 2008a). Em comparação com a limitação positivista a argumentos autoritativo-institucionais da dimensão real, o argumento objetivo-teleológico amplia significativamente o repertório de argumentos jurídicos.

Aspectos das dimensões real e ideal do direito são, desse modo, entrelaçados aos cânones hermenêuticos. Isso também pode ser demonstrado pelo clássico conflito de uma colisão entre o argumento semântico e o objetivo-teleológico (cf. Alexy, 2010, p. 171 with fn. 2). Quando a redação de uma lei sugere uma certa alternativa de interpretação, que é, contudo, injusta, o juiz deve escolher entre dar preferência ou à segurança jurídica ou à justiça. Há duas alternativas: ou o princípio da segurança jurídica requer que a lei seja aplicada, apesar de sua injustiça, ou o princípio da justiça requer não aplicar a lei injusta. O que importa nesse contexto é que a dimensão ideal do direito está necessariamente envolvida nas duas alternativas. Mesmo no primeiro cenário, o princípio da segurança jurídica apenas pode

ARGUMENTAÇÃO JURÍDICA E DEVIDO PROCESSO LEGAL 61

ter precedência devido ao seu próprio valor moral (Habermas, 1992, p. 550-551, 560, 563).

Considerações semelhantes são válidas mesmo quando não há conflito entre os dois princípios, ou seja, quando a literalidade e as considerações de justiça demandam exatamente a mesma decisão no caso concreto. Nesse cenário, a decisão pode ser compreendida como implicando, pelo menos, a proposição implícita de que a justiça não requer uma decisão divergente da literalidade. Essas considerações nos conduzem a um resultado muito importante: o velho debate sobre a hierarquia dos cânones não é nada mais do que uma expressão do problema da correta integração das dimensões real e ideal do direito na argumentação jurídica.

Vale ressaltar que o argumento acima está em perfeito acordo com a tese do caso especial. O discurso jurídico é um caso especial de discurso prático geral (Alexy, 1999). Enquanto inserido no discurso prático geral, o discurso jurídico diz respeito ao que é obrigatório, proibido ou permitido nas questões práticas. Diferentemente do discurso prático geral, no entanto, o discurso jurídico ocorre sob condições limitadoras, que decorrem da obrigatoriedade das leis, precedentes ou doutrina jurídica estabelecida. Esses dois elementos da tese do caso especial revelam diretamente a dupla natureza do direito (Alexy, 2010, p. 179; Habermas, 1992, p. 552, 565). As semelhanças entre o discurso jurídico e o discurso prático geral emprestam um caráter ideal ao discurso jurídico, enquanto as diferenças entre os dois implica o caráter real do discurso jurídico. A tese do caso especial pode, assim, ser interpretada como a expressão mais geral da dupla natureza do direito na teoria da argumentação jurídica.

Há um segundo problema que pode ser esclarecido com a integração das dimensões real e ideal na argumentação jurídica. Esse é um desafio da textura aberta do direito. A dimensão real do direito não garante a segurança jurídica em todos os casos (Hart, 1994, p. 128; Kelsen, 1960, p. 348-349). Pelo contrário, nas áreas abertas do direito, os juspositivistas pedem ao juiz para seguir razões extrajurídicas. Quando o repertório de argumentos autoritativos se esgota, sem trazer uma decisão clara, o juiz deve, então, apoiar sua decisão em razões não autoritativas, se a decisão tiver mesmo que se apoiar em alguma razão (Alexy, 2008, p. 283). Assim, do ponto de vista positivista, é bem consistente que Hart e Kelsen aconselhem o juiz a criar um novo direito, da mesma forma que um legislador faria, na área aberta do direito (Hart, 1994, p. 135; Kelsen, 1960, p. 350-351).

A tese da dupla natureza, diversamente, tem mais a oferecer a esse respeito. Ela pode olhar mais de perto para o espaço das razões não autoritativas e, assim, pode reprimir o puro decisionismo nas áreas abertas. Razões não autoritativas são principalmente razões de justiça. Elas pertencem à dimensão ideal do direito. O ideal do discurso racional permite avaliar a qualidade daquelas razões que estão além da dimensão real do direito. A pretensão de Kelsen de que todas as razões não autoritativas são de igual valor é, portanto, refutada (Alexy, 2013a, p. 58-59).

3.2. Desenvolvimento ulterior do direito

Desenvolvimento ulterior do direito é um método jurídico específico distinto da interpretação pelo fato de que ele ultrapassa os limites da literalidade de uma norma jurídica (Klatt, 2008, p. 5-7, 240-241, 274-275). Há duas variáveis do desenvolvimento ulterior do direito, a saber, a analogia e a redução teleológica. É impossível justificar a competência do Poder Judiciário de desenvolver o direito *contra legem*, isto é, decidir contra o texto da lei e a vontade do legislador original, sem aceitar uma dimensão ideal do direito. Isso se torna mais claro a partir da clássica justificação da competência do juiz de desenvolver o direito na famosa decisão *Soraya* do Tribunal Constitucional Federal alemão.

> Justiça não é idêntica ao conjunto de leis escritas. Sob certas circunstâncias, o direito pode existir além das normas

ARGUMENTAÇÃO JURÍDICA E DEVIDO PROCESSO LEGAL

positivas que o Estado promulga [...]. A tarefa do juiz não é restrita à verificação e implementação de decisões legislativas. Ele pode ter que fazer um juízo de valor (um ato que necessariamente possui elementos volitvos), ou seja, trazer à luz e implementar, nas suas decisões, aqueles conceitos valorativos que são implícitos à ordem jurídica constitucional, mas que não são, ou não são adequadamente, expressos no texto das leis escritas. [...] Onde o direito positivo falta, a decisão do juiz preenche a lacuna existente utilizando o senso comum e conceitos gerais de justiça estabelecidos pela comunidade (BVerfG, 1973, p. 287; cf. Kommers, 1997, p. 125).

É decisivo que, ao mesmo tempo, persista a dimensão real do direito. Considerações de justiça não podem sempre e de forma brusca anular o princípio da segurança jurídica. As autoridades estatais competentes para aplicar o direito não podem, em geral, controlar o direito positivo por sua correção (Alexy, 2013a, p. 61). Podemos, dessa forma, aceitar uma preferência *prima facie* da dimensão autoritativo-institucional do direito sobre a sua dimensão ideal (cf. Alexy, 1989, p. 248).

3.3. Proporcionalidade e ponderação

A dupla natureza do direito também está presente na aplicação de princípios jurídicos. Isso direciona nossa atenção para a terceira categoria de métodos jurídicos, a saber, a ponderação, como ocorre na terceira etapa da máxima da proporcionalidade. Analisando a máxima da proporcionalidade, as máximas parciais da adequação e da necessidade são formadas pela dimensão real do direito. Ambas as máximas parciais dizem respeito à otimização na medida em que as condições empíricas são consideradas, por exemplo, afastando custos evitáveis (Klatt; Meister, 2012b, p. 10). Por outro lado, poder-se-ia argumentar que a última máxima parcial da ponderação diz respeito à dimensão ideal. Afinal, a ponderação requer argumentos de justiça que pertencem à dimensão ideal. Entretanto, essa correlação simplista das máximas parciais da proporcionalidade com as duas dimensões é muito grosseira. A ponderação é um método bastante complexo, como, em particular, a teoria dos princípios demonstrou (Klatt, 2013). A exposição mais clara da estrutura da ponderação encontra-se na fórmula do peso (Alexy, 2007; para a fórmula do peso em sua forma completa, ver Klatt; Schmidt, 2012, p. 91). Qual é a relação entre as duas dimensões do direito e as variáveis da fórmula do peso? Poder-se-ia pensar em categorizar as intensidades de interferência (Ii, Ij) e os pesos abstratos (Wi, Wj)[4] dos princípios enquanto pertencentes à dimensão ideal; a confiabilidade epistêmica (Ri, Rj)[5] pertenceria, assim, à dimensão real. Essa categorização desconsideraria, contudo, o fato de que ambas as intensidades de interferência e os pesos abstratos dependem não apenas de premissas normativas, mas também de premissas empíricas, em sua justificação externa. Além disso, confiabilidade epistêmica não é um aspecto da dimensão real, mas denota conhecimento sobre ambas as dimensões (real e ideal). Está, portanto, localizada em um metanível, enquanto comparada às duas dimensões (Klatt; Schmidt, 2012, p. 91).

É mais convincente, então, dizer que as variáveis da fórmula do peso são neutras em relação às duas dimensões. Em outras palavras, a justificação interna da ponderação é neutra em relação à dupla natureza do direito. As duas dimensões do direito surtem efeito, antes, na justificação externa da ponderação, a qual trata da fundamentação de certa classificação de ambas as intensidades de interferência e dos pesos abstratos (Klatt; Meister, 2012b, p. 54;

---

4 **N.T.**: A letra W representa a palavra inglesa *weight* (peso).
5 **N.T.** A letra R representa a palavra inglesa *reliability* (confiabilidade, segurança).

ARGUMENTAÇÃO JURÍDICA E DEVIDO PROCESSO LEGAL

sobre a distinção entre justificação interna e externa na ponderação, ver Klatt; Schmidt, 2012, p. 74). Para justificar essa análise, poder-se-ia simplesmente fazer referência à dupla natureza da argumentação jurídica, como afirmado anteriormente, o que influencia qualquer justificação externa no direito.

Gostaria de demonstrar a neutralidade das variáveis relativas à dupla natureza do direito com o auxílio da jurisdição do Tribunal Constitucional Federal alemão (CF)[6] sobre direitos sociais. Em uma de suas decisões iniciais, a TCF rejeitou derivar um direito de seguridade social diretamente do art. 1 (1) ou art. 2 (1) da Constituição Alemã (BVerfG, 1951). O TCF decidiu que, em primeiro lugar, era competência do Legislativo implementar proteção contra dificuldades materiais. O TCF alegou que não era permitido se colocar no lugar do Legislativo, exercendo controle em relação à omissão legislativa. A ação judicial foi então submetida à legislação ordinária. Podemos explicar essa decisão como uma interpretação positivista da Constituição, com atribuição de excessiva ênfase à dimensão real do direito positivo.

Ao contrário, em uma recente decisão a respeito do valor do benefício padrão pago para garantir o sustento de adultos e crianças conforme a lei de seguridade social alemã, o TCF inferiu diretamente um direito fundamental à garantia de um mínimo existencial do art. 1 (1) juntamente com o princípio do Estado Social previsto no art. 20 (1) da Constituição Alemã (BVerfG, 2010). Basicamente, o TCF utilizou-se agora da dimensão ideal do direito para justificar que o Legislativo infringiu os direitos fundamentais do reclamante ao não legislar mais detalhadamente sobre sua proteção. Uma comparação entre essas duas decisões revela que as variáveis da ponderação são neutras. Elas são preenchidas apenas na justificação externa, mediante a dupla natureza do direito.

---

6   **N.T.:** *TCF* é a abreviatura, em português, de *Tribunal Constitucional Federal.*
Em alemão, a abreviatura é *BVerfG,* correspondente a *Bundesverfassungsgericht.*

Isso também esclarece que e como as dimensões real e ideal do direito estão integradas na máxima da proporcionalidade. Essa integração é, às vezes, mal compreendida. Tremblay argumentou que a ponderação é moralmente neutra e permite aos juízes evitar as questões normativas, políticas ou filosóficas difíceis quando da aplicação da lei (para uma visão crítica, ver Klatt, 2014, p. 897-899; Tremblay, 2014, p. 869, 866, 887). Esse argumento pode ser rotulado como uma tese assistencialista. A tese assistencialista pode ser elaborada argumentando-se que a ponderação poderia lidar com a dimensão real do direito de modo isolado e que não seria dependente da dimensão ideal do direito. A tese assitencialista é de alta originalidade, uma vez que a objeção contra a ponderação normalmente caminha em sentido contrário: a alegada neutralidade moral da ponderação é criticada por sua formalidade pura, enquanto Tremblay afirma ser a neutralidade a vantagem da ponderação (para uma visão crítica, ver Klatt; Meister, 2012a, p. 694-695; Tsakyrakis, 2009, p. 474; Webber, 2010, p. 191). A tese assistencialista está, entretanto, equivocada. Enquanto a estrutura interna da ponderação, em sua forma pura, é, de fato, moralmente neutra, isso não é verdadeiro para a justificação externa das afirmações por meio da escala triádica. Como uma estrutura formal, a ponderação é dependente do emprego de premissas normativas, que serão fornecidas pela dimensão ideal do direito (Klatt, 2014, p. 897-899). Concluo que a dupla natureza do direito está presente não apenas na aplicação de regras, mas também na aplicação de princípios.

4. O DESAFIO PRINCIPAL

Um adversário desse modelo poderia admitir que ambos os elementos, ideal e real, são utilizados na argumentação jurídica. O adversário poderia ainda sustentar que eles não foram realmente integrados entre si, mas apenas adicionados. Poderia argumentar

ARGUMENTAÇÃO JURÍDICA E DEVIDO PROCESSO LEGAL 67

que eles foram adicionados de um modo que deu origem a todos os tipos de inconsistências. Esse é o principal desafio contra a consideração da dupla natureza da argumentação jurídica. A questão central, portanto, é esta: como podemos alcançar integração, ao invés de mera adição, de elementos formais e materiais no devido processo legal e na argumentação jurídica?

4.1. Integração como otimização

Gostaria de propor que o problema da integração pode ser interpretado como um problema de otimização. A tensão entre elementos formais e materiais pode ser resolvida mediante ponderação. Um exercício de ponderação decidirá sobre o grau de realização de ambas as dimensões exigidas em cada caso. Dessa forma, é possível chegar a uma solução relativa ao caso, portanto, flexível, que realiza ambos os elementos, formal e material do devido processo legal respectivamemte no maior grau possível. É decisiva a clareza de que, nesse contexto, não estou me referindo à conhecida ponderação de princípios materiais realizada na última máxima parcial da máxima da proporcionalidade (cf. Klatt; Meister, 2012b, p. 45-73). Estou propriamente me referindo a uma ponderação diferente entre um princípio material (justiça) e um princípio formal (segurança jurídica), como recentemente apresentado por Robert Alexy (Alexy, 2013a). Nesse exercício de ponderação, os elementos "livro de regras" presentes na argumentação jurídica são ponderados com os elementos "direitos".

A proposta de ponderação defendida aqui não se confunde com a proposta de Raz, que também reconhece algum tipo de ponderação: explicitamente declara que a conformidade com o devido processo legal (entendido de modo puramente formal) é uma "questão de grau" e que "é de se esperar que [o devido processo legal] possua (...) não mais do que força *prima facie*. Ele tem que ser sempre ponderado com pretensões concorrentes de outros valores" (Raz, 2002, p. 228). O que Raz tem em mente é uma ponderação que pode ser classificada como externa ao devido processo legal. Ele equipara o devido processo legal à dimensão puramente formal, e então reconhece que está sendo ponderado com valores materiais. Diferentemente, no meu modelo, sendo o exercício de ponderação baseado em um conceito mais amplo de devido processo legal, ele é interno ao processo legal (para uma consideração semelhante, ver Allan, 2011, p. 156). Essa diferença entre uma otimização externa e uma interna é importante por razões de distribuição de competências (Allan, 2011, p. 160, nota 22).

Em consequência desse entendimento, o antigo problema da hierarquia dos cânones pode ser facilmente reconstruído como o problema de integração das dimensões formal e material do direito. Como? Como um exemplo sobre como essa integração ocorre na prática, gostaria de mencionar uma regra sobre o ônus da prova na argumentação formulado por Alexy:

> Os argumentos que expressam uma vinculação ao teor literal da lei ou à vontade do legislador histórico prevalecem sobre outros argumentos, a não ser que se possam apresentar motivos racionais que deem prioridade a outros argumentos (Alexy, 1989, p. 248).

Podemos interpretar essa regra como uma precedência *prima facie* da dimensão autoritativa ou institucional sobre a dimensão material ou da correção. Gostaria de identificar essa regra como "A Fórmula Radbruch da argumentação jurídica".

O desafio de integrar as dimensões formal e material da argumentação jurídica não é convincentemente dominado se muito peso é atribuído a um lado ou a outro. A unilateralidade em favor injustificado da dimensão formal ocorre, por exemplo, na doutrina britânica da soberania absoluta do Parlamento, que, na realidade, torna "todos os valores jurídicos [...] vulneráveis às visões mutáveis de uma maioria parlamentar em exercício" (Allan,

ARGUMENTAÇÃO JURÍDICA E DEVIDO PROCESSO LEGAL 69

2011, p. 155). Um outro exemplo é a afirmação de John Mackie's de que "[...] descobrir o que é o direito é uma tarefa empírica, não uma questão de raciocínio *a priori*" (Mackie, 1984, p. 161).

O erro oposto – a unilateralidade em favor injustificado da dimensão material, está presente na clássica doutrina do direito natural, como resumiu Blackstone: "Esse direito natural, sendo contemporâneo à humanidade e ditado pelo próprio Deus é, claro, superior em obrigação a qualquer outro. É vinculante em todo o mundo, em todos os países e em todos os tempos" (Blackstone, 2009, p. 41).

Essa pretensão de universalidade desconsidera que a dimensão autoritativa ocorre de modo diverso em todo o mundo, nos vários países e em épocas distintas.

Diversamente dessas posições não ponderadas, o meio-termo que proponho realmente permite a argumentação moral no direito, enquanto, ao mesmo tempo, reconhece a dimensão institucional da argumentação jurídica. O juiz deve incluir considerações de justiça em sua argumentação, ao invés de remover todas essas questões do âmbito jurídico e relegá-las ao incerto domínio político (cf. Allan, 2011, p. 162). Mas o juiz não pode confiar na sua convicção pessoal de algum direito natural eterno para anular o que parece ser o direito postivo do país. O juiz Hércules de Dworkin não retira verdades eternas do céul azul da justiça. Em vez disso, Hércules tenta "encontrar a melhor justificação que puder de um evento legislativo passado" (Dworkin, 1986, p. 338), recorrendo a princípios implícitos em sua própria ordem jurídica. Apesar de a argumentação jurídica ser aberta a considerações morais de justiça, a concepção de livro de regras continua a exercer sua influência (Dworkin, 2001, p. 17). O peso do princípio da segurança jurídica na ponderação persiste. O conteúdo autoritativo das leis e das decisões judiciais anteriores limita o âmbito da liberdade de interpretação do juiz.

Essa ideia de combinação e integração conduz a uma terceira teoria do direito, como contrária às teorias que colocam ou a dimensão formal ou a dimensão material no centro das atenções.

Nas seções seguintes, gostaria de discutir dois exemplos de como uma terceira teoria do direito pode ocorrer na prática.

4.2. O Princípio da Legalidade na doutrina constitucional britânica

O Princípio da Legalidade na doutrina constitucional britânica permite que direitos básicos possam ser desconsiderados por ato do Parlamento, contanto que "a redução dos direitos seja bastante explícita, indicando uma intenção legislativa deliberada para aquele fim" (cf. Allan, 2011, p. 158). Isso pode ser interpretado como uma relação de preferência condicional entre a concepção livro de regras e a concepção de direitos do devido processo legal, que representa a segurança jurídica e o princípio da correção respectivamente: o princípio da segurança jurídica tem precedência com a condição de que a redução do princípio da correção seja explícita em uma disposição clara e específica do Parlamento. Entretanto, como Allan destacou, essa relação de preferência condicional pode muito bem se modificar em circunstâncias distintas. Isso é válido apenas se a violação aos direitos não é muito grave: "Na prática, quanto mais grave a ameaça a um direito constitucional e quanto mais fundamental o direito em questão, maior é a relutância das Cortes em encontrar a sanção parlamentar necessária" (Allan, 2011, p. 158).

Assim, em casos de grave redução de direitos, o aspecto substancial do devido processo legal terá precedência sobre seu aspecto formal. Essa alteração entre as duas relações de preferência, a depender das condições, condiz muito bem com a consideração de devido processo legal defendida aqui.

4.3. Ajuste e justificação

Ronald Dworkin defendeu uma terceira teoria de devido processo legal. Vale a pena verificar como a integração en-

ARGUMENTAÇÃO JURÍDICA E DEVIDO PROCESSO LEGAL 71

tre as duas dimensões acontece em sua teoria. O modo com que Dworkin integrou as duas dimensões mudou ao longo dos anos. Em *Império do Direito*, Dworkin separa demasiadamente os dois elementos de ajuste e justificação, como podemos aprender com Trevor Allan. Imagine uma situção na qual a disposição legal é absolutamente complexa ou confusa. Dworkin afirma que, quando o elemento de ajuste acaba por não ser útil, Hércules deve simplesmente abandonar todas as considerações de ajuste em favor de questões mais claramente substantivas de moral política (Dworkin, 1986, p. 248-250). Allan contesta, e eu acredito que corretamente, que Dworkin, nesse ponto, desconsidera a conexão interna entre ajuste e justificação. As duas são "inextricavelmente interligadas" (Allan, 2015, p. 22), e quando o juiz deixa de buscar inspiração nas próprias fontes legais, ele assume um ponto de vista externo sobre a prática. Na prática, ele perde seu ponto de vista interno, interpretativo.

A consideração inicial de Dworkin sobre argumentação jurídica, observa Allan, era bem superior, porque integrava melhor ajuste e justificação: "Juízos de ajuste estão [...] intimamente ligados a considerações de apelo moral, que determinarão quais aspectos da prática devem ser tratados como críticos [...] sob a perspectiva do ajuste" (Allan, 2015, p. 13).

Na aplicação do teste de ajuste, o juiz deve inevitavelmente observar argumentos materiais. Essa interação entre ajuste e justificação, entre prática institucional e princípio moral, foi muito mais clara no Dworkin de *Levando os Direitos a Sério*:

> Hércules não encontra primeiramente os limites do direito e depois implanta suas próprias convicções políticas para suplementar o que o direito requer. Ele utiliza seu próprio juízo para determinar quais direitos as partes têm diante dele e, quando esse juízo é feito, não resta nada a ser submetido às suas próprias convicções ou às convicções públicas (Dworkin, 1977, p. 125).

Essa intrínseca relação entre ajuste e justificação não é, afinal, nenhuma surpresa, pois a dimensão formal existe precisamente para promover justiça e equidade em uma sociedade pluralista, como vimos anteriormente. A dimensão formal não é destacada da dimensão material, como o último Dworkin considera. Leis são "meramente guias sumários para o entendimento atual do juiz sobre a ponderação de princípios morais" (Allan, 2015, p. 13, ver também p. 17).

Um adversário poderia tentar argumentar que a relação entre ajuste e justificação é muito próxima nessa teoria. Afinal, se as leis faltaram, o que mais o intérprete poderia fazer? Ele deve recorrer à ponderação de princípios puramente materiais. O ponto decisivo, entretanto, é que esses princípios materiais são ainda parte do direito. O juiz não sai da prática, mas aplica princípios internos à prática, como Allan apropriadamente assinala:

> Mas, não se segue (como Dworkin supõe) que obrigações jurídicas podem dar lugar a demandas compensatórias de justiça; a ponderação moral adequada entre justiça e valores políticos conflitantes é alcançada no próprio processo de determinação do conteúdo do direito (Allan, 2015, p. 8).

A objeção, portanto, não procede. Enquanto é útil distinguir elementos formais de materiais do devido processo legal para se alcançar o máximo possível de clareza analítica, em última instância, eles estão intimamente conectados. Caso contrário, seria impossível refletir plenamente a dupla natureza do direito na argumentação jurídica.

5. UMA TERCEIRA TEORIA DA ARGUMENTAÇÃO JURÍDICA

Neste artigo, defendi que a pedra angular para esclarecer a relação entre devido processo legal e argumentação jurídica é o

ARGUMENTAÇÃO JURÍDICA E DEVIDO PROCESSO LEGAL 73

conceito de direito. Segui um conceito não positivista, baseado na tese da dupla natureza. Por conseguinte, o devido processo legal de dupla natureza é uma regra da razão. Integra as dimensões formal e material do direito. O conceito de devido processo legal de dupla natureza tem consequências importantes para o caráter da argumentação jurídica. Esse conceito oferece uma terceira teoria, que combina elementos descritivos, autoritativos e institucionais da argumentação jurídica com os elementos prescritivos, ideais da justiça e da correção moral.

O principal desafio para essa teoria é o problema da integração. Reconstruí essa integração como um problema de otimização. A argumentação jurídica deve considerar o fato de que muitos argumentos já foram trabalhados no passado. A conclusão da argumentação jurídica passada aparece no conjunto de precedentes, nas várias doutrinas jurídicas, nas decisões autoritativas, em suma: na dimensão real do direito. A dimensão real da argumentação jurídica nos fornece segurança jurídica, estabilidade e previsibilidade. A dimensão real soluciona a insegurança que surge do caráter argumentativo do direito, além de sua dimensão ideal, em um mundo de pluralismo de valores (Waldron, 2008b, p. 54). A dimensão real garante que a moral pública não entre em colapso com a moral pessoal (Allan, 2001, p. 315). A dimensão real assegura que nossa concepção democrática de bem comum não seja identificada com quaisquer concepçõs individuais de bem que possamos perseguir.

Ao mesmo tempo, entretanto, o devido processo legal de dupla natureza nos lembra que a dimensão real da argumentação jurídica pode fornecer apenas uma segurança *prima facie*. O devido processo legal de dupla natureza nos lembra que o jogo de dar e pedir razões chega a um ponto definitivo (Cohen, 2010). A dimensão ideal do direito nunca deixa de estar presente na "argumentação da prática jurídica" (Finnis, 1987, p. 358). Portanto, não é injustificado terminar este artigo com o que é, ao mesmo tempo, o aspecto mais motivante e mais perturbador da argumentação jurídica: nós realmente temos a liberdade de pensar de novo.

6. REFERÊNCIAS BIBLIOGRÁFICAS

ALEXY, R. *A Theory of Legal Argumentation:* The Theory of Rational Discourse as Theory of Legal Justification. Oxford: Oxford University Press, 1989.

_____. Die Institutionalisierung der Menschenrechte im demokratischen Verfassungsstaat. In: GOSEPATH, S.; LOHMANN. G. (ed.). *Philosophie der Menschenrechte.* Frankfurt am Main, 1998a. p. 244-264.

_____. Law and Correctness. In:. FREEMAN, M. (ed.). *Current Legal Problems* (p. 205–221). Oxford: Oxford University Press, 1998b.

_____. The Special Case Thesis. *Ratio Juris,* 12, 374-384, 1999.

_____. The Weight Formula. In: STELMACH, J.; BROZEK, B.; ZALUSKI, W. (ed.). *Studies in the Philosophy of Law. Frontiers of the economic analysis of law.* Krakau: Jagiellonian University Press, 2007. p. 9-27.

_____. On the concept and the nature of law. *Ratio Juris,* 21(3), 281-299, 2008.

_____. Ideales Sollen. In: CLÉRICO, L.; SIECKMANN, J.-R. (ed.). *Grundrechte, Prinzipien und Argumentation.* Baden-Baden: Nomos, 2009. p. 21-38.

_____. The dual nature of law. *Ratio Juris,* 23, 167-182, 2010.

_____. Rechtssicherheit und Richtigkeit. In: ANDERHEIDEN, M.; KEIL, R.; KIRSTE, S.; SCHAEFER, J. P. (ed.). *Heidelberger rechtswissenschaftliche Abhandlungen: Vol. 9. Verfassungsvoraussetzungen. Gedächtnisschrift für Winfired Brugger.* Tübingen: Mohr Siebeck, 2013a. p. 49-61.

_____. Some Reflections on the Ideal Dimension of Law and on the Legal Philosophy of John Finnis. *American Journal of Jurisprudence,* 58(2), 97-110, 2013b. doi:10.1093/ajj/aut009

ALLAN, T. R. S. *Constitutional justice:* A liberal theory of the rule of law. Oxford: Oxford University Press, 2001.

_____. Questions of legality and legitimacy: Form and substance in British constitutionalism. *International Journal of Constitutional Law,* 9(1), 155-162, 2011. doi:10.1093/icon/mor017

_____. Interpretation, Injustice, and Integrity. *Oxford Journal of Legal Studies.* 2015. doi:10.1093/ojls/gqv014

ARGUMENTAÇÃO JURÍDICA E DEVIDO PROCESSO LEGAL

BLACKSTONE, W. *Commentaries on the Laws of England: Book the First (1765).* 2009. Disponível em: http://www.gutenberg.org/files/30802/30802-h/30802-h.htm>.

BVerfGE 1, 97 (Hinterbliebenenrente), *BVerfGE* 97 (BVerfG December 19, 1951).

BVerfGE 34, 269 (Soraya – English) (BVerfG February 14, 1973).

BVerfGE 125, 175 (Hartz IV-Regelsatz), No. 1 BvL 1/09 u.a., *BVerfGE* 175 (BVerfG February 9, 2010).

COHEN, M. The Rule of Law as the Rule of Reasons. *Archiv für Rechts- und Sozialphilosophie*, 96(1), 1-16, 2010. Disponível em http://ssrn.com/abstract =1518006

CRAIG, P. P. Formal and substantive conceptions of the rule of law: an analytical framework. *Public Law*, 467-487, 1997.

DICEY, A. V. *Introduction to the study of the law of the constitution.* 8. ed. London: Macmillan, 1915.

DWORKIN, R. (ed.). *Taking Rights Seriously.* London: Duckworth, 1977.

_____. "Natural" Law Revisited. *University of Florida Law Review*, 34, p. 165-188, 1982.

_____. *Law's Empire.* London: Fontana, 1986.

_____. Political Judges and the Rule of Law. In: DWORKIN, R. (ed.). *A Matter of Principle.* Oxford: Clarendon Press, 2001. p. 9-32.

ENDICOTT, T. A. O. The impossibility of the rule of law. *Oxford Journal of Legal Studies*, 19(1), 1-18, 1999. doi:10.1093/ojls/19.1.1

FINNIS, J. *Natural Law and Natural Rights.* Clarendon law series. Oxford New York: Oxford University Press, 1982.

_____. On Reason and Authority in "Law's Empire". *Law and Philosophy*, 6(3), 357-380, 1987.

FULLER, L. L. *The morality of law.* New Haven: Yale University Press, 1969.

HABERMAS, J. Recht und Moral: Tanner Lectures 1986. In: HABERMAS, J. (ed.). *Faktizität und Geltung. Beiträge zur Diskurstheorie des Rechts und des demokratischen Rechtsstaats.* Frankfurt am Main: Suhrkamp, 1992. p. 541-599.

HART, H. L. A. *The Concept of Law*. 2. ed. Oxford: Oxford University Press, 1994.

KELSEN, H. *Reine Rechtslehre*. 2. ed. Wien: Österreichische Staatsdruckerei, 1960.

KLATT, M. *Making the law explicit:* The normativity of legal argumentation. European Academy of Legal Theory series: Vol. 7. Oxford: Hart Publishing, 2008.

_____. An Egalitarian Defense of Proportionality-Based Balancing: A Response to Luc B. Tremblay. *International Journal of Constitutional Law*, 12(4), 891-899, 2014.

_____ (ed.). *Prinzipientheorie und Theorie der Abwägung*. Tübingen: Mohr Siebeck, 2013.

KLATT, M.; MEISTER, M. Proportionality – A Benefit to Human Rights?: Remarks on the ICon Controversy. *International Journal of Constitutional Law*, 10(3), 687-708, 2012a. doi:10.1093/icon/mos019

_____. *The Constitutional Structure of Proportionality*. Oxford: Oxford University Press, 2012b.

KLATT, M.; SCHMIDT, J. Epistemic Discretion in Constitutional Law. *International Journal of Constitutional Law*, 10(1), 69-105, 2012. Disponível em http://icon.oxfordjournals.org/content/10/1/69.full.pdf#page=1&view=FitH

KLOOSTERHUIS, H. The Rule of Law and the Ideal of a Critical Discussion. *SSRN Electronic Journal*. 2014. doi:10.2139/ssrn.2519280

KOMMERS, D. P. *The Constitutional Jurisprudence of the Federal Republic of Germany*. (2nd) Durham, NC: Duke University Press, 1997.

KRYGIER, M. Rule of law. In: ROSENFELD, M.; SAJÓ, A. (ed.). *The Oxford Handbook of Comparative Constitutional Law*. Oxford: Oxford University Press, 2012. p. 233-249.

LLEWELLYN, K. N. Remarks on the theory of appelate decision and the rules and canons about how statutes are to be construed. *Vanderbilt Law Review*, 3, 395-406, 1950.

LOUGHLIN, M. *Foundations of public law*. Oxford: Oxford University Press, 2010.

ARGUMENTAÇÃO JURÍDICA E DEVIDO PROCESSO LEGAL 77

MACCORMICK, N. Coherence in Legal Justification. In: KRAWIETZ, W. (ed.). *Theorie der Normen*. Festgabe für Ota Weinberger zum 65. Geburtstag. Berlin, 1984. p. 37-53.

MACKIE, J. L. *Ethics:* Inventing Right and Wrong. Harmondsworth: Penguin, 1977.

_____. The Third Theory of Law. In: COHEN, M. (ed.). *Ronald Dworkin and contemporary jurisprudence*. London: Duckworth, 1984. p. 161-170.

PERRY, S. R. Judicial obligation, precedent, and the Common Law. *Oxford Journal of Legal Studies*, 7, 215-257, 1987.

RADBRUCH, G. *Der Zweck des Rechts*. Gustav Radbruch Gesamtausgabe: Band 3. Heidelberg, 1990.

RAWLS, J. *Political liberalism*. The John Dewey essays in philosophy: Vol. 4. New York u.a.: Columbia Univ. Press, 1993.

RAZ, J. The Rule of Law and its Virtue. In: RAZ, J. (ed.). *The authority of law*. Essays on law and morality. Oxford: Oxford University Press, 2002. p. 210-229.

SOBOTA, K. *Das Prinzip Rechtsstaat: Verfassungs- und verwaltungsrechtliche Aspekte*. Jus publicum: Bd. 22. Tübingen: Mohr Siebeck, 1997.

TREMBLAY, L. B. An egalitarian defense of proportionality-based balancing. *International Journal of Constitutional Law*, 12(4), 864-890, 2014. doi:10.1093/icon/mou060

TSAKYRAKIS, S. Proportionality: An assault on human rights?. *International Journal of Constitutional Law*, 7(3), 468-493, 2009.

UNGER, R. M. *Law in modern society*. New York [usw.]: Free Press [usw.], 1976.

WALDRON, J. Do Judges Reason Morally. In: HUSCROFT, G. (ed.). *Expounding the Constitution. Essays in Constitutional Theory*. Cambridge: Cambridge University Press, 2008a. p. 38-64.

_____. The concept of law and the rule of law. *Georgia Law Review*, 43, 1-61, 2008b.

WEBBER, G. C. N. Proportionality, Balancing, and the Cult of Constitutional Rights Scholarship. *Canadian Journal of Law and Jurisprudence*, 23, 179-202, 2010.

Filosofia do Direito e hermenêutica filosófica

Luís Afonso Heck
Professor do Departamento de Direito Público e Filosofia do Direito na
Faculdade de Direito da Universidade Federal do Rio Grande do Sul.

A colocação da questão, sob esse título, poderia soar: existe, entre a filosofia do Direito de Robert Alexy e a hermenêutica filosófica de Hans-Georg Gadamer, uma separação absoluta ou há entre elas comunidades? A favor destas já fala, quando se tem em vista o plano do direito constitucional, a obra de Konrad Hesse[1] com as expressões "interpretação constitucional como concretização" e "princípio da concordância prática".[2] Mais além, o segundo ainda é reforçado no plano do direito processual civil. Recentemente, o legislador processual civil brasileiro, pela Lei nº

---

1   HESSE, Konrad. *Elementos de direito constitucional da república federal da Alemanha*. Tradução de Luís Afonso Heck. Porto Alegre: Sergio Antonio Fabris, 1998.

2   A interpretação constitucional como concretização encontra apoio em Hans-Georg Gadamer (ver HESSE, K. (nota 1), p. 61 e seguintes (notas 21, 23 e 38, onde se encontra, cada vez, a citação da obra de Gadamer – ver, *infra*, nota 30), número de margem 60 e seguintes) e o princípio da concordância prática (ver HESSE, K. (nota 1), p. 66 e seguinte, número de margem 72) é o modelo ao qual o da ponderação de Robert Alexy corresponde (ver ALEXY, Robert. *Theorie der Grundrechte*. 3. Aufl. Frankfurt: Suhrkamp, 1996. p. 152 e nota 232). O princípio da concordância prática foi recentemente até denominado como princípio de colisão jurídico--constitucional. Ver, para isso, SCHLADEBACH, Marcus. Praktische Konkordanz als verfassungsrechtliches Kollisionsprinzip. In: *Der Staat*. v. 53, 2014, p. 263 e segs.

13.105, de 16 de março de 2015, que apresenta a nova regulação do processo civil, acolheu, no artigo 489, § 2º,[3] o princípio da proporcionalidade[4] e, com isso, a fórmula peso de Alexy.[5] Os

---

3   Diz o artigo 489, parágrafo 2, da Lei nº 13.105: "No caso de colisão entre normas, o juiz deve justificar o objeto e os critérios gerais da ponderação efetuada, enunciando as razões que autorizam a interferência na norma afastada e as premissas fáticas que fundamentam a conclusão." O legislador somente inverteu, na segunda metade da frase desse parágrafo 2, a ordem dos princípios parciais do princípio da proporcionalidade. O princípio da proporcionalidade compõe-se de três princípios parciais, ou seja, dos princípios da idoneidade, da necessidade e da proporcionalidade em sentido restrito. Assim, "as razões que autorizam a interferência na norma afastada" dizem respeito ao terceiro princípio parcial; "as premissas fáticas que fundamentam a conclusão", por sua vez, ao primeiro e ao segundo princípios parciais. Quanto à primeira metade da frase desse parágrafo 2: "objeto" da "ponderação" refere-se a direitos individuais (direitos sociais também são direitos individuais. Eu agradeço ao Alexy por essa informação.) ou bens coletivos. Os "critérios gerais da ponderação", ao postulado da racionalidade da ponderação, ou seja, à fundamentação da proposição de preferência (ver para o último, ALEXY, R. *Theorie der Grundrechte*. 3. ed. Frankfurt: Suhrkamp, 1996. p. 144). A fundamentação da proposição de preferência, que permite falar de um modelo de fundamentação, em oposição a um modelo de decisão [Carl Schmitt], está, por seu turno, vinculada à chamada lei da ponderação, que abarca o terceiro princípio parcial da proporcionalidade (ver mesmo autor, mesma obra, p. 144, 146 e 100 ss. respectivamente; para a lei da ponderação epistêmica, ver mesmo autor. A fórmula peso, no mesmo autor. *Constitucionalismo discursivo*. 4. ed. Porto Alegre: Livraria do Advogado, 2015. p. 150. Organizador e tradutor: Luís Afonso Heck). Esse modelo de ponderação como um todo dá um critério ao enlaçar a lei da ponderação com a teoria da argumentação jurídica racional (ver mesmo autor, *Theorie der Grundrechte*. 3. ed. Frankfurt: Suhrkamp, 1996, p. 152).

4   Ver para isso: ALEXY, R. *Theorie der Grundrechte*. 3. ed. Frankfurt: Suhrkamp, 1996, p. 100 ss.; mesmo autor, Direitos fundamentais, ponderação e racionalidade, mesmo autor. *Constitucionalismo discursivo*. 4. ed. Porto Alegre: Livraria do Advogado, 2015. p. 110 e seguintes. Organizador e tradutor: Luís Afonso Heck; mesmo autor, *Ponderação, jurisdição constitucional e representação*, mesmo autor, mesma obra, p. 156 e seguintes.

5   Ver para isso: ALEXY, Robert. A fórmula peso. In: *Constitucionalismo discursivo*. 4. ed. Porto Alegre: Livraria do Advogado, 2015. p. 131 e seguintes. Organizador e tradutor: Luís Afonso Heck. Comparar também mesmo au-

FILOSOFIA DO DIREITO E HERMENÊUTICA FILOSÓFICA 81

incisos do § 1º do art. 489 da Lei nº 13.105, por sua vez, seja dito à margem, deixam ver que o seu pano de fundo é composto, em grande medida, pela ideia do "dirigir o olhar para a coisa mesma", da "pré-compreensão" de Gadamer,[6] que ultrapassa, contudo, sem excluir, o âmbito dos direitos fundamentais. Sob esse último aspecto, o processual, a colocação da questão parece, portanto, particularmente justificada. Até se deixa comprovar, mais além, nesse âmbito do processual, uma conexão entre o "que" (art. 489, § 2º, da Lei nº 13.105) e o "como" (art. 489, incisos do § 1º da Lei nº 13.105).[7]

---

tor, Formal principles: Some replies to critics. In: *I.CON*, v. 12, n. 3, p. 511 ss., 2014.

---

6   Segundo Gadamer, uma vez: "Toda a interpretação correta tem de proteger-se contra a arbitrariedade de ideias e a limitabilidade de costumes de pensar imperceptíveis e dirigir o olhar "para as coisas mesmas" (que no filólogo são textos cheios de sentido que, por sua vez, de novo, tratam de coisas)" (GADAMER, Hans-Georg. *Wahrheit und Methode*. Grundzüge einer philosophischen Hermeneutik. 6. ed. Tübingen: Mohr, 1990. v. 1. p. 271. Pontuação no original). Outra vez: "A primeira de todas as condições hermenêuticas permanece, assim, a *pré-compreensão*, que tem origem no ter-a-ver com a mesma coisa" (mesmo autor, mesma obra, p. 299. O itálico não está no original). Ver também mesmo autor, mesma obra, p. 270 ss. O significado e o alcance dessas afirmações de Gadamer ficam facilmente reconhecíveis no plano jurídico quando elas são colocadas diante desta, de Alexy: "Sem a distinção entre a norma, a proposta de interpretação e os argumentos que apoiam esta não pode ser obtida uma imagem clara da fundamentação jurídica" (ALEXY, R. *Theorie der Grundrechte*. 3. ed. Frankfurt: Suhrkamp, 1996. p. 68). Com isso, também está abordado agora o artigo 93, inciso IX, da Constituição Federal, segundo o qual todos os julgamentos dos órgãos do Poder Judiciário serão fundamentados, sob pena de nulidade. Ver para isto, também HECK, Luís Afonso. Visão de conjunto sobre a vida e a obra de Robert Alexy, mesmo autor (organizador, tradutor, revisor). *Direitos fundamentais, teoria dos princípios e argumentação*. Escritos em homenagem a Robert Alexy. Porto Alegre: Sergio Antonio Fabris, 2015. p. 42 e seguinte.

7   O "que" está situado nesta afirmação de Alexy: "A lei da ponderação diz *o que* deve ser fundamentado racionalmente" (ALEXY, R., (nota 6), p. 152. O itálico não está no original). O "como", por sua vez, reside nas afirmações

82   LUÍS AFONSO HECK

Naturalmente, o título Filosofia do Direito e Hermenêutica Filosófica, reflete uma macrodimensão. Não é possível nos limites estreitos deste artigo trabalhá-la. Eu irei, portanto, restringir-me a uma microdimensão. Assim, no lado de Alexy eu vou movimentar-me, fundamentalmente, nas seguintes obras: *Teoria da argumentação jurídica*, *Teoria dos direitos fundamentais*, *Direito, razão, discurso*, *Constitucionalismo discursivo* e *Menschenrechte ohne Metaphysik?*.[8] E no lado de Gadamer, fundamentalmente, na obra *Verdade e método*.[9]

A marcha da apresentação segue os seguintes passos: primeiro, será indicada a posição da hermenêutica no trabalho de Alexy. Depois, serão trabalhados alguns pontos comuns entre Alexy e Gadamer. Por fim, segue uma conclusão.

1. A POSIÇÃO DA HERMENÊUTICA NO TRABALHO DE ALEXY

No livro *Theorie der juristischen Argumentation* (1. ed., 1983), Alexy parece tomar distância da hermenêutica com base na escola de Erlangen.[10] Segundo esta, tanto a hermenêutica como a filosofia analítica têm em comum que elas começam a trabalhar

---

de Gadamer, citadas na nota 6 *supra*. A conexão mencionada mostra-se quando se contrapõe agora essas declarações de Alexy e de Gadamer.

---

8   No original, respectivamente: *Theorie der juristischen Argumentation*. Die Theorie des rationalen Diskurses als Theorie der juristischen Begründung. 7. ed. Frankfurt: Suhrkamp, 2012; *Theorie der Grundrechte*. 3. ed. Frankfurt: Suhrkamp, 1996; *Recht, Vernunft, Diskurs. Studien zur Rechtsphilosophie*. Frankfurt: Suhrkamp, 1995.

9   No original: *Wahrheit und Methode*. Grundzüge einer philosophischen Hermeneutik. 6. ed. Tübingen: Mohr, 1990. v. 1; mesmo autor. Wahrheit und Methode. Ergänzungen, Register. 2. ed. Tübingen: Mohr, 1993, v. 2.

10   Ela compõe o título, enumerado com III, da parte A, da *Theorie der juristischen Argumentation*, p. 178.

FILOSOFIA DO DIREITO E HERMENÊUTICA FILOSÓFICA 83

sobre e no navio construído no passado.[11] O navio é usado como imagem para a linguagem. Segundo o programa do método construtivista, proposto pela escola de Erlangen, nós temos de, pelo contrário, "ter a coragem de saltar na água e começar, outra vez, de novo".[12] Nós temos de "pôr-nos em uma situação sem navio, isto é, sem linguagem, e temos de tentar seguir as atuações com as quais nós – nadando no meio do mar da vida – poderíamos construir uma jangada ou até um navio".[13] Trata-se, nisso, da exigência de não admitir nada que é não assegurado metodicamente e ela estende-se não somente ao procedimento da fundamentação, mas também à linguagem da fundamentação.[14]

Posteriormente, no livro *Direito, razão, discurso* (1. ed., 1995), encontra-se, primeiro, uma alusão à hermenêutica das ciências do espírito, que sofreu uma rigorosa crítica pela metade do século XX por parte da filosofia analítica.[15]

Segundo, é mencionado Georg Henrik v. Wright, cujos trabalhos levaram a uma suavização do debate e abriram caminho para uma hermenêutica analítica.[16] O trabalho mencionado de v. Wright por Alexy na nota 8, p. 64, do livro *Direito, razão, discurso*, é: *Erklären und Verstehen*.[17] Nele von Wright faz menção ao surgir de uma direção que nasceu nos anos 60 do século XX no continente, que a mesma se denomina filosofia hermenêutica ou dialético-hermenêutica.[18] E na nota 85, que se encontra no final

---

11 Ver ALEXY, Robert. *Theorie der juristischen Argumentation*. Die Theorie des rationalen Diskurses als Theorie der juristischen Begründung. 7. ed. Frankfurt: Suhrkamp, 2012. p. 180.
12 Citado segundo ALEXY, R. (nota 11), p. 180.
13 Citado segundo ALEXY, R. (nota 11), p. 180.
14 Comparar ALEXY, R. (nota 11), p. 179.
15 Ver ALEXY, Robert. *Direito, razão, discurso*. Estudos para a filosofia do direito. Tradução e revisão de Luís Afonso Heck. 2. ed. Porto Alegre: Livraria do Advogado, 2015. p. 64, com indicação bibliográfica.
16 Ver ALEXY, R. (nota 15), p. 64.
17 VON WRIGHT, Georg Henrik. *Erklären und Verstehen*. Hamburg: EVA, 2008.
18 Ver VON WRIGHT, G. H. (nota 16), p. 38.

desta frase, von Wright afirma que a fonte principal dessa direção é Gadamer.[19]

Terceiro, Alexy trabalha, então, os três tipos de círculo hermenêutico, ou seja, aquele que concerne à relação entre a chamada pré-compreensão e o texto, que concerne à relação entre a parte e o todo e que concerne à relação de norma e fato.[20]

Deve, ainda, ser mencionado que o texto[21] faz remissão em várias notas de pé de página à *Theorie der juristischen Argumentation*. Isso significa que a hermenêutica geral[22] também está em conexão com partes da teoria da argumentação jurídica desenvolvida por Alexy.

---

19 Ver VON WRIGHT, G. H., (nota 16), p. 160.
20 Comparar ALEXY, R. (nota 15), p. 64 e seguinte. Deve aqui, porque em conexão com o círculo hermenêutico, ser mencionado que não somente Jürgen Habermas apoia-se no "movimento particularmente circular de construção posterior racional" no último passo da travessia nos diferentes planos do discurso, que consiste na "passagem para a 'reflexão sobre a alteração sistemática do idioma de fundamentação'" (citado conforme ALEXY, R. (nota 11), p. 155, últimas aspas no original), mas também a Escola de Erlangen aceita a pré-compreensão como pressuposto da qual a ética construtiva tem de iniciar, cuja construção a partir desse pressuposto deve tornar possível e necessário revisar essa pré-compreensão mesma e, dado o caso, corrigir (citado segundo ALEXY, R. (nota 11), p. 181). Isso, por sua vez, permite, no âmbito da gênese crítica de sistemas de normas (ver ALEXY, R., (nota 11), p. 190), falar da tarefa da ciência da cultura, ou seja, a interpretação da cultura, a crítica da cultura e a reforma da cultura (ver, para isso, ALEXY, R., (nota 11), p. 191 ss.). Ver também, em união com isso, SANTOS, Tânia Maria dos. *O direito à cultura na Constituição Federal de 1988*. Porto Alegre: Verbo Jurídico, 2007, e HECK, Luís Afonso. Posfácio, mesmo autor (organizador). *Direito natural, direito positivo, direito discursivo*. Porto Alegre: Livraria do Advogado, 2010. p. 229 e seguintes.
21 ALEXY, R. (nota 15), p. 61 e seguintes.
22 Mencionada por ALEXY, R. (nota 15), p. 64.

FILOSOFIA DO DIREITO E HERMENÊUTICA FILOSÓFICA 85

2. COMUNIDADES ENTRE ALEXY E GADAMER

Uma olhada nas obras anteriormente mencionadas[23] mostra que existem comunidades entre Alexy e Gadamer, a saber: a estruturalidade, a não reprodução[24] e a ausência de direito natural. Elas serão, no que segue, objeto de apresentação.

2.1. A estruturalidade

2.1.1. No livro *Theorie der Grundrechte* existe um título específico que soa: "Teoria dos direitos fundamentais como teoria de estrutura".[25] Os fundamentos para isso podem, segundo Alexy, ser agrupados assim:

a) Uma teoria de estrutura, que é parte de uma teoria integrativa, é uma teoria primariamente analítica. Ela é uma teoria primariamente e não puramente analítica, porque investiga estruturas como a dos conceitos jurídico-fundamentais,[26] da influência dos direitos fundamentais sobre o sistema jurídico e do fundamentar jurídico-fundamental com vista às tarefas práticas de uma teoria integrativa. Sua matéria mais importante é a jurisprudência do tribunal constitucional federal. (...) Dirigida ela

---

23 Ver notas 7 e 8, *supra*.
24 A expressão "não reprodução" deixa, negativamente, apresentar-se bem com Hans Kelsen: "Se se acha que o direito está decidido na lei, então juridicidade significa absolutamente legalidade." KELSEN, Hans. Wesen und Entwicklung der Staatsgerichtsbarkeit, VVDStRL, Caderno 5, Berlin und Leipzig: Walter de Gruyter, 1929. p. 31. Antes, Kelsen argumenta que a visão tradicional identifica absolutamente direito e lei, de modo que a jurisdição e a administração apresentam reproduções do direito já pronto, de alguma maneira, antes delas, concluído em sua produção (comparar com mesmo autor, mesma obra, p. 30 e segs.).
25 Ver ALEXY, R. (nota 6), p. 32.
26 *Grundrechtliche* eu costumo traduzir como "jurídico-fundamental". Pode também ser entendido como "concernente aos direitos fundamentais".

é pela questão sobre a decisão jurídico-fundamental correta e a fundamentação jurídico-fundamental racional.[27]

b) Uma teoria de estrutura tem de formar não somente a primeira parte de uma teoria integrativa dos direitos fundamentais, mas também a base e o vigamento para todo o resto. Para isso existe uma série de fundamentos. Clareza analítico-conceitual é uma condição de racionalidade elementar de cada ciência. Nas disciplinas práticas, que só muito mediatamente são controladas por experiências empíricas, esse postulado tem um significado ascendente. Isso vale justamente para o âmbito dos direitos fundamentais, que, em medida muito menor, como, por exemplo, o direito civil, é enformado por tradições analíticas e está exposto em medida muito maior a influências ideológicas.[28]

c) A dogmática dos direitos fundamentais como uma disciplina prática visa, em último lugar, à fundamentação racional de sentenças de dever[29] jurídico-fundamentais concretas. A racionalidade da fundamentação pede que o caminho, das determinações de direitos fundamentais para as sentenças de dever jurídico-fundamentais concretas, seja acessível em uma medida, tão alta quanto possível, de controle intersubjetivo. Isso, porém, pressupõe claridade sobre a estrutura das normas de direitos fundamentais, assim como de todos os conceitos e formas de argumentos relevantes na fundamentação jurídico-fundamental.[30]

2.1.2. Em Gadamer, a estruturalidade mostra-se, por um lado, no tratamento dos pré-juízos nesta sua afirmação: o primeiro com o que o entender inicia é (...) que algo nos aborde.[31] Nós

---

27 Comparar ALEXY, R. (nota 6), p. 32.
28 Comparar ALEXY, R. (nota 6), p. 32.
29 *Sollenurteile* eu traduzo como sentenças de dever. O verbo *sollen* é, em geral, traduzido por dever-ser, que compreende, por seu turno, os conceitos deônticos do mandamento, do proibido e do permitido.
30 Comparar ALEXY, R. (nota 6), p. 32.
31 Ver GADAMER, H.-G. *Wahrheit und Methode*. Grundzüge einer philosophischen Hermeneutik. 6. ed. Tübingen: Mohr, 1990. v. 1, p. 304.

FILOSOFIA DO DIREITO E HERMENÊUTICA FILOSÓFICA

sabemos agora o que é exigido com isso: uma suspensão fundamental dos próprios pré-juízos. Toda suspensão de juízos, porém, portanto e tanto mais a de pré-juízos, tem, visto logicamente, a estrutura da *pergunta*.[32] A essência da *pergunta* é, segundo Gadamer, o expor e o manter aberto de possibilidades. Torna-se um pré-juízo duvidoso – em vista daquilo que um outro ou um texto nos diz – então isso não quer dizer, portanto, que seja simplesmente posto de lado e o outro ou a outra [coisa] faz valer-se em seu lugar imediatamente. (...) Em verdade, o próprio pré-juízo bem verdadeiramente é trazido ao jogo pelo fato de ele mesmo estar em jogo. Somente quando joga ele é capaz de experimentar, no fundo, a pretensão de verdade do outro e lhe possibilita que também possa jogar.[33]

Sob o título "A primazia hermenêutica da pergunta",[34] Gadamer ocupa-se com a *estrutura lógica da abertura*,[35] que caracteriza a consciência hermenêutica, e recorda qual significado coube ao conceito da pergunta na análise da situação hermenêutica.[36] A seguir, trata da essência da pergunta.

Reside na essência da pergunta que ela tem um sentido. Sentido, porém, é sentido de direção. O sentido da pergunta é, portanto, a direção na qual a pergunta somente pode realizar-se, se ela quer ser resposta cheia de sentido, conforme o sentido. Com a pergunta o interrogado é posto em um determinado ângulo visual. O surgir de uma pergunta arromba, de certo modo, o

---

32 Ver GADAMER, H.-G. (nota 31), p. 304. Em itálico no original. Em um outro lugar, Gadamer afirma: "Talvez exista uma lógica da pergunta. De uma tal poderia fazer parte que a resposta a uma pergunta necessariamente desperta novas perguntas" (GADAMER, H.-G. *Wahrheit und Methode*. Ergänzungen, Register. 2. ed. Tübingen: Mohr, 1993. v. 2, p. 193).

33 Ver GADAMER, H.-G. (nota 31), p. 304. Em itálico no original. Assim também GADAMER, H.-G. *Wahrheit und Methode*. Ergänzungen, Register. V. 2, 2. ed. Tübingen: Mohr, 1993, p. 64.

34 GADAMER, H.-G. (nota 31), p. 368.

35 Em itálico no original. GADAMER, H.-G. (nota 31), p. 368.

36 Ver GADAMER, H.-G. (nota 31), p. 368.

ser do perguntado. O *logos*, que esse ser arrombado desenvolve, é, sob esse aspecto, sempre já resposta. Ele mesmo somente tem sentido no sentido da pergunta.[37] Perguntar significa pôr no aberto. A abertura do perguntado consiste no não estar determinado da resposta. (...) Isso representa o sentido do perguntar, expor o perguntado assim em sua perguntabilidade. Ele tem de ser posto em suspenso, de modo que o contra mantenha o equilíbrio ao pró. Cada pergunta consuma primeiro seu sentido na passagem por tal suspenso, no qual ela se torna uma pergunta aberta. Cada pergunta autêntica pede essa abertura. Falta a ela a mesma, então ela é, no fundo, uma pergunta fictícia, que não tem um sentido de pergunta autêntico.[38] Gadamer cita como exemplo para isso a pergunta pedagógica e a pergunta retórica.[39]

Por outro lado, no tratamento da consciência da história do efeito. Ela tem a estrutura da *experiência*.[40] A experiência hermenêutica tem a ver com a *transmissão*.[41] Esta é que tem de chegar à experiência.[42] E o meio da experiência hermenêutica é o idioma.[43] Tenho de deixar valer a transmissão em sua pretensão, não no sentido de um mero reconhecimento da alteridade do passado, mas no modo que ela [a transmissão] tenha algo a me dizer. Também isso pede um tipo fundamental de abertura.[44]

---

37 Ver GADAMER, H.-G. (nota 31), p. 368.
38 Ver GADAMER, H.-G. (nota 31), p. 369.
39 GADAMER, H.-G. (nota 31), p. 369.
40 GADAMER, H.-G. (nota 31), p. 352. Em itálico no original.
41 GADAMER, H.-G. (nota 31), p. 363. Em itálico no original. *Uberlieferung* eu traduzo como transmissão. Também pode ser traduzido como tradição.
42 GADAMER, H.-G. (nota 31), p. 363.
43 Ver GADAMER, H.-G. (nota 31), p. 387, onde isso se encontra como título. Para o idioma, ver ainda GADAMER, H.-G. *Wahrheit und Methode*. Ergänzungen, Register. 2. ed. Tübingen: MOHR, 1993. v. 2, p. 66 ss., 146 ss., 184 ss., 199 ss.
44 Ver GADAMER, H.-G. (nota 31), p. 367.

FILOSOFIA DO DIREITO E HERMENÊUTICA FILOSÓFICA 89

2.2. A não reprodução

2.2.1. A expressão "não reprodução" remete, em Alexy, tanto para o plano das regras como para o plano dos princípios. No plano das regras, a justificação externa, que Alexy emprega no âmbito dos "Traços fundamentais de uma teoria da argumentação jurídica",[45] pode ser indicada. Segundo Alexy, objeto da justificação externa é a fundamentação das premissas utilizadas na justificação interna. Essas premissas podem ser de tipo completamente diferente. Deixam distinguir-se (1) regras do direito positivo, (2) declarações empíricas e (3) premissas que não são nem declarações empíricas nem regras do direito positivo.[46] À fundamentação destas premissas, ou seja, as que estão sob o número 3, serve o que se pode designar como "argumentação jurídica".[47]

No plano dos princípios, a expressão "não reprodução" remete à norma de direito fundamental associada, que Alexy apresenta como resultado da ponderação.[48] Para chegar à norma de direito fundamental associada, Alexy trabalha, primeiro, a indeterminabilidade da norma estatuída *imediatamente* pelo texto da constituição, no artigo 5, alínea 3, proposição 1, da lei fundamental, do qual ele destaca "... ciência, investigação e ensino são livres".[49] Essa indeterminabilidade é de natureza dupla, ou seja, ela é aberta tanto semântica como estruturalmente.[50]

---

45 ALEXY, R. (nota 11), p. 273.
46 Ver ALEXY, R. (nota 11), p. 283.
47 Ver ALEXY, R. (nota 11), p. 284. Aspas no original.
48 No livro *Theorie der Grundrechte* (nota 6), p. 84, encontra-se o seguinte título: "Resultados da ponderação como normas de direitos fundamentais associadas." Para a norma de direito fundamental associada também fora do âmbito da teoria dos direitos fundamentas de Alexy, ver, pormenorizadamente, *Ludwig*, Roberto José. *A norma de direito fundamental associada*. Direito, moral, política e razão em Robert Alexy. Porto Alegre: Sergio Antonio Fabris, 2014.
49 ALEXY, R. (nota 6), p. 57. Em itálico no original.
50 Ver ALEXY, R. (nota 6), p. 57.

Depois, Alexy trata ainda da *relação de precisação* e da *relação-fundamento*.[51] Segue, então, a indicação do que sejam normas associadas, ou seja, as normas expressas sob os números 4, 5 e 6[52] não são estatuídas imediatamente pelo texto da constituição, mas, ao contrário, associadas às normas estatuídas imediatamente pelo texto da constituição. Isso justifica denominá-las "*normas associadas*". Por isso, as normas de direitos fundamentais deixam dividir-se em dois grupos: em normas de direitos fundamentais estatuídas imediatamente pelo texto da constituição e em normas de direitos fundamentais associadas.[53]

Agora pode-se colocar a questão: quando uma norma associada vale e é uma norma de direito fundamental? A resposta, segundo Alexy, soa: "... quando para a sua associação a uma norma de direito fundamental estatuída imediatamente uma *fundamentação jurídico-fundamental correta* é possível."[54]

2.2.2. A não reprodução apresenta-se em Gadamer sob a palavra *aplicação*, que está situada em cada entender.[55] Aplicação é um componente do mesmo modo integrante do processo hermenêutico como entender e interpretar.[56]

---

51 Ver ALEXY, R. (nota 6), p. 60. Em itálico no original. Na nota 53, que está, no texto, no final da frase onde se encontra a expressão *relação de precisação*, Alexy afirma: "Sob esse aspecto, a situação aqui é de outra forma como na suposição de um 'direito fundamental não escrito'. Um direito fundamental não-escrito está caracterizado pelo fato de a norma de direito fundamental, que o concede, não estar em uma relação de precisação para com uma norma de direito fundamental expressa imediatamente pelo texto da constituição" (ALEXY, R. (nota 6), p. 60, aspas no original.)
52 Para essas normas, ver ALEXY, R. (nota 6), p. 58 ss.
53 Ver ALEXY, R. (nota 6), p. 60. Em aspas e itálico no original.
54 ALEXY, R. (nota 6), p. 61. Em itálico no original.
55 Ver GADAMER, H.-G. (nota 31), p. 312. Em itálico no original.
56 Ver GADAMER, H.-G. (nota 31), p. 313. *Auslegung* eu traduzo geralmente como interpretar. Ela, contudo, significa também explicar. Em ALEXY, R. (nota 15), eu a traduzi como interpretar. Ver mesmo autor, mesma obra, p. 62, nota do tradutor.

FILOSOFIA DO DIREITO E HERMENÊUTICA FILOSÓFICA 91

Segundo Gadamer, não só ocasionalmente, mas sempre o sentido de um texto sobrepuja seu autor. Por isso, entender não é somente uma conduta reprodutiva, mas sempre também uma produtiva.[57] E interpretação não é um ato que acresce ao entender posterior e ocasionalmente, mas entender é sempre interpretação, e interpretação é, por isso, a forma explícita do entender.[58]

Dentro do âmbito do título "O significado exemplar da hermenêutica jurídica"[59] Gadamer volta à ideia da não reprodução como segue: a tarefa do interpretar é a da *concretização da lei* no caso respectivo, portanto, a tarefa da *aplicação*. A prestação do complemento do direito produtivo, que ocorre com isso, é certamente reservada ao juiz que, porém, está sob a lei rigorosamente assim como cada outro membro da comunidade jurídica. Na ideia de uma ordem jurídica reside que a sentença do juiz não tem origem em uma arbitrariedade imprevisível, mas na consideração justa do todo. De tal consideração justa cada um está em condições, que se aprofundou na completa concreção da situação fática. Precisamente, por conseguinte, existe segurança jurídica em um Estado de Direito.[60] A seguir, argumenta: a tarefa da concretização não consiste certamente em um mero conhecimento dos parágrafos. Tem-se de, naturalmente, também conhecer a jurisprudência, quando se quer apreciar juridicamente o caso dado e todos os fatos que determinam a mesma.[61] E conclui deste modo: é, por isso, fundamentalmente, sempre possível compreender a ordem jurídica existente como tal, e isso significa assimilar dogmaticamente cada complemento do direito ocorrido. Entre hermenêutica jurídica e dogmática jurídica existe, portanto, uma relação essencial, na qual a hermenêutica tem a primazia.

---

57 Ver GADAMER, H.-G. (nota 31), p. 301.
58 Ver GADAMER, H.-G. (nota 31), p. 312. Comparar com p. 329.
59 Ver GADAMER, H.-G. (nota 31), p. 330.
60 Ver GADAMER, H.-G. (nota 31), p. 335. Em itálico no original.
61 Ver GADAMER, H.-G. (nota 31), p. 335.

A ideia de uma dogmática jurídica perfeita pela qual cada sentença se tornaria um mero ato de subsunção é insustentável.[62] Essa não reprodução não significa, contudo, que aquele que entende escolhe arbitrariamente seus pontos de vista, mas encontra o seu lugar determinado. Assim, é essencial para a possibilidade de uma hermenêutica jurídica que a lei vincule todos os membros da comunidade jurídica em modo igual. Onde isso não é o caso, onde, por exemplo, como no absolutismo, a vontade do soberano absoluto está acima da lei, não pode haver hermenêutica, "uma vez que um soberano pode esclarecer suas palavras também contra as regras da interpretação comum".[63] A tarefa do entender e do interpretar existe precisamente somente ali onde algo está assim fixado que ele, como o fixado, é inabrogável e vinculativo.[64]

Mais além, ser interpretação da vontade da lei, interpretação da promessa divina, isso notoriamente não são formas de domínio, mas de serviço. No serviço daquilo que deve valer, elas são interpretações que incluem aplicação.[65]

3. AUSÊNCIA DE DIREITO NATURAL

3.1. A Filosofia do Direito de Alexy não está vinculada ao direito natural. Alexy admite, contudo, que a teoria do discurso está na tradição do direito natural, mas somente sob um aspecto, qual seja, no de descobrir potenciais de razão existentes na realidade humana e, portanto, no explorar, nesse sentido, aclaramento sobre a natureza das pessoas.[66]

---

62 Ver GADAMER, H.-G. (nota 31), p. 335. Gadamer remete aqui a um trabalho de F. Wieacker, do ano de 1957. O itálico não está no original.
63 Ver GADAMER, H.-G. (nota 31), p. 334. Em aspas no original, que dizem respeito a uma citação.
64 Ver GADAMER, H.-G. (nota 31), p. 335.
65 Ver GADAMER, H.-G. (nota 31), p. 316.
66 Ver ALEXY, R. (nota 15), p. 111.

FILOSOFIA DO DIREITO E HERMENÊUTICA FILOSÓFICA 93

Uma outra questão deve, nessa conexão, ser posta aqui. Ela diz respeito à metafísica no âmbito da Filosofia do Direito de Alexy. Em seu artigo "Menschenrechte ohne Metaphysik?", Alexy supõe uma metafísica e indica, por um lado, sua fonte: "Essa tese metafísica tem sua fonte não somente na estrutura do mundo, também não somente na razão do particular, mas, bem no sentido de Habermas, na *estrutura da comunicação*.[67] Por outro, sua

---

67 ALEXY, Robert. *Menchenrechte ohne Metaphysik?*, Deutsche Zeitschrift für Philosophie 52 (2004), p. 24. O itálico não está no original. Na nota, que se encontra contígua, é citado HABERMAS, Jürgen. *Nachmetaphysisches Denken*. Frankfurt/M., 1988. p. 55. A expressão "estrutura da comunicação" remete àquilo que o desconstrutivismo, por exemplo, combate destrutiva e, portanto, negadoramente. Nisso, então, "situa-se uma *antítese imediata* para com a hermenêutica, que realmente tem o entender intersubjetivo, independente em qual limitabilidade, como categoria central de seu conceito de cultura e de literatura. Do "poder da boa vontade", que H.-G. Gadamer vê como pressuposto indispensável de toda comunicação conveniente, portanto, também de todos os debates literários e teórico--culturais, torna-se em Derrida, em inversão característicamente desconstrutiva, a "boa vontade para o poder" (ZAPF, Hubert. Dekonstruktivismus. In: NÜNNING, Ansgar (ed.). *Metzler Lexikon Literatur- und Kulturtheorie: Ansätze – Personen – Grundbegriffe*. 3. ed. Stuttgart, Weimar: J. B. Metzler, 2004. Pontuação no original, menos o itálico; ver, nessa conexão, também o artigo de Gadamer, Destruição e desconstrução. In: *Wahrheit und Methode*. Ergänzungen, Register. 2. ed. Tübingen: Mohr, 1993. v. 2, p. 361 ss.; mais além, p. 238: "Não haveria nenhum orador e nenhuma arte de falar se entendimento e acordo não apoiassem as relações humanas – não haveria nenhuma tarefa hermenêutica se o acordo daqueles, que 'são uma conversa', não estivesse perturbado e o entendimento não tivesse de ser procurado" – pontuação no original). Essa *antítese imediata* também existe, portanto, para com a filosofia do direito de Alexy.
O que essa antítese imediata representa no âmbito do direito pode ser apresentado com base em um exemplo. Gerd Roellecke, sob o título Comunicação jurídica – legibilidade ou idiomaticidade do direito, com o qual apresenta uma recensão ao livro de Ino Augsberg, *Die Lesbarkeit des Rechts*. Texttheoretische Lektionen für eine postmoderne juristische Methodologie, comprova: "Somente, o que e como deve a metodologia ensinar? "Entender cobrimento" deve, certamente, significar, destruir textos, como Augsberg o mostrou. Mas por que, se mesmo assim não se chega

a compreender a verdade? Quando se retira o "cobrimento", o que se vê então? Segundo Augsberg: absolutamente nada, no máximo, autores mortos e seus discípulos" (ROELLECKE, Gerd. *Juridische Kommunikation – Lesbarkeit oder Sprachlichkeit des Rechts*. In: *Rechtstheorie*, 2009. v. 40, p. 514, aspas no original). E, então, coloca a questão: "E com quem fala o juiz sobre o texto, se o autor não vive mais? Com os outros leitores? E do que falam eles?" (Mesmo autor, mesma obra, p. 514.) Essa recensão também tem em vista o desconstrutivismo, que é nominalmente citado. Ver mesmo autor, mesma obra, p. 514.

Isso também toca, naturalmente, à chamada pós-modernidade que, aliás, está mencionada no título do livro de Augsberg, acima citado. Aqui existe, além dessa antítese imediata, também a questão, qual seja, o que deve ser entendido sob pós-modernidade. Ludger Heidbrik apresenta isso precisamente: "Aí está, finalmente e em último lugar, o final da modernidade, que, até certo ponto, paradigmaticamente abrange todos os outros finais sob a etiqueta da pós-modernidade, todavia, entrementes, também já novamente está superada [aqui tem nota com indicação bibliográfica]. No lugar da pós-modernidade puseram-se, desde bastante tempo, a 'segunda modernidade', a 'modernidade reflexiva' ou simples e interveniente a 'outra modernidade'" [aqui tem nota com indicação bibliográfica] (HEIDBRINK, Ludger. Ambivalenzen des Finalismus, Grundzüge einer Hermeneutik des Aufhörens. In: FIGAL, Günter (Herausgeber). *Internationales Jahrbuch für Hermeneutik*. Tübingen: Mohr Siebeck, 2004. v. 3, p. 159 ss. Pontuação no original). No Brasil, Cláudia Lima Marques pode ser mencionada justamente como partidária, antes entusiástica, da chamada pós-modernidade. Contudo, à medida que ela a fixou como quadro, isto é, moldura, para seu "programa de investigação jurídica" (ver, por exemplo, *Cadernos do programa de pós-graduação em Direito* – PPGDir./UFRGS, volume I, número I, março 2003), coloca-se, então, por um lado, subsequentemente, uma questão de confirmação desse "programa de investigação jurídica": ele resiste, como tal, a essa *antítese imediata* (que, aliás, é intensificada com esta afirmação de Gadamer: "O processo do traduzir inclui, no fundo, todo o segredo de entendimento do mundo humano e *comunicação social*" (GADAMER, H.-G. *Wahrheit und Methode*. Ergänzungen, Register. 2. ed. Tübingen: Mohr, 1993. v. 2, p. 205 – o itálico não está no original), porque Lima Marques emprega a tradução, como, por exemplo, nos *Cadernos* supracitados, fartamente, o que, sob esse aspecto, apresenta assim uma contradição) e a essa *falta de conceitualidade* ou Lima Marques simplesmente abstrai *disso*? Até onde se pode ver, trata-se realmente, da sua parte, o que aqui interessa, de um mero abstrair disso, o que, por outro lado, agora consequentemente, mantém, então, os elementos desse "programa de investigação jurídica" (consumidor, Mercosul, meio ambiente etc.) naquilo que sempre foram na própria terminologia da pós-modernidade,

FILOSOFIA DO DIREITO E HERMENÊUTICA FILOSÓFICA 95

denominação e caráter: "Por isso, pode essa metafísica como construtiva ser oposta à enfática. Uma metafísica construtiva tem um caráter simultaneamente racional e universal".[68]

3.2. Também a hermenêutica filosófica de Gadamer não está vinculada ao direito natural. É importante, nesse sentido, ocupar--se aqui com o resultado do confronto que Gadamer faz entre Aristóteles e a tradição do direito natural posterior. Aristóteles, por um lado, distingue a imodificabilidade do direito da natureza (*Naturrecht*) e a modificabilidade do direito positivo. Por outro, ele restringe o direito absolutamente imodificável aos deuses e esclarece que sob pessoas não somente o direito fixado, mas também o direito natural (*natürliches Recht*) é modificável.[69]

No que toca à tradição do direito natural posterior: segundo Gadamer, Aristóteles contrapôs, com toda a clareza, que o melhor estado "em toda parte é o mesmo" e, mesmo assim, não no modo "no qual o fogo em toda parte queima do mesmo modo, aqui na Grécia como lá na Pérsia".[70] Contudo, justamente essa mencionada tradição apoiou-se nessa passagem como se Aristóteles, com isso, tivesse comparado a imodificabilidade do direito com a imodificabilidade das leis naturais.[71] De acordo com Gadamer, o contrário é o caso. Na verdade, a ideia do direito natural tem, como justamente essa contraposição mostra, segundo Aristóteles,

---

isto é, em "modelos de saber fragmentários e provisórios" (MAYER, Ruth. Postmoderne/Postmodernismus. In: NÜNNING, Ansgar (ed.). *Metzler Lexikon Literatur- und Kulturtheorie: Ansätze – Personen – Grundbegriffe*. 3. ed. Stuttgart, Weimar: J. B. Metzler, 2004). No conjunto, portanto, resulta que esse "programa de investigação jurídica" mesmo, carregado, sobretudo, com esse *abstrair disso* e com essa *contradição*, coloca-se em questão. De uma grande aspiração aparecem, assim, pequenas realidades.

---

68   ALEXY, R. (nota 67), p. 24.
69   Comparar GADAMER, H.-G. (nota 31), p. 324. *Naturrecht* e *natürliches Recht* não são, portanto, a mesma coisa, em Aristóteles.
70   Comparar GADAMER, H.-G. (nota 31), p. 325. Aspas no original.
71   Comparar GADAMER, H.-G. (nota 31), p. 325.

somente uma função crítica. Não se deve fazer dele nenhum uso dogmático, isto é, não se deve marcar determinados conteúdos do direito como tais com a dignidade e a inviolabilidade do direito natural.[72]

4. CONCLUSÃO

A filosofia do direito de Alexy e a hermenêutica filosófica de Gadamer têm em comum, mais além, também a pergunta. Com essa afirmação deve ser acentuado que é certamente ela, a pergunta, uma das comunidades, mencionadas no início, na colocação da questão, mais importantes, porque por meio dela ambas mostram sua capacidade de universalização, e é esta, a universalização, que apresenta a conclusão deste artigo. Em Alexy, a pergunta reside em afirmar algo, citar um fundamento e colocar a questão "por quê?".[73] Em Gadamer, a pergunta situa-se na motivação, isto é, toda pergunta é motivada, porque cada pergunta recebe seu sentido do tipo de sua motivação,[74] porque a tudo o que é dito pode-se com sentido dirigir a pergunta: "por que tu dizes isso?".[75] Essa universalização, portanto, não diz respeito ao conteúdo, mas à fundamentação, à motivação, cada vez.

---

72 Comparar GADAMER, H.-G. (nota 31), p. 325.
73 Ver ALEXY, R. (nota 15), p. 111.
74 Ver GADAMER, H.-G. (nota 67), p. 82.
75 Ver GADAMER, H.-G. (nota 67), p. 152. Aspas no original.

PARTE II

DIREITOS FUNDAMENTAIS

A distinção entre discricionariedade legislativa e judicial: uma proposta a partir das teorias de Kelsen e Alexy

Alexandre Travessoni Gomes Trivisonno
Professor de Teoria e Filosofia do Direito nas Faculdades de Direito da Universidade Federal de Minas Gerais e da Pontifícia Universidade Católica de Minas Gerais (PUC-Minas).

1. INTRODUÇÃO

Direitos fundamentais são direitos humanos positivados. Assim, uma das principais diferenças entre eles é que aqueles são direitos pré-positivos, enquanto estes dependem do direito positivo. A positivação significa institucionalização: direitos fundamentais são direitos inseridos em uma constituição, regulados através da legislação e aplicados por autoridades administrativas e/ou pelo Poder Judiciário. Por isso, quando se aborda os direitos fundamentais, um tópico que não está presente no debate sobre os direitos humanos (enquanto direitos morais) precisa ser investigado: sua *concretização institucional*. Se a validade jurídica implica institucionalização e se a institucionalização significa tanto a criação de normas gerais (notadamente leis) que regulamentam direitos fundamentais quanto de normas individuais (notadamente decisões judiciais) que garantem sua execução em casos concretos, abordar os conceitos de e das diferenças entre *legislação* e *jurisdição* é essencial para se definir os direitos fundamentais em situações concretas. Ao tratar desses dois conceitos, bem como da diferença entre eles, uma das primeiras características que se destaca é a discricionariedade.

A fim de investigar a distinção entre discricionariedade legislativa e judicial começarei com a distinção quantitativa de Kelsen, apresentada em sua *Teoria Pura do Direito*. Após isso abordarei a distinção na *Teoria Discursiva do Direito*, de Alexy. Com base nessas duas teorias tentarei então esboçar uma distinção entre discricionariedade legislativa e discricionariedade judicial e, dessa forma, entre legislação e jurisdição. Como se perceberá, a proposta a ser aqui apresentada mistura a distinção quantitativa de Kelsen com alguns elementos da teoria de Alexy, em que a distinção é quantitativa, mas também qualitativa.

Antes de começar a abordagem dos temas referidos acima duas observações devem ser feitas. A primeira é que a análise e a argumentação que serão desenvolvidas se baseiam principalmente nas características dos sistemas jurídicos romano-germânicos e, portanto, a tese que será apresentada se dirige, primariamente, a tais sistemas. Uma análise de sua validade para o *common law* não será realizada aqui. A segunda observação a este trabalho não objetiva distinguir a legislação do controle de constitucionalidade (exercido por cortes constitucionais), a investigar as relações entre ambos, nem determinar as características e limites da segunda;[1] ela objetiva, antes, estabelecer uma distinção entre legislação e jurisdição ordinária.

---

1   Para tal discussão, ver, além dos trabalhos de Alexy (dentre os quais alguns serão citados aqui), KLATT, M.; SCHMIDT, J. *Spielräume im öffentlichen Recht*. Tübingen: Mohr Siebeck, 2010; BOROWSKI, M. Formelle Prinzipien und Gewichtsformel. In: KLATT, M. *Prinzipientheorie und Theorie der Abwägung*. Tübingen: Mohr Siebeck: Tübingen, 2013. p. 151-199; BOROWSKI, M. The Structure of Formal Principles – Robert Alexy's Law of Combination. In: BOROWSKI, M. (org.). On the Nature of Legal Principles. *ARSP Caderno* 119, p. 19-35, 2013; BOROWSKI, M. Robert Alexy's Reconstruction of Formal Principles. In: OLIVEIRA, J. A. de; PAULSON, S. L.; TRIVISONNO, A. T. G. (org.). Robert Alexy's Theory of Law. *ARSP Caderno* 144, p. 95-109, 2015.

A DISTINÇÃO ENTRE DISCRICIONARIEDADE LEGISLATIVA E JUDICIAL...

2. LEGISLAÇÃO, JURISDIÇÃO E DISCRICIONARIEDADE

Ainda na primeira edição da *Teoria Pura do Direito* (1934),[2] Kelsen esboçou uma distinção quantitativa entre legislação e jurisdição. Essa ideia fundamental apareceu novamente no famoso capítulo oitavo da segunda edição da *Teoria Pura do Direito* (1960),[3] em que Kelsen afirma que nenhum dos métodos de interpretação desenvolvidos até então era capaz de apontar uma dentre as diversas possibilidades de interpretação do direito, quando de sua aplicação em um caso concreto.[4] Desde então foram desenvolvidas diversas abordagens sobre essa matéria. Notórias são a proposta de Ronald Dworkin, que defende a tese radical da única resposta correta para toda questão jurídica,[5] e a *Teoria Discursiva do Direito*, de Robert Alexy, que não afirma a tese da única resposta correta em uma versão ontologicamente forte, mas a aceita como uma ideia regulativa. Comum às propostas de Dworkin e Alexy é a tentativa de reduzir o poder discricionário, que fora afirmado não só por Kelsen, mas também por Hart.[6]

Por um lado, a natureza, a redução ou até mesmo a negação da discricionariedade judicial foram amplamente estudadas por teóricos do direito influenciados pela teoria de Dworkin. Contudo, por outro lado, a distinção entre discricionariedade legislativa e discricionariedade judicial, que tinha sido abordada de forma interessante por Kelsen, não tem merecido a mesma atenção. Vários teóricos do direito parecem assumir, sem uma reflexão mais pro-

---

2   Cf. KELSEN, H. *Reine Rechtslehre*. 1. ed. (1934), Tübingen: Mohr Siebeck, 2008.

3   KELSEN, H. *Reine Rechtslehre*. 2. ed. (1960), Vienna: Verlag Österreich, 2000; tradução em português: *Teoria Pura do Direito*, J. B. Machado (trad.). São Paulo: Martins Fontes, 1987.

4   KELSEN, H. *Reine Rechtslehre*. 2. ed. p. 346 ss.; *Teoria Pura do Direito*, p. 363 ss.

5   Cf. DWORKIN, R. The Model of Rules I. In: *Taking Rights Seriously*. Cambridge/Ma.: Harvard University Press, 1977. p. 14-45.

6   Cf. HART, H. L. A. *The Concept of Law*. 2. ed. Oxford: Clarendon Press, 1994.

funda, que a discricionariedade judicial deve ser erradicada, ou pelo menos reduzida, enquanto a discricionariedade legislativa é algo natural. Legislação e jurisdição seriam empreendimentos distintos: a primeira admitiria um espaço relativamente amplo de discricionariedade, enquanto a segunda não. Como veremos, essa concepção nega a tese de Kelsen, segundo a qual a distinção entre legislação e jurisdição é meramente quantitativa, ou seja, uma questão de grau e, assim, uma distinção não qualitativa.

2.1. Legislação e Jurisdição na *Teoria Pura do Direito* de Kelsen

Como enfatizado acima, a distinção entre legislação e jurisdição é, em Kelsen, meramente quantitativa, ou seja, uma questão de grau. Kelsen rejeita aquilo que ele denomina noção tradicional, segundo a qual o Legislativo cria normas, enquanto o juiz as aplica. Para ele, tanto legislação quanto jurisdição compreendem, ao mesmo tempo, criação e aplicação de normas: quando o legislador cria uma lei ele aplica a constituição, e quando o juiz aplica leis ele cria uma norma individual (uma sentença). Os únicos atos que não apresentam esse caráter duplo são a pressuposição da norma fundamental e a execução de atos coercitivos.[7]

A criação de uma norma é relativamente determinada pela norma superior, e, assim, relativamente indeterminada. A margem de manobra do legislador, segundo Kelsen, é mais ampla que a do juiz, mas em ambos os casos *não se pode* deduzir, da norma superior (ou de um grupo de normas superiores), *apenas uma* norma inferior.[8] Em síntese, uma vez que a partir da constituição não se pode deduzir apenas uma norma geral sobre uma matéria (ou seja, apenas uma lei), e uma vez que a partir das leis não se pode deduzir apenas uma decisão para um caso (apenas uma

---

7   KELSEN, H. *Reine Rechtslehre*. 2. ed. 346 ss.; *Teoria Pura do Direito*, p. 363 ss.
8   KELSEN, H. *Idem*, p. 347-349; *Teoria Pura do Direito*, p. 364-367.

A DISTINÇÃO ENTRE DISCRICIONARIEDADE LEGISLATIVA E JUDICIAL...   103

sentença), tanto o legislador quanto o juiz possuem discricionariedade. Já que o juiz está vinculado à legislação, sua discricionariedade é menor que a do legislador, e a distinção entre legislação e jurisdição é uma questão de grau.

2.2. Discricionariedade Legislativa e Judicial na *Teoria Discursiva do Direito* de Alexy

Diferentemente de Kelsen, Alexy não apresenta uma distinção sistemática entre legislação e jurisdição. Porém, isso não significa que ele a ignore. Na verdade ele trata os dois temas separadamente: em seu primeiro livro, *Teoria da Argumentação Jurídica*,[9] e em alguns de seus primeiros trabalhos, especialmente ao tratar o problema do conhecimento prático, ele aborda a questão da discricionariedade judicial. Apenas mais tarde, no contexto de sua teoria dos princípios, especialmente em seu segundo livro, *Teoria dos Direitos Fundamentais*,[10] bem como em outros escritos sobre a teoria dos princípios, ele aborda a questão da discricionariedade legislativa.

a) Discricionariedade Judicial na Teoria Discursiva do Direito de Alexy

Alexy não desenvolve, na primeira edição de sua *Teoria da Argumentação Jurídica*, uma abordagem direta sobre a questão

---

9   ALEXY, R. *Theorie der juristischen Argumentation* – Die Theorie des rationalen Diskurses als Theorie der juristischen Begründung. Frankfurt a. M.: Suhrkamp, 1978 (reimpressão em 1983; 3. ed. 1996, usada para as citações neste trabalho), p. 17 ss.; tradução em português: *Teoria da Argumentação Jurídica*, Z. H. S. Silva (trad.), C. Toledo (rev.), Rio de Janeiro: Forense, 2013. p. 19 ss.
10   ALEXY, R. *Theorie der Grundrechte*. Baden-Baden: Nomos, 1985 (reimpressão Frankfurt a. M.: Suhrkamp, 1986 [usada nas citações deste ensaio]); tradução em português: *Teoria dos Direitos Fundamentais*, V. A. da Silva (trad.). São Paulo: Malheiros, 2008.

da discricionariedade judicial. Mas, uma vez que ele aborda, na referida obra, a questão da aplicação do Direito, uma análise de seus principais elementos, especialmente de sua tese principal, a tese do caso especial, será útil para podermos compreender o núcleo do pensamento de Alexy sobre a discricionariedade judicial.

Na *Teoria da Argumentação Jurídica*, Alexy procura desenvolver uma metodologia de aplicação do direito que vá além da mera subsunção, que, segundo ele, é insuficiente, em virtude de quatro razões: (i) a vagueza do Direito, (ii) a possibilidade de conflitos entre normas, (iii) a existência de casos para os quais não pode ser encontrada uma norma jurídica e (iv) a necessidade de decisões *contra legem*.[11]

Alexy critica a concepção de Kelsen sobre a racionalidade no Direito e, desse modo – embora indiretamente – a concepção de Kelsen sobre legislação e jurisdição apresentada acima. Em uma significativa nota de rodapé, Alexy afirma que a limitação kelseniana da ciência do direito a uma tarefa de meramente conhecer e descrever normas positivas, apontando seus possíveis significados em casos concretos, deve-se ao fato de Kelsen acreditar ser impossível, no âmbito da ciência do direito, controlar a racionalidade de juízos de valor. A tese da *Teoria da Argumentação Jurídica*, afirma Alexy, é que Kelsen está errado, e somente se ele estiver errado se justifica falar em uma Ciência do Direito mais ampla, ou seja, uma Ciência do Direito que não se limite à mera descrição de normas positivas.[12]

Embora Alexy não negue explicitamente a discricionariedade judicial, essas palavras mencionadas no parágrafo anterior parecem, a meu ver, uma negação da tese da discricionariedade de Kelsen. A relatividade de juízos de valor, que levou Kelsen a defender tanto a discricionariedade legislativa quanto a discri-

---

11 ALEXY, R. *Theorie der juristischen Argumentation*, p. 17 ss.; *Teoria da Argumentação Jurídica*, p. 19 ss.

12 ALEXY, R. *Idem*, p. 264, n. 6; *Teoria da Argumentação Jurídica*, p. 211, n. 6.

A DISTINÇÃO ENTRE DISCRICIONARIEDADE LEGISLATIVA E JUDICIAL...

cionariedade judicial, é contraposta, em Alexy, a um certo grau de objetividade, que permite a defesa de que juízos de valor são racionais na medida em que podem ser racionalmente fundamentados. Esse certo grau de objetividade possibilitará, a Alexy, apontar, dentre as várias possíveis interpretações do Direito em um caso concreto, algumas opções que devem se tornar, usando as palavras de Kelsen, normas individuais. Se essa escolha puder ser, como afirma Alexy, racionalmente fundamentada, juízos normativos concretos podem então ser racionalmente justificados.

A fim de se alcançar essa racionalidade Alexy desenvolve um modelo de aplicação do direito no qual o discurso jurídico (ou argumentação jurídica) é um *caso especial* do discurso prático geral (ou argumentação prática geral). Isso significa que o discurso jurídico possui algumas características em comum com o discurso prático geral, mas também algumas características específicas, que o discurso prático geral não possui.[13] As características comuns são constituídas pelo fato de tanto o discurso prático geral quanto o discurso jurídico dizerem respeito a questões práticas, ou seja, questões sobre o que deve ser feito ou omitido, bem como pelo fato de ambos levantarem uma pretensão de correção.[14] As características específicas do discurso jurídico são suas vinculações ao direito válido, ou seja, à lei, a precedentes e à dogmática jurídica.[15]

---

13 ALEXY, R. *Idem*, p. 263-272; *Teoria da Argumentação Jurídica*, p. 210-217.
14 ALEXY, R. *Idem*, p. 263; *Teoria da Argumentação Jurídica*, p. 210 ss.
15 ALEXY, R. *Idem*, p. 32, 38, 263; *Teoria da Argumentação Jurídica*, p. 30, 34, 210 ss. A concepção do discurso de Alexy aceita a situação ideal de fala de Habermas, que é uma situação de fala metodologicamente construída, caracterizada por cinco idealizações: (i) tempo ilimitado, (ii) participação ilimitada, (iii) clareza linguístico-conceitual ilimitada, (iv) conhecimento ilimitado e (v) ausência absoluta de preconceitos (ALEXY, R. *Theorie der juristischen Argumentation*, p. 155-161; *Teoria da Argumentação Jurídica*, p. 123-127). Uma questão interessante, que analisei em outro lugar, constitui perguntar se, nessas condições ideais, que, como características contrafactuais, não podem ser alcançadas em discursos reais, seria possível encontrar uma única solução para toda questão jurídica (cf. TRIVISONNO, A. T.

Mas quais são exatamente as características do discurso prático geral? Uma análise da resposta de Alexy a uma das objeções apresentadas por Habermas contra sua teoria fornece a resposta a essa pergunta. Em *Direito e Democracia* – entre Facticidade e Validade, Habermas critica a tese do caso especial, afirmando que o discurso jurídico não deveria ser considerado um tipo de discurso moral.[16] Em sua resposta a Habermas, Alexy explica que sua tese não é a de que o discurso jurídico é um caso especial do discurso moral, como definido por Habermas, mas antes um caso especial do *discurso prático geral*. O discurso prático geral não é a mesma coisa que o discurso moral no sentido de Habermas, afirma Alexy; "ele é um discurso em que questões e razões morais, éticas e pragmáticas se conectam".[17] Alexy recorda que razões morais, no sentido de Habermas, são razões relacionadas à igual consideração dada a interesses de todos os seres humanos,[18] dizendo respeito, para Habermas, a "universalização e somente a universalização".[19] Razões ético-políticas, como afir-

G. Discretion and the "Problem of Practical Knowledge" in Ideal and Real Discourses. In: OLIVEIRA, J. A. de; PAULSON, S. L.; TRIVISONNO, A. T. G. [org.]. Robert Alexy's Theory of Law. *ARSP Caderno* 144 [2015], 65-80; versão modificada em português: O Problema do Conhecimento Prático na Teoria Discursiva do Direito de Alexy. In: LOPES, M. S.; SALIBA, A. T.; TRIVISONNO, A. T. G. [org.]. *Robert Alexy* – Princípios Formais. Rio de Janeiro: Forense Universitária, 2014. p. 37-68).

16 HABERMAS, J. *Faktizität und Geltung* – Beiträge zur Diskurstheorie des Rechts und des demokratischen Rechtsstaats. Frankfurt a. M.: Suhrkamp, 1992. p. 283.

17 ALEXY, R. The Special Case Thesis. In: *Ratio Juris* 12, 4, p. 374-384, 378, 1999; tradução em português: A Tese do Caso Especial. A. T. G. Trivisonno (trad.). In: TRIVISONNO, A. T. G. (org.). *Teoria Discursiva do Direito*. Rio de Janeiro: Forense Universitária, 2014. p. 91-106, 97.

18 HABERMAS, J. *Faktizität und Geltung*, p. 139.

19 ALEXY, R. The Special Case Thesis, p. 377; A Tese do Caso Especial, p. 95. De fato Habermas afirma que "questões referentes a justiça dizem respeito a alegações contestadas em conflitos interpessoais. Podemos julgá-los

A DISTINÇÃO ENTRE DISCRICIONARIEDADE LEGISLATIVA E JUDICIAL... 107

ma Habermas, dizem respeito a nossa autocompreensão coletiva implícita em nossas tradições e avaliações,[20] enquanto razões pragmáticas dizem respeito à adequação de meios para a realização de certos objetivos, bem como à ponderação de interesses e compromissos.[21] Assim, na teoria de Alexy, "a argumentação jurídica está aberta não somente a razões morais [...], mas também a razões ético-políticas e pragmáticas".[22]

Em síntese, a tese do caso especial não afirma que o discurso jurídico é um caso especial do discurso moral, mas antes do discurso prático geral, que inclui razões morais, ético-políticas e pragmáticas.[23]

Após a publicação de sua *Teoria da Argumentação Jurídica*, Alexy abordou, em três diferentes escritos, a questão sobre se há uma única resposta para toda questão jurídica. O primeiro escrito é o ensaio *Diskurstheorie und Rechtssystem*[24] (Teoria do Discurso e Sistema Jurídico), publicado originalmente em croata, em 1987, em que ele afirma que deve ficar "aberto se, sob uma idealização completa, existe exatamente uma resposta correta para toda questão".[25] Segundo Alexy, defender a ideia de que há uma única

---

imparcialmente à luz de normas válidas. Para serem válidas, tais normas devem superar um teste de universalização, que verifica o que é igualmente bom para todos" (HABERMAS, *Faktizität und Geltung*, p. 190).

---

20 HABERMAS, J.. *Faktizität und Geltung*, p. 139.

21 *Idem*, p. 197.

22 ALEXY, R. The Special Case Thesis, p. 377; A Tese do Caso Especial, p. 96.

23 A meu ver, enquanto um tipo de discurso prático geral, o discurso moral é um discurso essencialmente ideal, mas que também é parte do discurso real.

24 ALEXY, R. Diskurstheorie und Rechtssystem. In: *Synthesis philosophica 5*, p. 299-310, 1988, publicado originalmente em croata, *Teorija diskursa i pravni sistem*, Maja Uzelac (trans.) *Filozofska istrazivanja* 20 (1987), 185-194; tradução em português: Teoria do Discurso e Sistema Jurídico, A. T. G. Trivisonno (trad.). In: TRIVISONNO, A. T. G. (org.). *Teoria Discursiva do Direito*. Rio de Janeiro: Forense Universitária, 2014. p. 75-89.

25 ALEXY, R. *Diskurstheorie und Rechtssystem*, p. 304-305; *Teoria do Discurso e Sistema Jurídico*, p. 83.

resposta para toda questão jurídica significa conectar o conceito de procedimento com o conceito de uma correção absoluta. Ele adota então um modelo que também conecta correção e procedimento, mas no qual o conceito de correção é relativo, porque depende do discurso real, e no qual o conceito de uma correção absoluta é uma ideia regulativa.[26] O segundo escrito é o pós-escrito da segunda edição alemã da *Teoria da Argumentação Jurídica*, publicada em 1991, em que Alexy afirma que do cumprimento das exigências do discurso ideal não se segue logicamente que nele haja apenas uma única resposta para toda questão jurídica. Ele também afirma que a tese da única resposta correta constitui uma suposição forte, que possui mais desvantagens do que vantagens. Contudo, ele aceita seu papel como uma ideia regulativa, ou seja, algo que de fato nem sempre existe, mas que deve ser almejado.[27] O terceiro escrito em que Alexy aborda diretamente essa questão é *Law, Discourse and Time* (1995) (Direito, Discurso e Tempo), em que ele a denomina "problema do conhecimento prático" e reafirma que, mesmo sob as condições do discurso ideal, não se pode ter certeza que uma única resposta correta para toda questão prática pode ser encontrada.[28]

O que Alexy quer dizer quando afirma que a única resposta deve permanecer como uma ideia regulativa? Ele quer dizer que o legislador, o juiz ou ambos devem representá-la como um objetivo? Parece claro que ele quer dizer que o juiz deve representá-la como objetivo, por duas razões. A primeira é que, em seus escritos iniciais, especialmente na *Teoria da Argumentação Jurídica*, Alexy se concentra na figura do juiz, na correção das decisões judiciais e, portanto, na aplicação do direito em juízo. A segunda razão, que se relaciona à primeira, é que nos escritos acima men-

---

26 *Ibidem.*
27 ALEXY, R. *Theorie der juristischen Argumentation.* Nachwort, p. 413-414; *Teoria da Argumentação Jurídica*, Posfácio, p. 307.
28 ALEXY, R. Law, Discourse and Time. In: *ARSP* 64, p. 101-110, 108, 1995.

A DISTINÇÃO ENTRE DISCRICIONARIEDADE LEGISLATIVA E JUDICIAL... 109

cionados ele discute a tese da única resposta de Ronald Dworkin, que foi uma tese dirigida originalmente ao juiz, não ao legislador. Assim, para Alexy, se nem mesmo no discurso ideal é possível se ter certeza de que existe uma única resposta para toda questão jurídica, encontrar uma única resposta não deve ser possível também no discurso real, pelo menos em alguns casos.[29] Por essa razão, para Alexy, a única resposta deve permanecer, para o juiz, uma ideia regulativa.

b) Discricionariedade Legislativa na Teoria Discursiva do Direito de Alexy

Alexy abordou a discricionariedade legislativa em conexão com sua teoria dos princípios. Assim, uma análise da primeira deve começar com um exame da segunda.

O primeiro esboço da teoria dos princípios de Alexy apareceu no ensaio *Zum Begriff des Rechtsprinzips* (Sobre o conceito de princípio jurídico), publicado em 1979, em alemão.[30] A referida teoria teve um desenvolvimento significativo com a *Teoria dos Direitos Fundamentais*, publicada inicialmente em alemão,[31] em 1985. Após isso, ela se tornou internacionalmente renomada, tendo recebido tanto aprovação geral quanto críticas severas, tendo sido objeto de vários desenvolvimentos ulteriores e exercido

---

29 A razão pela qual se deve dizer "pelo menos em alguns casos" é que mesmo em discursos reais pode haver casos para os quais uma única solução pode ser encontrada. Da tese "nem todo caso teria uma única solução no discurso ideal" não se segue logicamente a tese "para nenhum caso no discurso real pode ser encontrada uma única solução", mas antes a tese "nem todo caso possui uma única solução no discurso real".

30 Cf. ALEXY, R. Zum Begriff des Rechtsprinzips. In: *Rechtstheorie* 1, p. 59-87, 1979; tradução em português: TRIVISONNO, A. T. G. (trad.). Sobre o Conceito de Princípio Jurídico. In: TRIVISONNO, A. T. G. (org.). *Teoria Discursiva do Direito*. Rio de Janeiro: Forense Universitária, 2014. p. 163-198.

31 Cf. ALEXY, R. *Theorie der Grundrechte*; *Teoria dos Direitos Fundamentais*.

grande influência na teoria e na prática do Direito, na Alemanha e ao redor do mundo.

A teoria dos princípios afirma, em síntese, que há dois tipos de normas que preveem direitos fundamentais: regras e princípios.[32] As primeiras são comandos que podem ser cumpridos ou não,[33] enquanto os segundos são comandos que "exigem que algo seja realizado na maior medida possível, dadas as possiblidades jurídicas e fáticas".[34] Em outras palavras, regras são comandos definitivos, que exigem que se faça exatamente o que elas determinam, "nem mais, nem menos. Nesse sentido regras contêm pontos fixos no plano daquilo que é factualmente e juridicamente possível".[35] Por outro lado, princípios são comandos de otimização, "caracterizados pelo fato de que eles podem ser cumpridos em graus variáveis, e pelo fato de que o grau apropriado de cumprimento depende não só daquilo que é faticamente possível, mas também daquilo que é juridicamente possível".[36]

Segundo Alexy, a distinção entre regras e princípios se torna mais aparente em casos de colisões de princípios e conflitos de regras.[37] Ele afirma que um conflito entre duas regras pode ser solucionado através da inserção de uma exceção em uma das regras, ou pela declaração da invalidade de uma delas.[38] Com princípios, afirma Alexy, a colisão deve ser resolvida de um modo diferente: quando dois princípios colidem, "por exemplo, se um princípio proíbe algo que outro permite, um dos princípios deve ceder. Isso não significa que o princípio que cede é inválido, nem que deve ser inserida, nele, uma exceção".[39] Segundo Alexy, o princípio que

---

32 *Idem*, p. 71; *idem*, p. 85.
33 *Idem*, p. 76; *idem*, p. 91.
34 *Ibidem*, *idem*, p. 90.
35 *Ibidem*, *idem*, p. 91.
36 *Ibidem*, *idem*, p. 90.
37 *Idem*, p. 77; *idem*, p. 91.
38 *Ibidem*, *idem*, p. 92.
39 *Idem*, p. 79; *idem*, p. 93.

A DISTINÇÃO ENTRE DISCRICIONARIEDADE LEGISLATIVA E JUDICIAL... 111

cede pode prevalecer sobre o outro princípio em circunstâncias diferentes.[40] Colisões entre princípios jurídicos são solucionadas através da ponderação, que implica a máxima da proporcionalidade e suas três máximas parciais: as máximas parciais da adequação, da necessidade e da proporcionalidade em sentido estrito. A primeira e a segunda "decorrem da natureza dos princípios como comandos de otimização em relação ao que é faticamente possível",[41] enquanto a terceira "decorre do fato de que os princípios são comandos de otimização em relação ao que é juridicamente possível".[42] A máxima parcial da adequação verifica se uma (ou algumas) medidas é (são) adequada(s) para a promoção de um princípio,[43] enquanto a máxima parcial da necessidade verifica qual é a medida menos agressiva, ou seja, qual medida afeta menos intensamente o princípio colidente.[44] Trata-se, no caso das máximas parciais da adequação e da necessidade, como afirma Alexy, de se evitar custos evitáveis ou, em outras palavras, da otimalidade de pareto.[45] A máxima parcial da proporcionalidade em sentido estrito significa que "quanto maior o grau de não-satisfação de ou de violação a um princípio, maior deve ser a importância de se satisfazer o outro".[46]

---

40 *Ibidem*.
41 *Idem*, p. 100; *idem*, p. 116.
42 *Idem*, p. 101; *idem*, p. 118.
43 *Idem*, p. 102; *ibidem*.
44 *Idem*, p. 102; *idem*, p. 118.
45 ALEXY, R. Die Konstruktion der Grundrechte. In: CLÉRICO, L.; ZICKMANN, J.-R. (org.). *Grundrechte, Prinzipien und Argumentation* – Studien zur Rechtstheorie Robert Alexys, Baden-Baden: Nomos, 2009. p. 9-19, 15; tradução em português: A Construção dos Direitos Fundamentais, A. T. G. Trivisonno (trad.). In: TRIVISONNO, A. T. G. (org.). *Teoria Discursiva do Direito*. Rio de Janeiro: Forense Universitária, 2014. p. 145-159, 153.
46 ALEXY, R. *Theorie der Grundrechte*, p. 146; *Teoria dos Direitos Fundamentais*, p. 167.

A estrutura formal da ponderação, que já tinha sido descrita na *Teoria dos Direitos Fundamentais*, foi representada posteriormente através de uma fórmula, no ensaio *Die Gewichtsformel* (A fórmula do peso), publicado originalmente em alemão, em 2003.[47] A fórmula do peso leva em consideração o peso abstrato dos princípios colidentes, o grau de interferência em um princípio e a importância da efetivação do outro princípio, assim como a certeza das suposições empíricas envolvidas em uma colisão de princípios:[48]

$$G_{i,j} = \frac{I_i \cdot G_i \cdot S_i}{I_j \cdot G_j \cdot S_j}$$

Alexy afirma que $G_{i,j}$ representa o peso concreto de P_i ou seja, o peso concreto de P_i quando ele, em um caso concreto, colide com $P_j \cdot I_i$ representa a intensidade da interferência no princípio P_i, G_i representa o peso abstrato do princípio P_i e S_i representa a certeza das suposições empíricas relacionadas a $P_i \cdot I_j$ representa a importância da efetivação do princípio P_j, G_j representa o peso abstrato do princípio P_j e S_j representa a certeza das suposições empíricas relacionadas a P_j.[49]

---

47 ALEXY, R. Die Gewichtsformel. In: JICKELI, J.; KREUTZ, P.; REUTER, D. (org.). *Gedächtnisschrift für Jürgen Sonnenschein*. Berlin: De Gruyter, 2003. p. 771-792; tradução em português: A Fórmula Peso, L. A. Heck (trad.). In: HECK, L. A. (org.). *Constitucionalismo Discursivo*. Porto Alegre: Livraria do Advogado, 2011. p. 131-153.

48 ALEXY, R. *Die Gewichtsformel*, p. 790; *A Fórmula Peso*, p. 151.

49 ALEXY, R. Die Gewichtsformel, p. 788; *A Fórmula Peso*, p. 149. A formulação apresentada acima é a da fórmula original em alemão (mantida na versão em português), em que I significa intensidade (*Intensität*), G significa peso (*Gewicht*) e S significa certeza (*Sicherheit*). Alexy escreveu vários textos em inglês sobre o tema. Neles, a variável referente à intensidade da lesão e do cumprimento dos princípios colidentes continua sendo representada pela letra I (*intensity*), enquanto a variável referente ao peso abstrato dos princípios é representada pela letra W (*weight*) e a certeza das suposições empíricas é

A DISTINÇÃO ENTRE DISCRICIONARIEDADE LEGISLATIVA E JUDICIAL...   113

A fórmula exige conteúdo, ou seja, valores para os pesos abstratos de ambos os princípios, para os graus de interferência em um princípio e de importância do cumprimento do outro princípio, bem como para a certeza das suposições empíricas referentes a ambos os princípios. Alexy desenvolveu uma escala triádica simples (que pode ser desenvolvida em uma escala triádica dupla) para preencher as variáveis da fórmula do peso, contendo os valores *leve* (*l*), *médio* (*m*) e *grave* (*s*),[50] que são representados, respectivamente, por 2^0, 2^1 e 2^2, ou seja, 1, 2 e 4,[51] e, no caso da certeza das suposições empíricas, contendo os valores *não evidentemente falso* (e), *defensável* ou *plausível* (p) e *confiável* ou *seguro* (*g*), que são representados, respectivamente, por 2^0, 2^{-1} e 2^{-2}, ou seja, 1, 1/2, e 1/4.[52] Em um caso concreto, após aplicar esses valores, se o resultado for maior que 1, P_j deve prevalecer, se o resultado for menor que 1, deve prevalecer, e se o resultado for igual a 1, o resultado é um empate.[53] Quando

---

representada pela letra *R* (*reliability*). Assim, a fórmula do peso, em inglês, reza (ALEXY, R. The Weight Formula, B. Brożek e S. L. Paulson (trad.). In: STELMACH, J.; BROŻEK, B.; ZALUSKI, W. (org.). *Studies in the Philosophy of Law*. Kraków: Jagiellonian University Press, 2007. p. 9-27, 25):

$$W_{i,j} = \frac{I_i \cdot W_i \cdot R_i}{I_j \cdot W_j \cdot R_j}$$

---

50   Respectivamente, em alemão, *leicht* (*l*), *mittel* (*m*) e *schwer* (*s*) (ALEXY, R. *Die Gewichtsformel*, p. 777-783).

51   ALEXY, R. *Die Gewichtsformel*, p. 785; *A Fórmula Peso*, p. 145.

52   Alexy, R. *Die Gewichtsformel*, p. 790; *A Fórmula Peso*, p. 151. Embora a escala triádica (simples) possa ser, segundo Alexy, desenvolvida em uma escala triádica dupla, em razão da simplicidade, usarei, aqui, como faz Alexy, a primeira.

53   ALEXY, R. *Die Gewichtsformel*, p. 790; *A Fórmula Peso*, p. 151. Segundo Alexy, a possibilidade de uma escala infinitesimal está excluída, pois ela não poderia ser compreendida, e algo que não pode ser compreendido não pode ser usado na argumentação jurídica. Não analisarei, aqui, as questões relacionadas à fórmula do peso, especialmente o papel de escalas na argumentação prática. Defendi, em outro lugar, que, embora uma escala infinitesimal não seja possível em um discurso real, ela seria possível no discurso ideal. Isto im-

ocorre um empate, ou seja, quando a ponderação não aponta qual direito fundamental colidente deve prevalecer, o legislador tem liberdade para decidir a matéria ou, em outras palavras, ele pode decidir tanto a favor de P_i quanto de P_j ou, em outros termos, ele possui discricionariedade.

No *Posfácio* da edição em inglês da *Teoria dos Direitos Fundamentais*, Alexy aborda a distinção entre discricionariedade legislativa estrutural e discricionariedade legislativa epistêmica. A discricionariedade legislativa estrutural compreende aquilo que as normas constitucionais não comandam nem proíbem,[54] enquanto a discricionariedade legislativa epistêmica "surge sempre que o conhecimento sobre aquilo que é comandado, proibido ou deixado livre pelos direitos fundamentais é incerto".[55]

No recente ensaio *Princípios Formais*, publicado originalmente em português, em junho de 2014,[56] Alexy reafirma a distinção entre discricionariedade legislativa estrutural e discricionariedade legislativa epistêmica.[57] Ele discute então o papel que

---

plica, a meu ver, que no discurso ideal uma única resposta para toda questão para a qual há uma única resposta pode ser encontrada (cf. TRIVISONNO, A. T. G. Discretion and the "Problem of Practical Knowledge" in Ideal and Real Discourses; O Problema do Conhecimento Prático na Teoria Discursiva do Direito de Alexy). Mas isso não tem influência no argumento que quero desenvolver aqui, pois mesmo se eu estiver correto, no discurso real não há uma única resposta para toda questão jurídica, e isso é suficiente para se aceitar que Alexy está certo em sustentar que a tese da única resposta correta deve permanecer, na prática, como uma mera ideia regulativa.

---

54   ALEXY, R. *A Theory of Constitutional Rights*, Postscript, p. 394; *Teoria dos Direitos Fundamentais*, Posfácio, p. 584.

55   ALEXY, R. *A Theory of Constitutional Rights*, Postscript, p. 414; *Teoria dos Direitos Fundamentais*, Posfácio, p. 612.

56   ALEXY, R. Princípios Formais. A. T. G. Trivisonno (trad.). In: TRIVISONNO, A. T. G.; SALIBA, A. T.; LOPES, M. S. (org.). *Princípios Formais e outros Aspectos da Teoria Discursiva do Direito*. Rio de Janeiro, 2014. p. 3-36.

57   ALEXY, R. *Princípios Formais*, p. 13.

A DISTINÇÃO ENTRE DISCRICIONARIEDADE LEGISLATIVA E JUDICIAL...   115

os princípios formais desempenham em relação à discricionariedade do legislador e, assim, no controle de constitucionalidade. Alexy desenvolve uma ideia que já havia aparecido no *Posfácio* da edição em inglês da *Teoria dos Direitos Fundamentais*: a discricionariedade epistêmica está relacionada não somente à certeza das suposições empíricas, mas também das suposições normativas referentes aos princípios colidentes. A fim de expressar isso, Alexy apresenta uma nova versão da fórmula do peso, por ele denominada "fórmula do peso completa refinada", que inclui uma variável referente à certeza das suposições normativas.[58] Assim,

---

58   Segundo o próprio Alexy, a razão pela qual ele desenvolveu uma nova versão da fórmula é que, na fórmula original, apresentada no já mencionado ensaio *Die Gewichtsformel* (A Fórmula do Peso), a variável S (em inglês R) representa a certeza apenas das suposições empíricas. Por um lado, Alexy enfatiza que ele já havia ressaltado, em seus trabalhos anteriores, como o *Posfácio* da edição inglesa da *Teoria dos Direitos Fundamentais*, "a importância sistemática da distinção entre discricionariedade epistêmica empírica e discricionariedade epistêmica normativa" (ALEXY, R. *Princípios Formais*, p. 9; cf. também ALEXY, R. *A Theory of Constitutional Rights*, Postscript, p. 414-425; *Teoria dos Direitos Fundamentais*, Posfácio, p. 611-627). Porém, por outro lado, ele admite que a fórmula do peso não fazia essa distinção de forma clara. Em *Princípios Formais*, Alexy enfatiza que se deve entender que a variável S (em inglês R) se refere tanto às suposições normativas quanto às empíricas, e que isso pode ser expressado através da seguinte equação, que ele denomina "equação da certeza":

$$S = S^e . S^n$$

(nos textos em português e inglês aparece R, e a equação da certeza reza: $R = R^e \cdot R^n$ [ALEXY, R. *Princípios Formais*, p. 10; *Formal Principles*, p. 514]; uma vez que, neste ensaio, está sendo usada a terminologia alemã, R é substituída por S [cf. nota 50 acima]).
Assim, a nova fórmula do peso, a "fórmula do peso completa refinada", em nomenclatura em alemão, rezaria

$$G_{i,j} = \frac{I_i \cdot G_i \cdot S_i^e \cdot S_i^n}{I_j \cdot G_j \cdot S_j^e \cdot S_j^n}$$

após a nova versão da fórmula, a discricionariedade legislativa epistêmica decorre não somente do fato de o legislador não ter certeza, em alguns casos, sobre as suposições empíricas referentes à matéria em questão, mas também do fato de ele não ter certeza sobre as suposições normativas referentes a ela. Em outras palavras, a nova fórmula possibilita diferenciar formalmente os casos nos quais o empate decorre de incerteza das suposições empíricas (variável R^e) dos casos nos quais o empate decorre de incerteza das suposições normativas (variável R^n).

Em síntese, em Alexy, a discricionariedade legislativa possui uma natureza dupla: ela existe quando a constituição não regulamenta algo (discricionariedade estrutural) e quando o legislador não pode ter certeza sobre aquilo que a constituição determina (discricionariedade epistêmica).

---

enquanto nas versões de *Princípios Formais* publicadas em inglês e em português (p. 11 e 514, respectivamente), consta:

$$W_{i,j} = \frac{I_i \cdot W_i \cdot R_i^e \cdot R_i^n}{I_j \cdot W_j \cdot R_j^e \cdot R_j^n}$$

Após introduzir a nova fórmula, Alexy investiga a repercussão desse refinamento na questão da discricionariedade legislativa, bem como o papel que os princípios formais, especialmente o princípio do legislador democraticamente legitimado, desempenham quando direitos fundamentais são ponderados. O argumento de Alexy afirma, em síntese, que a (in)certeza tanto das suposições empíricas quanto das suposições normativas deve ser considerada. Quanto mais confiáveis forem as suposições empíricas e normativas referentes à interferência em um direito fundamental, mais se justifica a intervenção da corte constitucional. Quanto menos confiáveis elas forem, mais justificada é deixar a decisão nas mãos do legislador, concedendo a ele discricionariedade para decidir a questão. Segundo Alexy, isso não significa que a variável S (R em inglês) seja um princípio formal, mas significa que ela pode gerar discricionariedade. E, quando isso ocorre, entram em jogo princípios formais, como o princípio do legislador democraticamente legitimado (*Princípios Formais*, p. 30).

A DISTINÇÃO ENTRE DISCRICIONARIEDADE LEGISLATIVA E JUDICIAL... 117

3. PROPOSTA DE DISTINÇÃO ENTRE DISCRICIONARIEDADE LEGISLATIVA E DISCRICIONARIEDADE JUDICIAL

3.1. As teorias de Kelsen e Alexy como ponto de partida

Como notei anteriormente, Alexy não distingue expressamente discricionariedade legislativa e discricionariedade judicial. Mas a descrição de suas ideias sobre legislação e jurisdição, apresentada acima, é suficiente para mostrar que, como também já evidenciei, existe uma distinção entre elas em sua teoria.

Minha tese é que, em Alexy, a diferença entre legislação e jurisdição e, assim, entre discricionariedade legislativa e discricionariedade judicial, é *quantitativa*, como em Kelsen, mas também, diferentemente de Kelsen, *qualitativa*. A razão pela qual legislação e jurisdição são, em Alexy, *quantitativamente* diferentes, é que em Alexy, como em Kelsen, as únicas normas jurídicas positivas que vinculam *juridicamente* o legislador são as normas constitucionais,[59] enquanto o juiz está *juridicamente* vinculado a normas constitucionais, mas também a leis, decretos e a outros tipos de normas jurídicas institucionalizadas (e também, segundo Kelsen, até mesmo ao costume jurídico, se a constituição o prevê como fonte do direito). Isso é suficiente para concluir que, em Alexy, como em Kelsen, a discricionariedade legislativa é mais ampla que a discricionariedade judicial. Mas, embora os modelos de Alexy e Kelsen tenham esse ponto inicial em comum, há diferenças significativas entre eles. As mais importantes, a meu ver, são a inserção, no conceito de direito

---

59 Pode-se também dizer que, em Alexy, por causa das características da tese do caso especial, o legislador está vinculado ao discurso prático geral, bem como a precedentes e à dogmática jurídica. A meu ver, isto é, em certa medida, verdadeiro, embora a tese do caso especial seja originalmente uma tese dirigida ao juiz, e não ao legislador. Como veremos, esta é uma das razões – talvez a razão mais importante – que faz com que a distinção entre legislação e jurisdição não seja, em Alexy, meramente quantitativa, mas também qualitativa.

de Alexy, tanto da argumentação jurídica (ou discurso jurídico),[60] que, como vimos, é um caso especial da argumentação prática geral, quanto da teoria dos princípios. Esses dois instrumentos possuem um efeito considerável tanto na discricionariedade legislativa quanto na discricionariedade judicial, a saber, diminuir consideravelmente tanto a discricionariedade judicial quanto a legislativa, pois, no modelo de Alexy, tanto aquele que cria uma lei quanto aquele que aplica o direito em casos concretos tem a sua disposição a possibilidade de controlar racionalmente as várias intepretações que o material autoritativo admite em princípio. Essas ferramentas, que não estavam presentes em Kelsen, tornam a discricionariedade consideravelmente menor em Alexy que em Kelsen. Mas discricionariedade maior e menor significam uma distinção *quantitativa*. Se a única diferença entre os modelos de Kelsen e Alexy fosse o fato de que, no segundo, tanto a discricionariedade legislativa quanto a discricionariedade judicial são menores, a diferença entre legislação e jurisdição e, portanto, entre discricionariedade legislativa e discricionariedade judicial permaneceria, no modelo de Alexy, meramente quantitativa, como em Kelsen, e a única diferença entre os dois modelos seria o fato de que, no modelo de Alexy, tanto a discricionariedade legislativa quanto a judicial seriam menores do que são em Kelsen. Mas ainda há um aspecto essencial a ser considerado, a saber, a suposição, por parte de Alexy, no caso da jurisdição, da única resposta como uma ideia regulativa. Essa ideia, junto com a distinção entre discricionariedade estrutural e epistêmica, também apresentada por Alexy, constitui a base sobre a qual a distinção entre discricionariedade legislativa e discricionariedade judicial pode ser estabelecida.

---

60 Cf. ALEXY, R. *Begriff und Geltung des Rechts*. Freiburg/München: Alber, 1992. p. 201; tradução em português: *Conceito e Validade do Direito*, Garcélia Batista de Oliveira Mendes (trad.), Karina Jannini (rev.). São Paulo: Martins Fontes, 2009. p. 151.

A DISTINÇÃO ENTRE DISCRICIONARIEDADE LEGISLATIVA E JUDICIAL... 119

3.2. O Núcleo da Distinção

A tese que quero defender é que a diferença entre discricionariedade legislativa e discricionariedade judicial não é meramente quantitativa porque *somente a jurisdição admite a ideia regulativa de uma única resposta correta para toda questão jurídica*.[61] Isso significa que *o legislador possui tanto discricionariedade estrutural quanto discricionariedade epistêmica, enquanto o juiz possui somente a segunda*. A fim de desenvolver essa tese abordarei, em primeiro lugar, as características da legislação, dividindo-a em legislação constitucional originária e legislação ordinária. Após isso, abordarei as características essenciais da jurisdição. Assim, um quadro mais detalhado sobre a distinção entre legislação e jurisdição poderá ser desenhado.

a) Discricionariedade Legislativa

A discricionariedade legislativa abrange a legislação constitucional originária e a legislação ordinária. Embora exista uma distinção significativa entre elas, a saber, o fato de que o legislador constituinte originário não aplica direito positivo, enquanto o legislador ordinário o faz, elas compartilham uma importante característica: o discurso prático geral prevalece em ambas.

O legislador constituinte originário cria uma constituição e, assim, não está vinculado a qualquer direito positivo enquanto direito positivo. Portanto, do ponto de vista do direito positivo estrito, o legislador constituinte originário é completamente livre. Mas isso não significa ser ele completamente livre a partir de um ponto de vista moral.

---

61 Essa distinção, que aqui desenvolverei mais detalhadamente, foi esboçada em TRIVISONNO, A. T. G. Discretion and the "Problem of Practical Knowledge" in Ideal and Real Discourses, p. 76-79; O Problema do Conhecimento Prático na Teoria Discursiva do Direito de Alexy, p. 59-63.

Assim, a questão sobre se o legislador constituinte originário é completamente livre para decidir sobre todos os conteúdos de uma constituição ou se há um vínculo que o limita depende dos tipos de vínculo que se considera – vínculos jurídicos ou vínculos morais, bem como do modo como eles são definidos. Quando se define vínculos como vínculos meramente jurídicos, especialmente do modo como as teorias positivistas os veem, ou seja, vínculos jurídicos não incluem vínculos morais, o legislador constituinte originário é completamente livre, pois ele não está vinculado ao direito positivo. Mas quando se considera que a moral vincula o legislador constituinte originário, e quando se considera que vínculos morais são também vínculos jurídicos, como é o caso de Alexy, o legislador constituinte originário não é completamente livre.

O que exatamente vincula o legislador constituinte originário? A única resposta possível para essa pergunta é o discurso prático geral. Mas, como vimos, o discurso prático geral compreende razões morais, ético-políticas e pragmáticas ou, em outros termos, discursos morais, ético-políticos e pragmáticos. Quais desses discursos são usados no procedimento de criação de uma constituição? A meu ver os três, mas de modos diferentes. O discurso moral determina parcialmente o conteúdo da constituição. Aquilo que é discursivamente (ou moralmente) necessário é discursivamente comandado e, assim, deve ser comandado pela constituição. Aquilo que é discursivamente (ou moralmente) impossível é discursivamente proibido e, assim, deve ser proibido pela constituição. Aqui o legislador constituinte originário não possui liberdade para decidir, pois está vinculado ao discurso, mais precisamente ao discurso moral, mas ele pode não estar seguro sobre o que o discurso moral determina, caso em que ele é livre para decidir. Por outro lado, aquilo que é moralmente possível pode ser regulamentado ou não, com base em razões ético--políticas e pragmáticas, na medida em que elas não violarem o discurso moral.

A DISTINÇÃO ENTRE DISCRICIONARIEDADE LEGISLATIVA E JUDICIAL... 121

Pode-se perceber que os conceitos de discricionariedade epistêmica e estrutural, que Alexy desenvolveu para o legislador ordinário, podem ser usados, aqui, por analogia: o legislador constituinte originário não possui discricionariedade estrutural em relação ao que é moralmente necessário (comandado) e impossível (proibido), mas ele tem discricionariedade epistêmica em ambos os casos, pois ele nem sempre pode ter certeza sobre o que discurso moral determina. Em relação ao que é moralmente possível, o legislador constituinte originário possui discricionariedade estrutural.

Uma última observação deve ser feita: embora o legislador constituinte originário não esteja vinculado a qualquer direito positivo, o direito positivo previamente válido, ou seja, uma constituição anterior, leis e precedentes anteriores, bem como a dogmática jurídica previamente válida podem ser usados no processo de criação de uma nova constituição, não como discurso jurídico, mas como discurso prático geral. A razão disso pode ser facilmente compreendida: o direito previamente válido não constitui um discurso jurídico, porque não é mais válido. A razão para se adotar uma medida prevista no direito positivo previamente válido não pode ser seu caráter autoritativo – pois, na medida em que ele não mais é válido, deixa de ser autoritativo. Tal medida *deve* ser adotada pelo legislador constituinte originário quando for discursivamente necessária, *não deve* ser adotada quando for discursivamente impossível, e *pode* ser adotada quando for discursivamente possível, com base em razões ético-políticas e pragmáticas.

Esse tipo de discurso jurídico, que não vincula o legislador constituinte originário juridicamente, mas antes em termos do discurso prático geral, será denominado "discurso jurídico de nível zero". Ele não é, de fato, um discurso jurídico, mas antes um discurso prático geral.

Assim como o legislador constituinte originário, o legislador ordinário também está vinculado ao discurso prático geral, e, além disso, à constituição positiva. O que é moralmente comandado e moralmente proibido já deveria estar previsto na constituição; o fato de algo ser comandado ou proibido pela constituição limita o legislador ordinário, que não possui, aqui, discricionariedade estrutural. Mas o que ocorre quando o legislador constituinte originário, por diferentes razões, deixa de comandar ou proibir algo que respectivamente é moralmente comandado ou proibido? A solução, no plano legislativo, é emendar a constituição ou resolver a omissão constitucional através de uma lei ordinária. Qual desses meios para sanar a omissão deve ser realizado depende em grande medida do próprio direito positivo, de conveniência política e de outros fatores, mas, independentemente de qual meio seja usado, a meu ver o legislador não é livre para decidir se a referida omissão deve ser sanada: ele deve saná-la, não tendo, assim, discricionariedade estrutural em relação a essa matéria.

Ora, o que não é comandado nem proibido tanto pelo discurso moral quanto pela constituição permanece no âmbito da discricionariedade estrutural do legislador ordinário, e os casos em relação aos quais o legislador não consegue saber o que a constituição, o discurso moral determinam permanecem no âmbito de sua discricionariedade epistêmica. Em ambos os casos, ou seja, tanto em casos de discricionariedade estrutural quanto de discricionariedade epistêmica, o legislador ordinário pode decidir a matéria com base em razões ético-políticas e pragmáticas.

Portanto, ao criar leis, o legislador usa o discurso prático geral e aplica uma constituição válida. Como vimos, o que não é comandado nem proibido pela constituição (e pelo discurso moral) pode ser regulamentado com base tanto no discurso ético-político quanto no discurso pragmático. Em tal situação pode-se falar em um discurso jurídico? Em certa medida sim, e em certa medida não. Como vimos, Alexy define o discurso jurídico como um discurso prático em que existe o vínculo à lei, aos precedentes e à dogmática jurídica. Ao criar leis o legislador ordinário está vinculado à constituição juridicamente válida e, assim, à dogmática constitucional e a precedentes da corte constitucional, mas

A DISTINÇÃO ENTRE DISCRICIONARIEDADE LEGISLATIVA E JUDICIAL...   123

não a leis e precedentes ordinários. Assim, na medida em que já há direito positivo válido que o vincula (uma constituição positiva, a dogmática constitucional e os precedentes da corte constitucional), há já um discurso jurídico. Na medida em que razões morais, ético-políticas e pragmáticas são usadas no processo de criação das leis, o discurso do legislador ordinário é um discurso prático geral. Leis, precedentes ordinários e dogmática jurídica ordinária não o vinculam *juridicamente* – mas apenas em termos do discurso prático geral, ou seja, em virtude de razões morais, ético-políticas e pragmáticas. Esse tipo de discurso jurídico, que vincula o legislador ordinário em parte juridicamente e em parte como discurso prático geral será denominado "discurso jurídico de nível um".

b) Discricionariedade judicial

O juiz está vinculado à constituição positiva, à legislação e, portanto, à dogmática jurídica e aos precedentes, bem como, em medida menor, ao discurso prático geral. Os vínculos a tantos padrões normativos geram duas consequências. Em primeiro lugar, mesmo se não houvesse qualquer distinção *qualitativa* entre legislação e jurisdição, como afirma Kelsen, a discricionariedade judicial seria significantemente menor que a discricionariedade legislativa, também como afirma Kelsen, pois o juiz está vinculado a mais padrões que o legislador. Em segundo lugar, o vínculo a tantos padrões e a distinção qualitativa entre legislação e jurisdição, esta última negada por Kelsen, fazem com que a jurisdição seja uma atividade muito complexa. Tal complexidade implica ser necessário considerar o papel de cada padrão que vincula o juiz.
Uma vez que o juiz está vinculado à constituição e à legislação (especialmente a leis, mas também a decretos etc.), ele não possui liberdade para decidir sobre matérias regulamentadas por esses padrões. Ele deve comandar o que a constituição e/ou a legislação comandam, deve proibir o que a constituição e/ou a

legislação proíbem, e deve permitir o que a constituição e/ou o legislador permitem (positiva ou negativamente). A constituição e a legislação não regulamentam tudo, havendo, assim, um espaço não regulamentado positivamente (Kelsen). Como deve ser interpretado esse espaço? Poder-se-ia pensar, num primeiro momento, que o juiz possui, aqui, discricionariedade estrutural. Mas esse não é, de fato, o caso. A tese defendida aqui é que *o juiz não possui qualquer discricionariedade estrutural*, e, portanto, *aquilo que o legislador constituinte e o legislador ordinário não regulamentaram deve ser considerado, pelo juiz, negativamente regulamentado e, assim, negativamente permitido*. O preenchimento de lacunas e as decisões *contra legem*, especialmente quando o direito positivo é extremamente injusto, poderiam parecer exceções a essa máxima. Em certo sentido isso é verdade, mas em certo sentido não, como veremos abaixo. De todo modo, essa máxima de que o juiz não pode ampliar o âmbito da regulamentação positiva significa que o juiz não possui discricionariedade estrutural, mas não retira dele a discricionariedade epistêmica, pois ele não consegue sempre ter certeza sobre o que a constituição e as leis determinam.

O âmbito daquilo que é comandado *e proibido após o juiz decidir um caso não pode ser maior que o âmbito daquilo que é comandado ou proibido antes de o juiz decidir um caso, mas, antes, tem que ser o mesmo.* Como isso é possível? Como pode haver dois estágios diferentes, a saber, o estágio legislativo e o estágio judicial, que são quantitativa e qualitativamente diferentes, mas que, ao mesmo tempo, não possuem diferenças em relação à amplitude daquilo que, por um lado, é comandado e proibido e, por outro é permitido? A resposta a essa pergunta é muito simples: o estágio judicial é um estágio em que os comandos do estágio prévio, ou seja, do estágio legislativo, tornam-se individuais e específicos.

As características da discricionariedade judicial que acabei de apresentar determinam o papel do discurso prático geral na jurisdição. Como vimos, segundo Alexy, o juiz está vinculado ao direito positivo, ou seja, à legislação (constituição, leis, decretos

A DISTINÇÃO ENTRE DISCRICIONARIEDADE LEGISLATIVA E JUDICIAL...   125

etc.), aos precedentes judiciais e à dogmática jurídica, mas também ao discurso prático geral. A necessidade de o juiz usar o discurso prático geral surge, segundo Alexy, quando uma solução para um caso não pode ser encontrada no direito positivo[62] e quando o direito positivo é extremamente injusto.[63] Ora, a tese defendida aqui, ou seja, a tese de que o juiz não possui discricionariedade estrutural, *significa que tanto o discurso ético-político quanto o discurso pragmático não podem ser usados na jurisdição*, pois, se o juiz pudesse usá-los ele estaria agindo como legislador. Em ambos os casos em que Alexy sugere que o juiz recorra ao discurso prático geral, ou seja, quando não há direito positivo aplicável ao caso (lacuna) e quando o direito positivo é extremamente injusto, *o recurso ao discurso prático geral significa o recurso somente ao discurso moral*. Constituem esses dois casos exceção à máxima apresentada acima? Convém recordar que a máxima determina duas coisas: em primeiro lugar, o juiz não pode ampliar o âmbito daquilo que é juridicamente comandado e proibido e, em segundo lugar, o juiz não possui discricionariedade estrutural. No que diz respeito ao primeiro aspecto da máxima, de fato o preenchimento de lacunas e as decisões contra o direito podem significar ampliação do âmbito daquilo que o direito *positivo* comanda e proíbe, pois eles podem significar a criação de obrigações que o direito *positivo* não prevê. Mas isso não significa ampliar o âmbito daquilo que o direito – considerado em um sentido mais amplo, que inclui o discurso moral, exige. Assim, o juiz não possui, em ambos os casos, discricionariedade estrutural (segundo aspecto da máxima), pois ele não é, em ambos, livre para decidir. Quando um juiz encontra uma lacuna ou uma norma positiva injusta ele deve usar o discurso moral, e seguir

---

62   ALEXY, R. *Diskurstheorie und Rechtssystem*, p. 308; *Teoria do Discurso e Sistema Jurídico*, p. 87.

63   ALEXY, R. *Begriff und Geltung des Rechts*, p. 71-117; *Conceito e Validade do Direito*, p. 48-83.

o que ele determina. Quando o discurso moral assim exigir, ele deve preencher uma lacuna e decidir contra o direito (positivo), e quando ele não exigir, ele deve se abster de praticar ambos os atos. O uso dos discursos ético-político e pragmático, que estão relacionados à discricionariedade estrutural, permanece vedado ao juiz. O vínculo do juiz ao discurso moral e ao direito positivo – mas não aos discursos ético-político e pragmático, implica não possuir ele discricionariedade estrutural.

Esse tipo de discurso, o do juiz, que Alexy denomina discurso jurídico ou argumentação jurídica, será denominado, aqui, "discurso jurídico de nível dois".

Em síntese, a jurisdição não admite discricionariedade estrutural, mas admite discricionariedade epistêmica. O juiz está vinculado ao direito positivo e ao discurso moral, mas ele não pode usar tanto o discurso ético-político quanto o discurso pragmático. O fato de o juiz não possuir discricionariedade estrutural, enquanto o legislador a possui, justifica-se falar na tese da única resposta correta somente para o juiz, e não para o legislador. Por outro lado, o fato de o juiz possuir discricionariedade epistêmica significa que a tese da única resposta correta deve ser concebida como uma ideia regulativa.

4. CONCLUSÃO: DIREITO E DEMOCRACIA

As conclusões até agora alcançadas permitem uma distinção conceitual entre o âmbito do direito e o âmbito da política, ou, em um estado constitucional, o âmbito do legislador politicamente legitimado. A legislação ordinária pertence tanto ao âmbito do direito quanto ao âmbito da política. Trata-se de uma atividade de aplicação do direito, pois se aplica a constituição. Nessa medida, ela constitui uma atividade jurídica. Mas ela é uma atividade parcialmente indeterminada pelo direito (discricionariedade estrutural), e, nessa medida, política. A jurisdição é uma atividade

A DISTINÇÃO ENTRE DISCRICIONARIEDADE LEGISLATIVA E JUDICIAL... 127

jurídica; não faz sentido se falar em um juiz que transforma em direito razões ético-políticas e pragmáticas; esse papel pertence ao legislador. Isso não significa, porém, que o juiz não transforme razões morais em razões jurídico-positivas. Como já se evidenciou, ele de fato o faz.

Assim, não faz sentido, tanto no caso do legislador constituinte originário quanto no caso do legislador ordinário, falar-se respectivamente nas ideias de uma única constituição e de uma única lei juridicamente válidas, mas faz sentido se falar nas ideias políticas da melhor constituição possível e da melhor lei possível. Aquelas seriam conceitos jurídicos, enquanto estas são ideias políticas. Quando o legislador cria uma constituição ou uma lei ele não pressupõe haver, respectivamente, somente uma Constituição juridicamente válida ou somente uma lei juridicamente válida a ser criada. O legislador constituinte originário assume estar vinculado ao discurso prático geral (discurso jurídico de nível zero, definido acima) e o legislador ordinário assume estar vinculado ao discurso jurídico de nível um, definido acima, mas isso não significa que ambos acreditem haver uma única constituição ou uma única lei *juridicamente* possíveis, pois, como vimos, tanto o legislador constituinte originário quanto o legislador ordinário possuem tanto discricionariedade estrutural quanto discricionariedade epistêmica.

O fato de o legislador, constitucional e ordinário, tentar criar, dentro das realidades factuais e normativas que encontra, e considerando razões ético-políticas e pragmáticas, a melhor constituição e a melhor legislação possíveis não implica a tese *jurídica* da única resposta correta. Teoricamente pode-se falar nas ideias políticas de uma única constituição e de uma única lei possíveis, mas prefiro denominá-las tese da melhor constituição e tese da melhor lei possíveis. A diferença entre a tese da única resposta correta e as teses da melhor constituição e da melhor lei possíveis não é meramente terminológica, nem consiste no fato de as teses da melhor constituição e da melhor lei possíveis se referirem à melhor dentre várias possibilidades, pois também no caso da única resposta correta se trata da melhor decisão dentre várias. A diferença consiste no fato de as teses da melhor constituição e da melhor lei possíveis não significarem haver uma única constituição e uma única lei *juridicamente* válidas a serem criadas em determinados contextos, nem mesmo como uma ideia regulativa, mas antes que o legislador está politicamente vinculado à ideia da melhor constituição e da melhor lei possíveis. Um legislador democrático que quer defender a constituição ou a lei que criou não afirma que tal constituição ou lei era a única possibilidade jurídica, mas antes que, dentre as várias possibilidades jurídicas, ele escolheu aquela que mais se ajusta à vontade popular, considerando razões ético-políticas e pragmáticas aplicáveis à matéria. Esse é o lugar da política. A discricionariedade legislativa garante, como afirma Alexy, a possibilidade da democracia.

A questão sobre se a legislação *constitucional* e a legislação *ordinária* são também qualitativamente diferentes ou apenas quantitativamente diferentes pode permanecer aberta aqui, mas uma observação pode ser feita: o caráter mais abstrato da constituição e a ideia de que uma constituição deve durar por um tempo longo sugerem que o papel das razões ético-políticas e pragmáticas é menor no caso da legislação constitucional que no caso da legislação ordinária.

Direitos fundamentais e princípios formais[1]

Jan Sieckmann

Professor de Teoria e Filosofia do Direito na Faculdade de Administração, Economia e Direito da Univesidade de Erlangen-Nuremberg, Alemanha.

1. INTRODUÇÃO

A ponderação de direitos fundamentais é um método comum de revisão judicial, mas também alvo de diversas críticas.[2] Uma objeção crucial apontada é a de que levaria a consequências institucionais inaceitáveis, pois amplia competências judiciais e interfere nas competências de outros órgãos com maior legitimidade democrática, tais como, particularmente, o Poder Legislativo.[3] A teoria dos princípios, originalmente desenvolvida por Robert Alexy, atende a esse problema através da concep-

---

1 Tradução do idioma inglês para português por Rafael S. Glatzl. Revisão técnica por Mariana C. G. M. Ferreira e Cláudia Toledo. Título original: *Fundamental Rights and Formal Principles*.

2 Ver, por exemplo, E.-W. Böckenförde, Grundrechte als Grundsatznormen. In: *Staat, Verfassung, Demokratie*, Frankfurt a.M. 1991, 190; B. Schlink, Der Grundsatz der Verhältnismäßigkeit. In: P. Badura/H. Dreier (ed.), *Festschrift 50 Jahre Bundesverfassungsgericht*, v. 2, Tübingen: Mohr, 2001. p. 460; Habermas, *Faktizitäz und GeLtung*. 4. ed. Frankfurt a. M. 1994. p. 311.

3 R. Alexy, *Die Konstruktion von Grundrechten*, em: L. Clérico/J. Sieckmann (ed.), *Grundrechte, Prinzipien und Argumentation*, Baden-Baden 2009, 14; J. Sieckmann, *Probleme der Prinzipientheorie der Grundrechte*. In: L. Clérico/J. Sieckmann (ed.), *Grundrechte, Prinzipien und Argumentation*. Baden-Baden, 2009. p. 55.

ção de princípios formais. Essa concepção, entretanto, enfrenta uma série de problemas de naturezas conceitual, metodológica e jurídica. Primeiro, a noção de princípios formais é contestada. Segundo, o papel dos princípios formais na ponderação de direitos fundamentais é controverso. Terceiro, princípios formais são considerados como debilitadores da força vinculante dos direitos fundamentais. Dessa forma, os críticos negam sua validade como direito constitucional.

Em meu artigo, buscarei responder a esses problemas, apresentando os princípios formais no quadro de um modelo de interpretações constitucionais concorrentes e, assim, refutando as objeções tanto aos princípios formais quanto às descrições alternativas a essa noção.

2. A NOÇÃO DE PRINCÍPIOS FORMAIS

De forma a ilustrar o problema, utilizarei um caso do Tribunal Constitucional Federal da Alemanha (*BVerfG*) sobre a constitucionalidade de algumas leis que proíbem fumar em restaurantes.[4]

2.1. O CASO DA PROIBIÇÃO DE FUMAR EM *PUBS*

2.1.1. *BVerfGE* 121, 317

Os fatos do caso são os seguintes: leis das províncias de Baden-Württemberg e Berlim proibiram fumar dentro de restaurantes. Admitiam, entretanto, exceções aos restaurantes com marquises (*Bier-, Wein- und Festzelte*), ao ar livre (*Außengaststätten*) e ambulantes (*Reisegaststätten*), assim como aos demais restaurantes que oferecessem, além de espaços para não fumantes, locais

---

4   *BVerfGE* 121, 317 (1 BvR 3262/07, 30.7.2008) – Proibição de fumar.

DIREITOS FUNDAMENTAIS E PRINCÍPIOS FORMAIS

131

separados para fumantes, desde que completamente isolados e claramente identificados como destinados a fumantes, se e somente se isso não afetasse a proteção aos não fumantes. O Tribunal Constitucional Federal da Alemanha entendeu que essas normas eram inconstitucionais, na medida em que não continham uma exceção aos pequenos restaurantes de apenas um cômodo e com licença que lhes permitia vender apenas bebida, mas não comida ("*Eckkneipen*" ou "*pubs*"). O fundamento do Tribunal foi no sentido de que essas normas violavam o direito fundamental à livre iniciativa[5] (*Berufsfreiheit*, art. 12 I *GG*), juntamente ao princípio da igualdade (art. 3 I *GG*), dos propritários dos pequenos *pubs*, pois os afetavam intensamente, a ponto de colocar em risco sua própria existência econômica.

Em primeiro lugar, o Tribunal entendeu que o legislador poderia ter estabelecido uma proibição estrita ao fumo em restaurantes, sem qualquer exceção, dando então absoluta prioridade à proteção da saúde dos consumidores e dos empregados.[6] Por outro lado, ao admitir exceções, o legislador não deu suprema importância ao objetivo de proteger a saúde. Como considerou os interesses dos proprietários de restaurantes, em certos casos, com peso suficiente para justificar exceções à proibição, deveria também admitir exceções em favor dos proprietários de pequenos *pubs*, onde apenas bebidas eram servidas. Esses interesses

---

5   **N.T.**: O termo alemão *Berufsfreiheit* é literalmente traduzido em português como *liberdade profissional*. Entretanto, no texto, a liberdade profissional a que o autor se refere diz respeito ao exercício profissional no comércio, ou seja, à liberdade relacionada a *empreendimentos comerciais*, diretamente vinculada à liberdade *econômica* (tanto que a expressão utilizada em inglês pelo autor é *economic freedom*). A expressão em português que melhor reúne os três aspectos (profissional, comercial e econômico) é "[direito fundamental à] *livre iniciativa*".

6   Ver *BVerfG*, 2. *Kammer des 1. Senats*, 1 BvR 1746/10, 02.08.2010 (*Nichtannahmebeschluss*), em que rejeita a exigência de declarar que a proibição estrita de fumar em restaurantes seja inconstitucional.

132 JAN SIECKMANN

não eram menos importantes do que aqueles favorecidos pelas exceções legais.[7]

2.1.2. Margem de apreciação "estrutural" ou "normativa"?

A maioria reconhece uma margem de apreciação ao legislador em relação à ponderação dos objetivos a que almeja, nesse caso, a proteção da saúde. Entende-se como igualmente admissível dar importância suprema ou, em alguma medida, menor peso à proteção da saúde. Não fica claro, entretanto, de que tipo de margem se trata, se "estrutural" ou "normativa". Uma margem "estrutural" existe se a Constituição é aberta em certa questão e, então, a margem do legislador decorre do conteúdo do direito constitucional. Uma margem "normativa" existe se há normas constitucionais que possam justificar certo resultado, mas um Tribunal não deve decidir sobre a questão por razões normativas.

Assim, no caso de uma margem "estrutural", a ponderação da proteção da saúde é, sob uma perspectiva constitucional, uma questão aberta. Assim, a Constituição deixa margem para diversas ponderações. No nosso caso, o legislador poderia ter concedido maior ou menor peso à proteção da saúde em relação à livre iniciativa dos proprietários de *pub*. No caso de uma margem

---

7 Dois magistrados apresentaram opiniões divergentes. O juiz Bryde entendeu que o Tribunal não deveria declarar a respectiva norma como inconstitucional. Embora o legislador tenha, possivelmente, subestimado os efeitos de se fumar em tendas ou espaços contíguos, o Tribunal deveria respeitar essa visão, restando-lhe apenas exigir do legislador que verificasse se as premissas implícitas nas exceções eram corretas ou não. O juiz Masing criticou a análise do Tribunal no sentido de que o legislador poderia ter atribuído prioridade absoluta à proteção à saúde, pois isso seria desproporcional e, por conseguinte, inconstitucional. Entretanto, ele entendeu que, à exceção unicamente das tendas, o legislador buscou uma concepção coerente de proteção à saúde, garantindo a disponibilidade de zonas sem fumo aos não fumantes e admitindo exceções apenas se o objetivo primário tivesse sido alcançado.

DIREITOS FUNDAMENTAIS E PRINCÍPIOS FORMAIS   133

estrutural, não há razões constitucionais pelas quais o legislador deva optar por uma ou outra ponderação.

Diversamente, no caso de uma margem "normativa", há razões constitucionais para uma ponderação específica da proteção à saúde perante a livre iniciativa, mas, ao mesmo tempo, há razões constitucionais pelas quais o Tribunal deveria aceitar a ponderação escolhida pelo legislador. Além disso, essas razões superam a exigência de que o Tribunal deve decidir de acordo com sua própria interpretação do direito constitucional material. Dessa forma, nesse caso, a margem do legislador resulta de razões normativas.

Em nosso exemplo da proibição de fumar, poder-se-ia entender que a opinião majoritária posiciona-se no sentido de haver uma margem estrutural ao legislador. Parece que o legislador poderia escolher livremente entre dar maior ou menor peso à exigência de proteger a saúde. Contudo, há argumentos a favor da incorreção dessa ideia.

2.1.3. Argumentos a favor de uma margem "normativa" de apreciação

2.1.3.1. "Modelo de Regras" *vs.* "Modelo de Princípios"

O primeiro argumento é bastante abstrato. Uma margem estrutural significaria que a respectiva decisão, seja do Tribunal ou do Legislador, é guiada por regras constitucionais. As diferentes ponderações entre proteção à saúde e livre iniciativa podem ser representadas por diferentes regras de prioridade. Dentro de certa margem, todas as regras de prioridade são admissíveis. Pode-se denominar isso como um "modelo de regras". Algumas opções são excluídas, outras opções são admissíveis, mas não há nenhuma razão para escolher entre as opções admissíveis. Isso corresponde ao que Dworkin chamou de "modelo de regras" em sua crítica à Teoria do Direito de Hart.[8]

---

8   R. Dworkin, *Taking Rights Seriously*. Cambridge (Mass.) 1978, 22p.

Há razões gerais para rejeitar esse "modelo de regras" e substituí-lo pelo que se tem chamado de "modelo de princípios".[9] Esses princípios aplicam-se também em casos em que as questões jurídicas pareçam ser abertas. Nesses casos, os princípios apresentam razões para se decidir de uma ou de outra maneira. Qualquer que seja a decisão tomada, aquele que decidir deverá apresentá-la como exigido pelo princípio prevalente, isto é, o princípio tido como mais importante no caso particular. Poder-se-iam já considerar essas razões gerais a favor do modelo de princípios como suficientes para rejeitar a tese da margem estrutural em nosso caso.

Além disso, em nosso caso, um argumento específico mostra que a margem é normativa, e não estrutural. O argumento é o de que o próprio Tribunal aplica um modelo de ponderação e, portanto, segue um modelo de princípios. O Tribunal realiza uma ponderação entre a proteção à saúde e a livre iniciativa. Isso pressupõe que os princípios da proteção à saúde e do respeito à livre iniciativa aplicam-se como razões para certas regras de prioridade. Pode ser controversa a questão de qual regra de prioridade deve-se escolher, mas, de qualquer forma, há razões que tornam essa escolha obrigatória. Qual das regras escolher nunca será, do ponto de vista do decisor, uma questão aberta.

2.1.3.2. O problema de definir uma margem "estrutural"

O segundo argumento baseia-se em uma análise de como caracterizar a margem de apreciação do legislador, que mostra que caracterizações que suponham uma margem estrutural não são plausíveis. Em casos como o da livre iniciativa, nos quais o legislador é legitimado a intervir com base em objetivos escolhidos por ele mesmo, é possível descrever essa posição da seguinte

---

9   Sobre esta discussão ver J. Sieckmann, *Regelmodelle und Prinzipienmodelle des Rechtssystems*. Baden-Baden, 1990.

DIREITOS FUNDAMENTAIS E PRINCÍPIOS FORMAIS

forma: onde o legislador puder escolher seus próprios objetivos para justificar a restrição a um direito fundamental, será livre para determinar o peso de seu objetivo. Essa suposição é, contudo, inaceitável do ponto de vista do direito constitucional. O legislador não pode ser completamente livre na ponderação dos objetivos a que almeja. Pois isso poderia levar ao resultado de que os objetivos do legislador se sobreporem a todos os princípios constitucionais. A legitimação para limitar direitos fundamentais por objetivos políticos permitiria ao legislador retirar todo o conteúdo desses direitos. Isso é incompatível com a exigência constitucional de que o legislador deve respeitar todos os direitos fundamentais.

A ponderação do legislador, dessa forma, deve ter limites. Um limite plausível à ponderação legislativa é que os objetivos políticos selecionados pelo legislador não sejam dotados de maior peso que os objetivos exigidos pela Constituição. Embora o legislador tenha a competência de introduzir objetivos políticos, esses objetivos não podem ser mais importantes do que aqueles estabelecidos como obrigatórios pela Constituição. Pode-se formular essa restrição da seguinte maneira: o legislador não pode conceder maior peso a objetivos políticos por ele próprio escolhidos do que aqueles objetivos exigidos pela Constituição.

Porém, isso ainda não é suficiente. O legislador deve tratar qualquer um de seus objetivos como tão importantes quanto os princípios constituticonais mais importantes, como a proteção à vida e à dignidade humana. Uma restrição adicional é necessária. Pode-se delimitar o poder legislativo de ponderar as metas políticas por ele escolhidas da seguinte maneira: onde o legislador é legitimado para justificar restrições a direitos fundamentais por meio de objetivos políticos por ele próprio escolhidos, pode tratar esses objetivos como se fossem constitucionais, mas não pode lhes conceder mais peso do que teriam como objetivos constitucionais.

Essa suposição leva a uma objeção à tese de que nosso caso trata-se de abertura estrutural. Pois a proteção à saúde é um objetivo que o legislador deve perseguir de acordo com a Constituição. A proteção à saúde é uma obrigação constitucional imposta ao legislador. Ele não pode conceder mais peso a esse objetivo do que o previsto na Constitituição. Determinar o peso é, por conseguinte, uma questão de interpretação constitucional. O legislador não está livre para determinar o peso dessa exigência constitucional. Mais ainda, sob uma perspectiva constitucional material, o próprio Tribunal Constitucional teve que se pronunciar quanto ao peso que esse objetivo deveria receber.

2.1.4. Conclusão: a necessidade de justificar uma margem "normativa" de apreciação

Minha conclusão é a de que o legislador pode apenas ter uma margem normativa de apreciação. A ponderação é limitada por princípios constitucionais. É uma questão de interpretação constitucional determinar o que se deve considerar como a ponderação correta desses princípios. Se o Tribunal se abstém dessa determinação, atribui então ao legislador uma margem normativa de apreciação.

A abstenção de interpretação constitucional pelo Tribunal exige uma justificativa. Aqui, princípios formais entram em jogo.[10] O problema em reconhecer uma margem de apreciação em

---

10 As opiniões divergentes mostram outros aspectos dos princípios formais:
– O juiz Bryde reconhece uma margem de apreciação do legislador sobre as premissas empíricas, exigindo que o Tribunal não deve desqualificá-las como falsas, mas que deve apenas submeter ao legislador a exigência processual de verificação e, se necessário, revisão de suas premissas. Novamente, premissas empíricas fazem parte da interpretação constitucional e, portanto, são objeto de revisão judicial. Restringir essa avaliação requer uma justificação constitucional, a qual os princípios formais podem oferecer.
– O juiz Masing rejeita a visão de que o legislador poderia ter dado prioridade absoluta à proteção à saúde. Pode-se entender isso como rejeição a uma margem de apreciação do legislador em relação à ponderação da exigência de se proteger a saúde, pelo menos em caso de prioridade absoluta.

DIREITOS FUNDAMENTAIS E PRINCÍPIOS FORMAIS 137

questões de interpretação constitucional é o de como o Tribunal pode evitar assumir uma posição sobre tais questões. Sendo a interpretação constitucional sua obrigação, o Tribunal não pode evitar posicionar-se em questões constitucionais sem apresentar uma justificativa, que é, ela mesma, baseada no direito constitucional. Essa justificativa advém de princípios formais.

3. DEFININDO PRINCÍPIOS FORMAIS

Princípios formais, como qualquer outro princípio, incluem requisitos normativos. Contudo, diferentemente dos princípios materiais, servem para justificar normas ou decisões normativas não quanto ao seu conteúdo, mas quanto às características das respectivas normas ou decisões, que não dependem do seu conteúdo. Podem-se distinguir diversas concepções de princípios formais.

3.1. A noção geral de princípios formais

Em geral, princípios formais pretendem estabelecer a vinculatividade ou obrigatoriedade de normas, independentemente de seu conteúdo.[11] Isso inclui, por exemplo, o princípio da segurança jurídica, que requer que se siga um precedente estabelecido ou prática jurídica, independentemente de sua correção material.

Por conseguinte, a revisão judicial completa deve ser aplicada. No entanto, Masing trata da concepção regulatória do legislador como coerente e, portanto, constitucional. Contudo, ele apenas realiza isso deixando de lado a exceção admitida para restaurantes em tendas. Contra essa posição, pode-se argumentar que deveria ser tarefa do legislador corrigir o seu erro, seja pela admissão de novas exceções para pequenos *pubs* ou pela eliminação da exceção para tendas. No entanto, esta é uma questão de interpretação constitucional material, não de reconhecimento de uma margem de apreciação.

11 J. Sieckmann, *Recht als normatives System*. Baden-Baden 2009. p. 137.

3.2. Princípios formais em um sentido específico

Em um sentido mais específico, os princípios formais incluem requisitos para a atribuição de competências jurídicas decisórias em certas circunstâncias. De acordo com essa caracterização, princípios formais tornam obrigatório o resultado de procedimentos normativos anteriores.[12] Entretanto, como possuem o caráter de princípios, em caso de conflito, terão que ser ponderados com os princípios concorrentes.

Em nosso contexto, a noção mais específica parece apropriada.[13] O reconhecimento da vinculatividade dos resultados de procedimentos normativos significa, ao menos em princípio, reconhecer competências normativas a certos órgãos para estabelecerem tais resultados autoritativamente. Dessa forma, compreenderei princípios formais como princípios que atribuem competências jurídicas.

No caso de revisão judicial, os princípios formais interessam no sentido de que os tribunais devem respeitar certas decisões do legislador no exercício de sua competência de revisão judicial.[14] Tais princípios são, em primeiro lugar, o da democracia, que exige que o legislador democraticamente eleito deve tomar as decisões importantes para a sociedade,[15] e o da separação de poderes, que tem a mesma implicação. Ambos os princípios fundamentam a exigência de que os tribunais devem respeitar as decisões do legislador democraticamente legitimado.

---

12 Sieckmann, 1990, p. 147; ver também V. Afonso da Silva, *Grundrechte und gesetzgeberische Spielräume*. Baden-Baden, 2003. p. 145.

13 Entretanto, é equivocado limitar o conceito de princípios formais àqueles de competências, contrariamente à sugestão de M. Klatt, *Praktische Konkordanz von Kompetenzen*. Tübingen, 2014. p. 165.

14 R. Alexy, *Theorie der Grundrechte*. Baden-Baden, 1985. p. 89, 121; Sieckmann, 1990. p. 147; M. Raabe, *Grundrechte und Erkenntnis*. Baden-Baden, 1998.

15 Ver Alexy, 1985, p. 121.

DIREITOS FUNDAMENTAIS E PRINCÍPIOS FORMAIS 139

3.3. Uma alternativa incorreta

Não se deve confundir essa noção de princípios formais como atribuidores de competências jurídicas em princípio com a noção bastante diferente de competências para estabelecer princípios jurídicos. Diversamente, Martin Borowski define princípios formais do seguinte modo: "Um princípio formal atribui competência para criar um objetivo a ser otimizado, no sentido da teoria dos princípios".[16] Contudo, a posição normativa de que, em princípio, se tem a competência para estabelecer uma norma com validade definitiva não é o mesmo que uma competência definitiva para estabelecer uma norma que é válida em princípio. Embora os princípios formais possam ocasionalmente se referir a competências para estabelecer normas que são válidas em princípio, em geral eles se referem a competências para estabelecer normas com validade definitiva. O ponto crucial é que os princípios formais atribuem essa competência apenas em princípio.

4. O CONTEÚDO DOS PRINCÍPIOS FORMAIS

Além da caracterização geral dos princípios formais como atribuidores de competências normativas, existem alguns problemas em relação ao conteúdo dos princípios formais. Competências não se sustentam incondicionalmente. Algumas condições já devem ser indicadas em nível conceitual, ou seja, em relação aos princípios formais em geral. Um problema crucial nesse nível, isto é, no que se refere ao conteúdo dos princípios formais em geral, é como conciliar os princípios formais com as exigências constitucionais dirigidas ao órgão competente.

---

16 M. Borowski, The Structure of Formal Principles. Robert Alexy's "Law of Combination". In: *ARSP-Beih.* 119 (2010), 28.

4.1. O problema: princípios formais e respeito pelo Direito Constitucional

Por exemplo, pode-se supor que um princípio formal em favor do legislador exija que se respeitem as decisões legislativas na maior medida possível. Isso incluiria, contudo, decisões que são incompatíveis com o direito constitucional.[17] Em um Estado Constitucional, tais decisões não podem ser legitimadas. Assim, não se pode atribuir ao legislador, nem em princípio, uma competência que inclua a violação a exigências constitucionais.[18]

---

17 Ver também A. Scherzberg, *Grundrechtsschutz und Eingriffsintensität.* Baden-Baden, 1989. p. 176.

18 Pode-se objetar que esse argumento utiliza uma noção muito forte de Estado Constitucional e que é possível enfraquecê-la ao permitir a ponderação das exigências constitucionais com aquelas da legitimidade democrática. Em sentido estrito, a ideia de Estado Constitucional requer que decisões políticas sejam sempre subordinadas ao direito constitucional e que nunca possam prevalecer sobre ele. Em um sentido mais fraco, a ideia de Estado Constitucional pode ser entendida como uma exigência de que, em princípio, decisões políticas devem seguir o direito constitucional mas, em certos casos, questões de moral política podem deixar de lado exigências constitucionais. A exigência de respeitar decisões dotadas de maior legitimidade democrática apresenta um princípio de filosofia política. Esse princípio pode entrar em conflito com exigências de respeito ao direito constitucional. Como o direito constitucional não é necessariamente legítimo do ponto de vista da moral política, tais conflitos são possíveis. Em um Estado Constitucional Democrático, entretanto, onde todas as exigências relevantes da moral política formam princípios de direito constitucional, tais conflitos não podem ocorrer. Um princípio de respeito à tomada democrática de decisão não pode ter prioridade em relação às exigências de um Estado Constitucional Democrático, pois faz parte dos princípios constitucionais desse Estado. O respeito às decisões democráticas é uma questão de direito constitucional, não uma questão que poderia ser usada para restringir a validade do direito constitucional. Não se pode resolver o problema de que o respeito à tomada democrática de decisão não deve infringir exigências constitucionais através da introdução de princípios materiais que vinculem as decisões políticas. Embora o legislador baseie suas decisões em princípios constitucionais materiais, isso não exclui o fato

DIREITOS FUNDAMENTAIS E PRINCÍPIOS FORMAIS 141

4.2. Uma solução: pretensão de interpretar Direito Constitucional

A solução para o problema de como levar em consideração as limitações constitucionais em princípios formais é que apenas podem exigir sua observância as decisões legislativas que, ao menos, podem levantar a pretensão de serem constitucionais.[19] Isto é, o legislador deve apresentá-las como fundadas em uma interpretação defensável do direito constitucional ou a decisão legislativa deve ser, pelo menos, capaz de uma reconstrução que a apresente como baseada em uma intepretação defensável de direito constitucional.[20] Dessa forma, a sujeição do legislador às exigências do direito constitucional é preservada. Princípios formais não legitimam o legislador a ir além dos limites da Constituição. Eles sustentam, entretanto, decisões baseadas nas interpretações constitucionais realizadas pelo legislador e exigem respeito por parte dos tribunais às decisões legislativas que possam levantar a pretensão de serem justificadas dessa maneira. Assim, há uma competição entre as diversas interpretações de direito constitucional realizada pelos tribunais e pelo legislador.[21]

---

de suas decisões poderem ser incompatíveis com o direito constitucional. Nesse caso, os princípios formais não podem justificar uma reivindicação de que os Tribunais, mesmo em princípio, devam respeitar tais decisões.

---

19 Assim, decisões que claramente violem o direito constitucional, não podem receber suporte de princípios formais. Ver também R. Alexy, Verfassungsrecht und einfaches Recht – Verfassungsgerichtsbarkeit und Fachgerichtsbarkeit. *VVDStRL 61* (2002), 27.

20 M. Kaufmann, Politische Gestaltungsfreiheit als Rechtsprinzip. In: *Staatswissenschaft und Staatspraxis* 8, 1997. p. 179.

21 Ver Sieckmann, 1990, 160; *idem, Recht als normatives System*, 2009. 200 p.

5. A PONDERAÇÃO DE PRINCÍPIOS FORMAIS

Uma questão controvertida é a estrutura que a ponderação assume quando envolve princípios formais. O cerne da controvérsia é se essa ponderação reúne princípios formais e materiais em um ou ambos os lados, ou se a ponderação de princípios materiais é separada daquela de princípios formais, de modo que dois níveis de ponderação devem ser distinguidos. Outra questão é qual papel os princípios materiais devem desempenhar no nível da ponderação de segunda ordem, em que princípios formais estão envolvidos.

5.1. A agregação de princípios formais e materiais

A tese da agregação de princípios formais e materiais sugere que princípios formais são acrescidos à ponderação de princípios materiais, de forma que o lado favorecido pelo legislador recebe peso adicional, uma vez que os princípios formais exigem respeito à decisão do legislador. Ela foi apresentada por Robert Alexy e adotada por diversos autores,[22] embora Alexy, como veremos, tenha recentemente abandonado essa visão. No que concerne ao conflito entre livre iniciativa e proteção à saúde, a justificação da proibição de fumar em restaurantes é fundada não apenas no princípio que exige a proteção da saúde, mas também no princípio que exige respeito às decisões legislativas.

Esse entendimento enfrenta, contudo, sérias objeções. É adequado no que concerne à fundamentação do caráter autoritativo do Direito por meio de princípios formais.[23] Por exemplo, no

---

22 Ver também Alexy, 1985, p. 89, 121; idem, *Derecho constitucional y derecho ordinario*, Tres escritos. Bogotá 2003. p. 83; M. Borowski, *Grundrechte als Prinzipien*. 2. ed. Baden-Baden, 2007. p. 127-128, com mais referências na anotação 357.

23 Sieckmann, 1990, 147 p.; idem, *Recht als normatives System*, 2009. 137 p.

DIREITOS FUNDAMENTAIS E PRINCÍPIOS FORMAIS 143

conflito entre o princípio da segurança jurídica, que sustenta a validade do direito positivo, e o princípio da justiça, que exige que o Direito seja justo, a validade do direito positivo será fundada não apenas no mérito substantivo, mas também na exigência por segurança jurídica, atuando como princípio formal no sentido amplo explicado anteriormente. Porém, a ótica aglutinadora não é adequada no que concerne a conflitos de competências da forma como ocorrem em caso de revisão judicial. Nesse caso, o problema é a atribuição de competências. Qualquer argumento relevante deve oferecer uma conclusão em relação à atribuição de competências. Uma vez que as exigências para a atribuição de competências constituem princípios formais, apenas princípios formais podem ser diretamente relevantes ao problema da delimitação da revisão judicial. [24]

---

24 Pode-se tentar construir uma sustentação indireta através de princípios materiais, alegando que a decisão legislativa favorece a proteção à saúde. Logo, o princípio da proteção à saúde oferece um argumento para o reconhecimento da competência do legislador de tomar essa decisão. Assim, atribuem-se competências a fim de alcançar um melhor resultado material. Parece que não se pode rejeitar essa abordagem diretamente. Contudo, ela não auxilia como argumento em favor do legislador, pois, enquanto a proteção à saúde é favorecida pela decisão do legislador, a livre iniciativa parece sustentada pela decisão do Tribunal. Então os princípios materiais atuam em ambos os lados. Em última análise, o princípio que prevalecer no nível material atuará como um argumento a favor da atribuição de competência decisória definitiva ao legislador ou ao Tribunal. Contudo, princípios formais apenas são relevantes se o Tribunal puder entender como inconstitucional a decisão legislativa, ou seja, se ele puder conceder prioridade às exigências da livre iniciativa contra a proteção à saúde. Se, contudo, o Tribunal assumisse essa posição, os princípios materiais iriam, do ponto de vista do Tribunal, contar favoravelmente à competência de revisão judicial do Tribunal. A agregação de princípios formais e materiais não fundamentará uma competência do legislador para dar prioridade à proteção à saúde. A concepção agregativa não funciona.

5.2. O modelo das interpretações constitucionais concorrentes

Um entendimento alternativo aduz que se devem ponderar princípios formais entre si. Essa ponderação de princípios formais deve ser diferenciada daquela de princípios materiais e, com isso, ter caráter de ponderação de segunda ordem.[25] Não se trata de ponderação sobre qual o princípio material prevalente, mas uma ponderação acerca de qual órgão deverá decidir definitivamente a questão a respeito de qual princípio material prevalecerá.

Desenvolvi essa abordagem no modelo das interpretações concorrentes de direito constitucional ou, de forma mais abrangente, interpretações jurídicas concorrentes em geral. O modelo das interpretações constitucionais concorrentes supõe que princípios formais atuam em ambos os lados, tanto no lado do legislador quanto no do Tribunal. Isto é, alguns princípios formais exigem que se atribua a competência decisória sobre certa questão ao legislador. Outro princípio formal exige que se atribua tal competência ao Tribunal. Em ambos os casos, contudo, a decisão desse órgão deve apresentar-se como interpretativa da Constituição ou, pelo menos, como capaz de ser representada assim. Então, princípios formais não podem sustentar qualquer decisão, mas apenas aquelas que podem ser apoiadas por uma interpretação defensável do direito constitucional.

Esse modelo leva à distinção entre dois tipos de ponderação:

(1) uma ponderação material, em nosso caso, entre os princípios da livre iniciativa e da proteção à saúde; e

(2) a ponderação de princípios formais.

---

25 Contra esse entendimento M. Borowski, Die Bindung an Festsetzungen des Gesetzgebers inn der grundrechtlichen Abwägung. In: L. Clérico/J. Sieckmann (ed.), *Grundrechte, Prinzipien und Argumentation*. Baden-Baden, 2009. p. 117.

DIREITOS FUNDAMENTAIS E PRINCÍPIOS FORMAIS

Uma questão que necessita esclarecimento é aquela sobre qual papel os princípios materiais devem desempenhar em relação à ponderação de princípios formais. Não se pode simplesmente acrescentá-los à ponderação, em contraste com o que a abordagem agregativa sugere. Por outro lado, princípios formais não são independentes dos princípios materiais. Princípios formais são definidos por sua consequência normativa de demandar uma atribuição particular de competências jurídicas. Seu fundamento, contudo, reside em algum princípio material. O fundamento da competência legislativa é o de que se espera que o legislador democrático realize melhor o bem comum ou integre os interesses concorrentes dos cidadãos. Já o fundamento da competência do tribunal para a revisão judicial é o de que se espera que ele proteja os direitos fundamentais e a Constituição em geral. Nenhum dos dois recebe uma competência jurídica por si só. Princípios formais, ao menos no Direito, sempre servem para concretizar alguns princípios materiais e, portanto, são justificados com base em princípios materiais.[26] Assim, princípios formais não podem ser separados de princípios materiais.

Porém, os princípios materiais não atuam de forma independente na ponderação de princípios formais. Princípios somente podem ser admitidos à ponderação enquanto exigirem certa atribuição de competências jurídicas. Assim, eles atuam como princípios formais. No que concerne à atribuição de competên-

---

26 Ver também Afonso da Silva, 2003, p. 154. Em Sieckmann, 1990, p. 149, a legitimidade democrática do legislador foi considerada um princípio formal intrínseco, não baseado em princípios materiais. Contudo, como um órgão jurídico, o legislador recebe sua competência apenas para promover os interesses dos governados. Somente a autonomia moral inclui uma competência de criar exigências meramente porque se deseja e sem qualquer justificação. No Direito, todas as competências dos órgãos públicos e os princípios formais que lhes atribuem devem ter uma justificação material. Diversamente, Klatt, 2014, p. 165, nº 188, defende uma separação estrita entre princípios formais e materiais sem, contudo, apresentar um argumento.

cias jurídicas, todos os princípios a serem ponderados uns com os outros são princípios formais.

5.3. Outras versões de segunda ordem

Em anos recentes, outras versões de segunda ordem concernentes ao papel dos princípios formais foram oferecidas por Klatt e Schmidt, de um lado, e por Robert Alexy, de outro.

5.3.1. Klatt e Schmidt

Klatt e Schmidt propuseram um modelo de dois níveis, separando estritamente a ponderação de princípios formais da ponderação de primeira ordem dos princípios materiais.[27] Surpreendentemente, os autores alegam que essa seria uma nova abordagem, a despeito de o modelo de interpretações constitucionais concorrentes já ter introduzido a distinção entre a ponderação de princípios materiais e formais. Em uma recente publicação, Klatt admite que a distinção de dois níveis de ponderação já existia no modelo das interpretações constitucionais concorrentes.[28] Entretanto, ele afirma estar apresentando uma nova teoria relativa ao conceito, estrutura e função dos princípios formais.[29] A questão está no que é novo em sua teoria de princípios formais e, por óbvio, se isso é correto.

Quanto ao conceito de princípios formais, Klatt defende a conexão mais próxima possível entre princípios formais e competências.[30] De acordo com Klatt, princípios formais não são meras razões para as competências, mas, sim, competências, ou seja, são

---

27 M. Klatt/J. Schmidt, *Spielräume im Öffentlichen Recht*. Tübingen, 2010.
28 Klatt, 2014, p. 191. Contudo, ele rejeita minha teoria dos princípios como reiterados requisitos de validade.
29 Klatt, 2014, p. 30.
30 Klatt, 2014, p. 165.

DIREITOS FUNDAMENTAIS E PRINCÍPIOS FORMAIS 147

idênticos às competências. Essa premissa de identidade parece, contudo, estar incorreta. Competências são posições normativas, princípios formais são normas e normas e posições normativas devem ser diferenciadas, embora sejam relacionadas.[31] Duas relações entre competências e princípios formais parecem ser possíveis. Princípios formais podem ser considerados como normas que constituem competências. Contudo, devido ao seu caráter de princípios, os princípios formais incluem apenas argumentos para a atribuição de competências, mas eles são apenas razões para a atribuição de competências. Essa interpretação, todavia, é rejeitada por Klatt, que nega que os princípios formais sejam meramemte razões para competências.[32]

A segunda opção é que os princípios formais explicam o conteúdo das competências. Isto é, sempre que A tiver competência de criar, por meio de certo ato, uma norma N, então, se A realizar esse ato, a norma N torna-se válida. O problema é que o caráter de um princípio aparece apenas quanto à validade da norma criada N, que somente é válida em princípio. Assim, no entanto, temos a posição de Borowski, que afirma que as competências empoderam alguém para criar normas que são válidas em princípio, uma posição que já foi rejeitada acima. Em suma, o conceito de princípios formais de Klatt não parece nem novo nem correto.

Essa opinião é sustentada também pela análise da estrutura dos princípios formais. Klatt descreve a forma básica de um princípio formal como

$$(n)(Pn \to OGn).[33]$$

---

31 Ver Alexy, 1985, p. 163.
32 Klatt, 2014, p. 165.
33 Isso segue a exposição em Sieckmann, 1990. Nesta exposição, contudo, o *status* da exigência de validade como princípio (OGn) não foi expressa. Ver J. Sieckmann, Semantischer Normbegriff und Normbegründunge. In: *ARSP* 80 (1994), 227-245; idem, Zur Analyse von Normkonflikten und

148 JAN SIECKMANN

Ou seja, para todas as normas n, se n resulta de algum procedimento (Pn), então é obrigatório reconhecê-la como válida.[34] Como aponta Klatt, a forma básica corresponde a uma das possibilidades de representar a estrutura de princípios formais conforme apontei em minha dissertação "Regelmodelle und Prinzipienmodelle des Rechtssystems".[35] Contudo, como indiquei naquele escrito, é uma versão que não se refere à atribuição de competências, mas à exigência de se manter a validade das normas no maior grau possível, como se encontra na doutrina de se interpretarem as leis no sentido mais compatível possível com a Constituição (*verfassungskonforme Auslegung*).[36] Pode também ser utilizada para representar a competência de estabelecer normas válidas em princípio, o que, como explicado acima, deve ser diferenciado do princípio formal que exige que se reconheça a competência para estabelecer uma norma como válida. A estrutura de tal princípio seria (na embrionária e imprecisa anotação utilizada acima):

$$O(n)(Pn \rightarrow Gn).[37]$$

Ou seja, é obrigatório que, para todas as normas n, se resultantes de certo procedimento (Pn), então sejam reputadas como válidas.

Por conseguinte, a norma que é válida em princípio refere-se à relação entre uma norma ser resultado de um procedimento e

---

Normabwägungen. In: *Analyomen* 2, v. III, Berlin/New York 1997, p. 349-356. Mais precisamente, deveria apresentar-se tal estrutura como:
$(n)(Pn \rightarrow VAL_{ARG} \ O \ VAL_{DEF} \ n)$.

34 Klatt, 2014, p. 164. Klatt também acrescenta uma descrição mais complexa da estrutura dos princípios formais, que não precisa ser aqui considerada.
35 Klatt, 2014, p. 163 Fn. 176.
36 Sieckmann, 1990, p. 150.
37 Uma notação mais precisa seria: $VAL_{ARG} \ O \ (n)(Pn \rightarrow VAL_{DEF} \ n)$.

DIREITOS FUNDAMENTAIS E PRINCÍPIOS FORMAIS 149

a sua validade. Não é apenas a norma resultante que é qualificada como válida em princípio. Também nesse sentido, a análise estrutural de Klatt não parece ser nem nova nem adequada. Quanto às funções dos princípios, Klatt refere-se à criação de estruturas autoritativas e à fundamentação de margens de apreciação (*Spielräume*).[38] Novamente, indaga-se o que sustenta a alegação de Klatt de que ele está apresentando uma nova teoria dos princípios formais.

5.3.2. Robert Alexy

Como já mencionado, Robert Alexy alterou sua abordagem no que concerne à ponderação de princípios formais e sugere agora que os princípios formais são a razão pela qual o legislador pode utilizar premissas incertas para justificar a interferência em direitos fundamentais. Assim, princípios formais são tidos como a razão pela qual a "fórmula do peso" de Alexy inclui, como um fator de ponderação, a certeza das premissas relevantes à ponderação.[39] Essa abordagem enfrenta várias objeções.

Primeiro, uma abordagem relacionada à "fórmula do peso" enfrenta todas as objeções que podem ser feitas contra essa fórmula. Contudo, não cabe aqui a discussão dessa questão. Gostaria de levantar apenas uma dúvida. Em trabalhos anteriores, Alexy alegou ser a "fórmula do peso" um esquema de inferências análogo àquele da inferência dedutiva. Se fosse assim, ela teria validade geral como um padrão de argumento racional e não poderia ser relacionada com princípios constitucionais formais, tais como a democracia ou a separação de poderes.

A segunda objeção é que a justificação de o legislador usar premissas incertas quando de sua intervenção em direitos fun-

---

38 Klatt, 2014, 167 p.
39 R. Alexy, *A Theory of Constitutional Rights*. Oxford, 2002, 416p.; idem, Formal Principles, em: *International Journal of Constitutional Law* (ICon) 2014.

damentais não necessita de princípios formais, mas já decorre dos princípios substanciais que justificam a interferência. O direito à livre iniciativa deve ser entendido como um mandamento de otimização, que exige que qualquer interferência deve ser baseada apenas em premissas absolutamente certas. Contudo, o mandamento de proteção à saúde exige que qualquer meio seja utilizado para proteger a saúde, inclusive aqueles baseados em premissas incertas. Princípios formais nada têm a ver com essa questão.

Terceiro, no caso de premissas incertas, o objetivo deve ser o de remover a incerteza e usar as premissas que são melhor justificadas e que, por conseguinte, podem ser tidas como corretas. Princípios formais não desempenham qualquer papel a esse respeito. Usar princípios formais a fim de justificar premissas incertas implica que o legislador pode basear sua decisão não na forma que seja melhor justificada, mas em premissas que não estão substancialmente justificadas, e consequentemente levar a um argumento incorreto. Então, essa consideração de princípios formais debilita a força vinculante da Constituição, permitindo decisões legislativas que não podem ser substancialmente justificadas com base no texto constitucional.

Dessa forma, devemos também rejeitar a nova abordagem de Alexy sobre o papel dos princípios formais.

6. A FORÇA VINCULANTE DA CONSTITUIÇÃO

Então parece que temos que nos apoiar no modelo das competições constitucionais concorrentes. Uma objeção crucial levantada contra o reconhecimento dos princípios formais no contexto da revisão judicial é a de que eles debilitam a força vinculante ou o caráter de obrigatoriedade da Constituição.

Se decisões legislativas têm que ser respeitadas *per si*, parece que o legislador não está mais vinculado às normas constitucionais.

O modelo de interpretações constitucionais concorrentes resolve esse problema ao limitar a exigência de respeito às decisões legislativas àquelas que possam levantar a pretensão de serem baseadas em interpretações defensáveis da Constituição. Esse modelo inclui diversas premissas:

(1) O legislador não está liberado das exigências constitucionais, mas permanece completamente vinculado às exigências da Constituição.

(2) Por outro lado, a supremacia do Tribunal Constitucional em questões de interpretação constitucional não é tida como necessariamente correta, mas é uma questão passível de discussão.

(3) Assim, o Tribunal e o legislador estão em uma posição simétrica no que concerne à interpretação da Constituição. Ambos são intérpretes da Constituição em igual nível e ambos são necessários para interpretar a Constituição.

(4) A ponderação de princípios formais decide quem deverá ter a competência decisória definitiva na interpretação da Constituição.

Deve-se notar, contudo, que esse modelo é alvo de uma série de objeções.

– A objetividade do Direito: interpretações concorrentes do Direito são desenvolvidas por cada agente jurídico, ou seja, são subjetivas. No entanto, ao contrário, o Direito é tido como um sistema de normas que é objetivo e não uma opinião meramente subjetiva. É verdade que o Direito deve ter um caráter objetivo para cumprir sua função de resolução de conflitos. Contudo, o modelo de princípios torna esse processo de resolução de conflitos mediante argumentação jurídica, em particular, a ponderação de princípios jurídicos, parte do Direito. Por conseguinte, é inevitável que o Direito inclua também julgamentos normativos de caráter subjetivo.

– A independência dos juízes: a obrigação de levar em conta interpretações concorrentes do legislador sobre o Direito é tida como uma violação da independência dos juízes. Porém, isso não é correto. A independência dos juízes é atinente à aplicação judicial do Direito. Se o Direito inclui uma obrigação de considerar as visões de outros órgãos jurídicos, isso não interefere na independência do Poder Judiciário.

– Princípios formais não pertencem ao direito constitucional: alguns afirmam que não há obrigação de os juízes considerarem as interpretações concorrentes do Direito. Isso, contudo, é uma questão de interpretação constitucional. Se a melhor forma dos limites à revisão judicial é o modelo de interpretações jurídicas concorrentes, então a interpretação constitucional deve seguir tal abordagem e, assim, aceitar os princípios formais como parte do direito constitucional.

– O legislador não tem obrigação de interpretar a Constituição: isso, novamente, é uma questão de interpretação constitucional. Pode-se negar uma obrigação em sentido estrito. Se, entretanto, o legislador age de modo que não pode ser interpretado conforme a uma interpretação defensável da Constituição, os tribunais não têm qualquer razão para limitar sua revisão judicial levando em consideração interpretações constitucionais concorrentes do legislador.

– Não há critérios para a ponderação dos princípios formais que permitam delimitar as competências dos tribunais e do legislador: esse problema requer especial análise, mas pode ser solucionado.

Ainda assim, o modelo das interpretações constitucionais concorrentes parece ser a melhor abordagem para lidar com esses problemas.

Ponderação e hierarquia[1]

Martin Borowski
Professor de Direito Público, Teoria Constitucional e Filosofia do
Direito na Faculdade de Direito da Universidade de Heidelberg,
Alemanha.[2]

Em reação à catástrofe do regime nazista e suas atrocidades, a Lei Fundamental de 1949, a Constituição alemã pós-guerra, confere grande ênfase aos direitos fundamentais e sua efetiva proteção. A declaração de direitos dá ênfase aos direitos de liberdade e igualdade, os quais devem ser levados a sério.[3] Um tribunal constitucional especializado e de expressão possui poder para realizar efetiva revisão judicial.[4] A ideia orientadora dos constituintes foi

---

1 Tradução do idioma inglês para português por Shayna A. Militão. Revisão técnica por Mariana C. G. M. Ferreira e Cláudia Toledo. Título original: *Balancing and Hierarchy*.

2 Uma versão anterior deste artigo foi apresentada na Humboldt-Kolleg, em março de 2015, em Zaragoza (Espanha), e publicada em alemão e espanhol nos anais do congresso.

3 A Constituição de Weimar de 1919, antecessora da Lei Fundamental, atual Constituição alemã, previa uma extensa e detalhada declaração de direitos, dentre eles também direitos sociais e outras espécies de direitos positivos.

4 No contexto em que a reclamação constitucional tornou-se a principal dentre os procedimentos de revisão ao longo das últimas seis décadas (veja GRAßHOFF, Karin. Grundrechtsschutz durch die rechtsprechende Gewalt. In: ALEXY, Robert; LAUX, Joachim (ed.). *50 Jahre Grundgesetz* – Tagung der Rechtswissenschaftlichen Fakultat der Christian-Albrechts-Universitat und des Vereins Kieler Doctors Iuris e. V. Baden-Baden. Baden-Baden: Nomos, 2000. p. 47-64, p. 53), vale mencionar que o texto da Constituição original de 1949 não previa a reclamação constitucional. Ela foi introduzida pela Lei do Tribunal Constitucional Federal alemão, (*Bundesverfassungsgerichtsgesetz*) de 1951 (a partir de agora LTCFA) em

154 MARTIN BOROWSKI

um critério material de limitação a direitos fundamentais; contudo, esse critério não foi claramente desenvolvido no momento das deliberações.[5] Coube ao Tribunal Constitucional Federal alemão elaborar esse critério material, dentro das linhas elaboradas pelos constituintes: proporcionalidade.[6] Proporcionalidade e ponderação cumpriram um papel crucial no sistema jurídico alemão por mais de cinco décadas,[7] cumprem papel crucial em diversos outros ordenamentos jurídicos nacionais,[8] no sistema jurídico da União Europeia[9] e no direito internacional público.[10] Além disso,

---

nível de lei ordinária, na seção 13, nº 8a LTCF. Em 1969, foi finalmente introduzida por emenda constitucional no art. 93, parágrafo 1, nº 4º, da Lei Fundamental. Sobre a origem da reclamação constitucional na Alemanha pós-guerra, cf. BOROWSKI, Martin. The Beginnings of Germany's Federal Constitutional Court. In: *Ratio Juris* 16, p. 155-186, nas p. 168-170, 174-175, 180-181, 2003.

---

5 Cf. BOROWSKI, Martin. Die Glaubens- und Gewissensfreiheit des Grundgesetzes. Mohr Siebeck: Tübingen 2006. p. 532-538

6 Uma importante decisão para a proporcionalidade foi o caso *Lüth* de 1958 – BVerfGE 7, 198 (208-209). Desde então, a proporcionalidade serviu como critério fundamental em grande número de decisões tomadas pelo tribunal.

7 Cf., por exemplo, SCHMIDT-AßMANN, Eberhard. Der Rechtsstaat. In: ISENSEE, J.; KIRCHHOF, P. (ed.). *Handbuch des Staatsrechts der Bundesrepublik Deutschland*. 3. ed. Heidelberg: C. F. Müller, 2004. vol. 2, p. 541-612, nas p. 591-593; cf. também STERN, Klaus. *Das Staatsrecht der Bundesrepublik Deutschland*. Munich: C.H. Beck 1994. vol. III/2, p. 761-837.

8 Cf., por exemplo, BEATTY, David. *The Ultimate Rule of Law* (Oxford University Press 2005); BARAK, Aharon. *Proportionality*. Cambridge University Press, 2012. p. 178-210.

9 Cf. art. 5, para 1, cláusula 2, do Tratado da União Europeia (TUE) e art. 52 para 1, cláusula 2, da Carta de Direitos Fundamentais da União Europeia, a qual é incorporada na lei primária vinculante da União mediante o art. 6, parágrafo 1, TUE. Separadamente e além dessas previsões, o Tribunal Europeu em Luxemburgo reconheceu a proporcionalidade como "um princípio geral do direito", do Direito da Comunidade e da União, cf. CRAIG, Paul; BÚRCA, Gráinne de. *EU Law*. 5. ed. Oxford University Press, 2011. p. 109.

10 Sobre a proporcionalidade na avaliação de ações decorrentes de direitos da Convenção Europeia de Direitos Humanos (como um exemplo de direito público internacional regional), cf. BARAK. Proportionality (nº 7),

PONDERAÇÃO E HIERARQUIA

a ponderação é atualmente concebida como uma operação fundamental para a aplicação do Direito, em equivalência categórica com a subsunção,[11] a qual sozinha foi frente e centro na Ciência do Direito tradicional continental.[12] Isso indica que a análise da proporcionalidade tem sido crescentemente praticada por um grande número de tribunais em muitas jurisdições por décadas. A prática, ao invés da teoria, assumiu a liderança. Com crescente importância prática, a proporcionalidade tem sido, no entanto, objeto de análise teórica. Um marco foi a investigação de Robert Alexy sobre proporcionalidade e ponderação no contexto da teoria dos princípios – primeiramente em sua profícua tese sobre direitos fundamentais em 1985,[13] e posteriormente em suas publicações sobre discricionariedade e a fórmula do peso entre 2002 e 2003,[14] e daí em diante.

---

p. 183-184 com mais referências; GRABENWARTER, Christoph; PABEL, Katharina. *Europäische Menschenrechtskonvention*. 5. ed. Munich, Base, e Vienna: C.H. Beck, Helbing, e Manz, 2012. p. 129-134. Sobre a proporcionalidade como um princípio geral do direito no direito público internacional, cf. PETERS, Anne. In: SIMMA, B.; ERASMUS-KHAN, D.; NOLTE, G.; PAULUS, A. (ed.). *The Charter of the United Nations*. 3. ed. Oxford University Press, 2012, art. 25, Carta das Nações Unidas.

---

11 Cf. ALEXY, Robert. On Balancing and Subsumption, *Ratio Juris* 16, p. 433-449, 2003; BOROWSKI, Martin. Formelle Prinzipien und Gewichtsformel. In: KLATT, M. (ed.). *Prinzipientheorie und Theorie der Abwägung*. Tübingen: Mohr Siebeck, 2013. p. 151-199, p. 151.

12 Cf. principalmente LARENZ, Karl. *Methodenlehre der Rechtswissenschaft*. 6. ed. Berlin: Springer, 1991. p. 271-277 *et passim*.

13 ALEXY, Robert. *Theorie der Grundrechte*. 3. ed. Frankfurt on Main: Suhrkamp, 1996. p. 71-157.

14 ALEXY, Robert. Die Gewichtsformel. In: JICKELI, J.;. KREUTZ, P.; REUTER, D. (ed.). *Gedächtnisschrift für Jürgen Sonnenschein*. Berlin: Duncker & Humblot, 2003. p. 771-792, p. 771; *ibidem*, ALEXY, Robert. *A Theory of Constitutional Rights* Trad. J. Rivers. Oxford University Press, 2002. p. 388-425; *ibidem*, Verfassungsrecht und einfaches Recht – Verfassungsgerichtsbarkeit und Fachgerichtsbarkeit. In: *VVDStRL* 61, p. 7-33, 2002.

156 MARTIN BOROWSKI

Ponderação e proporcionalidade encontraram, no entanto, diversos tipos de críticas por alguns acadêmicos. Neste artigo, darei enfoque a uma linha específica de crítica: de acordo com Matthias Jestaedt, ponderação, proporcionalidade e reconstrução desses fenômenos no contexto da teoria dos princípios destroem a estrutura hierárquica do ordenamento jurídico.[15] Essa objeção não é, porém, completamente nova; ela já foi levantada, por exemplo, no debate alemão sobre proporcionalidade por Fritz Ossenbühl nos anos 1980.[16]

De fato, os fundamentos jurisprudenciais respectivos, por um lado, da estrutura hierárquica do ordenamento jurídico e, por outro, da ponderação e da proporcionalidade, deixam dúvidas se elas podem ser, de algum modo, reconciliadas. A doutrina da estrutura hierárquica do ordenamento jurídico é parte e parcela da "Teoria Pura do Direito" (*Reine Rechtslehre*) como desenvolvida por Hans Kelsen e seus colegas e discípulos na "Escola de Teoria do Direito de Viena" (*Wiener rechtstheoretische Schule*), a versão do positivismo jurídico na cultura jurídica alemã no século XX *par excellence*. A teoria dos princípios com sua distinção entre princípios e regras retoma a crítica de Ronald Dworkin à teoria positivista de H. L. A. Hart.[17] Dworkin utilizou princípios jurídicos com um pronunciado ímpeto antipositivista[18] e o "argumento

---

15 JESTAEDT, Matthias. *Grundrechtsentfaltung im Gesetz*. Tübingen: Mohr Siebeck, 1999. p. 235.

16 OSSENBÜHL, Fritz. Contribution to the Debate. In: *VVDStRL* 39, p. 189-190, p. 190, 1980; cf. OSSENBÜHL, Fritz. Maßhalten mit dem Übermaßverbot. In: BADURA, P.; SCHOLZ, R. (ed.). *Wege und Verfahren des Verfassungslebens*. Festschrift für Peter Lerche zum 65. Geburtstag. Munich: C. H. Beck, 1993. p. 151-164, p. 151; cf. também STERN. *Das Staatsrecht der Bundesrepublik Deutschland*, vol. III/2 (Fn. 6), p. 774-775.

17 DWORKIN, Ronald. *Taking Rights Seriously*. Cambridge, Mass.: Harvard University Press, 1977. p. 14 ss.

18 *Ibidem*, p. 7: "*[J]urisprudential issues are at their core issues of moral principle*". Cf. também sua referência à "velha ideia de direitos humanos individuais" (*ibidem*, p. vii) – direitos humanos são o centro de toda concepção

PONDERAÇÃO E HIERARQUIA 157

de princípio" é levantado como um argumento contra o positivismo jurídico em trabalhos contemporâneos.[19] Isso sugere que a doutrina da estrutura hierárquica do ordenamento jurídico é um componente integral do positivismo jurídico, enquanto ponderação e proporcionalidade, de acordo com a teoria dos princípios, são necessariamente baseadas em premissas de direito natural.

A afirmação de que a ponderação não pode ser reconciliada com a estrutura hierárquica do ordenamento jurídico parece ser confirmada pelo fato de Hans Kelsen ter feito objeções explicitamente contra a ideia de ponderação. Na primeira edição de sua *Teoria Pura do Direito*, ele critica, no parágrafo 37 – "Os Denominados Métodos de Interpretação" na seção sobre interpretação –, "fundamentalmente a ideia de que os cânones tradicionais de interpretação poderiam levar a uma única resposta correta" (*einzig richtiges Resultat*). Na sequência, lê-se:[20]

---

de direito natural, e não é surpresa que Gustav Radbruch tenha limitado seu "relativismo" positivista após a Segunda Guerra com referência às "declarações de direitos humanos e civis" (*Erklärungen der Menschen-* und Bürgerrechte), cf. RADBRUCH, Gustav. Fünf Minuten Rechtsphilosophie. In: *Rechtsphilosophie*, editado por E. Wolf e H.-P. Schneider, 8. ed. Stuttgart: Koehler, 1973. p. 327-329, p. 328. Publicado primeiramente em "Rhein-Neckar-Zeitung", 12 de setembro de 1945. Reimpresso em: RADBRUCH, Gustav. Collected Works (*Gesamtausgabe*), editado por Arth. Kaufmann, vol. 3, editado por W. Hassemer (Heidelberg: C. F. Müller, 1990. p. 78-79, p. 79 (no que se segue: RGA 3); Radbruch, BGustav. *Rechtsphilosophie. Studienausgabe*, editado por R. Dreier e S. L. Paulson, 2. ed. Heidelberg: C. F. Müller, 2003. p. 209-210, p. 210 (no que se segue: StA). Tradução para o inglês: RADBRUCH, Gustav. Five Minutes of Legal Philosophy. Trad. de B. Litschewski Paulson e S. L. Paulson. *Oxford Journal of Legal Studies* 26, p. 13-15, p. 14-15, 2006.

---

19 Principalmete ALEXY, Robert. *The Argument from Injustice*. Oxford University Press, 2002. p. 68-81.

20 KELSEN, Hans. *Reine Rechtslehre*. 1. ed. Leipzig and Vienna: Deuticke, 1934. p. 96-97.

Mesmo o princípio da denominada ponderação de interesses é meramente uma formulação do problema aqui, e não uma solução. Ele não fornece o padrão objetivo de acordo com o qual interesses conflitantes podem ser comparados uns com os outros como meio de resolução de conflitos de interesses.[21]

Na segunda edição da *Teoria Pura do Direito* encontra-se a mesma passagem.[22]

Finalmente, a ponderação é o método de estabelecimento de prioridade condicional entre princípios conflitantes.[23] A hierarquia da derrogação, na qual se aplica a máxima *lex superior derogat legi inferiori*, estabelece prioridade incondicional ou absoluta entre normas de níveis diferentes.[24] Como a prioridade incondicional ou absoluta elimina a prioridade condicional, apenas normas de mesmo nível na hierarquia de derrogação podem ser ponderadas. Isso quer dizer que a ponderação entre normas de níveis diferentes na estrutura hierárquica do ordenamento jurídico parece quase impossível – o princípio em um nível mais elevado teria sempre prioridade incondicional sobre qualquer outro princípio em nível inferior.

---

21   *Ibidem*, p. 97.

22   KELSEN, Hans. *Reine Rechtslehre*. 2. ed. Vienna: Deuticke, 1960. p. 350 (com erro tipográfico óbvio: "Es" ao invés de "Er").

23   Cf., por exemplo, BOROWSKI, Matin. *Grundrechte als Prinzipien*. 2. ed. Baden-Baden: Nomos, 2007. p. 80-82 para mais referências.

24   Cf. BOROWSKI, Martin; MACCORMICK'S, Neil. Legal Reconstruction of the European Community – Sovereignty and Legal Pluralism. In: MENÉNDEZ, A. J.; FOSSUM, J. E. (ed.). The Post-Sovereign Constellation, Law and Politics. In: MACCORMICK'S, Neil. *Theory of Law*. Oslo: Arena, 2008. p. 190-231, p. 225, fn. 120; *idem*, Die Rekonstruktion des Anwendungsvorranges des Rechts der Europäischen Union. In: STUMPF, C.; KAINER, F.; BALDUS, C. (ed.). *Privatrecht, Wirtschaftsrecht, Verfassungsrecht, Festschrift Peter-Christian Müller-Graff*. Baden-Baden: Nomos, 2015. p. 1080-1086, p. 1081.

PONDERAÇÃO E HIERARQUIA

Concorda-se que a doutrina da estrutura hierárquica do ordenamento jurídico forma um componente integral da reconstrução dos ordenamentos jurídicos modernos. Isso quer dizer que o argumento de destruição da estrutura hierárquica do ordenamento jurídico é, à primeira vista, poderoso. Caso ele demonstre ser impossível encontrar uma reconstrução, na qual ambas as doutrinas da estrutura hierárquica e proporcionalidade e ponderação podem ser reconciliadas, um elemento tem que ceder. Não há, no entanto, alternativas ou equivalentes funcionais para esses dois elementos em análise. Isso sugere que a reconstrução da ponderação na estrutura hierárquica do ordenamento jurídico merece algum esforço.

Tal reconstrução é complicada, porém, pelo fato de que ainda não chegamos a uma reconstrução incontesti nem da ponderação nem da estrutura hierárquica do ordenamento jurídico. Isso se aplica, principalmente, à ideia dos "princípios formais",[25] os quais são cruciais para delegar competência jurídica para diferentes órgãos no processo de concretização do Direito em níveis diferentes. Nesse contexto, este artigo deve ser entendido como uma primeira tentativa de construir as questões decisivas e de desenvolver abordagens para respondê-las. No que se segue, (I) a doutrina da estrutura hierárquica do ordenamento jurídico deve ser esboçada e então (II) a ideia de ponderação de acordo com a teoria dos princípios estará em destaque. Finalmente, (III) será dado um esboço de como a ponderação pode ser reconciliada com a estrutura hierárquica do ordenamento jurídico.

---

25 Cf. seção 2.2, *b.*

1. CARACTERÍSTICAS DA DOUTRINA DA ESTRUTURA HIERÁRQUICA DO ORDENAMENTO JURÍDICO DE ACORDO COM A TEORIA PURA DO DIREITO

A doutrina da estrutura hierárquica foi desenvolvida pelo colega mais jovem de Kelsen, Adolf Julius Merkl, e não por ele mesmo. No desenvolvimento da concepção de hierarquia de Merkl, dois períodos podem ser distintos. Para começar, Merkl desenvolveu aspectos centrais em vários artigos de 1916 a 1922.[26] Esse período inicial culminou numa exposição coerente e abrangente em uma seção de cerca de 20 páginas na sua tese *Die Lehre von der Rechtskraft*, publicada em 1923.[27] Um foco particular dado por Merkl nesse período inicial é a questão sobre quais níveis fazem parte necessariamente de todo ordenamento jurídico. De acordo com Merkl, há apenas dois níveis necessários em cada ordenamento jurídico, são eles: (1) a "norma original" (em tradução literal da expressão alemã *Ursprungsnorm);* essa norma é, de longe, a famosa norma fundamental de Kelsen – em alemão *Grundnorm*),[28] e (2) o nível de atos coercitivos.[29] Essa interessante concepção teórica levanta algumas questões,[30] as quais não receberam, entretanto, mui-

---

26 Cf. particularmente, (1) o artigo Das Recht im Spiegel seiner Auslegung, publicado em cinco partes: (a) Deutsche Richterzeitung 8, p. 584-592, 1916; (b) Deutsche Richterzeitung 9, p. 162-176, 1917; (c) Deutsche Richterzeitung 9, p. 394-398, 1917; Deutsche Richterzeitung 9, p. 443-450, 1917, (e) Deutsche Richterzeitung 11, p. 290-298, 1919, com as partes (c), (d) e (e) com um título ligeiramente diferente) Das Recht im Lichte seiner Anwendung; (2) o artigo Die Unveränderlichkeit von Gesetzen. In: i, 1917, p. 97-98 e 109-111; (3) o artigo Das doppelte Rechtsantlitz. *Juristische Blätter*, 1918. p. 425-427, 444-447 e 463-465; e finalmente (4) o artigo Gesetzesrecht und Richterrecht. *Prager Juristische Zeitschrift* 2, p. 337-344, 1922.
27 MERKL, Adolf Julius. *Die Lehre von der Rechtskraft*. Leipzig and Vienna: Deutcke, 1923. p. 201-223.
28 *Ibidem*, p. 209.
29 *Ibidem.*, p. 209-213.
30 Para começar, há a questão de saber se um ordenamento jurídico pode existir sem normas gerais que prescrevam o comportamento humano, cf.

PONDERAÇÃO E HIERARQUIA 161

ta atenção nos debates que se seguiram acerca da estrutura hierárquica que é característica dos ordenamentos jurídicos modernos. Kelsen começou a adotar elementos-chave da doutrina de Merkl em 1923.[31] A última publicação de Merkl sobre a questão da estrutura hierárquica do ordenamento jurídico está em seu "Prolegomena einer Theorie des rechtlichen Stufenbaus", de 1931.[32]

BOROWSKI, Martin. Die Lehre vom Stufenbau des Rechts nach Adolf Julius Merkl. In: PAULSON, S. L.; STOLLEIS, M. (ed.). Hans Kelsen. Staatsrechtslehrer und Rechtstheoretiker des 20. Jahrhun-derts (Mohr Siebeck: Tübingen, 2005. p. 122-158, p. 137-138. Em segundo lugar, Hans Nawiasky levantou a questão de se os atos coercitivos, os quais são fáticos e não de natureza normativa, poderiam ser parte de um ordenamento jurídico, cf. NAWIASKY, Hans. Kritische Bemerkungen zum Stufenbau des Recht., In: *Zeitschrift für öffentliches Recht* 4, p. 488-496, p. 489, 1927); cf. sobre essa questão, BOROWSKI, op. cit., p. 135-136; Martin Borowski, Concretized Norm and Sanction qua Fact in the Vienna School's Stufenbaulehre. In: *Ratio Juris* 27, p. 79-93, p. 85-86, 2014. Em terceiro lugar, uma questão relacionada é como o ato coercitivo pode ser incluído na estrutura hierárquica do ordenamento jurídico, se a relação entre os níveis é caracterizada pela hierarquia de condições, que é uma relação entre normas e não um fenômeno fático, cf. BOROWSKI, op. cit., p. 84-89.

---

31 Cf. particularmente, KELSEN, Hans. Die Lehre von den drei Gewalten oder Funktionen des Staates. *Archiv für Rechts- und Wirtschaftsphilosophie* 17, p. 374-408, 1923-1924; KELSEN, Hans. *Allgemeine Staatslehre*. Berlin, Heidelberg and New York: Springer, 1925, p. 229-61. Sobre esta abordagem, cf. PAULSON, Stanley L. On the Implications of Kelsen's Doctrine of Hierarchical Struture. *Liverpool Law Review* 18, p. 49-62, p. 49 ss., 1996; BOROWSKI. *Die Lehre vom Stufenbau des Rechts nach Adolf Julius Merkl* (nº 29), p. 156-158. Considerando os escritos pioneiros de Merkl sobre a doutrina da estrutura hierárquica do ordenamento jurídico, que se tornou um componente integrante da Teoria Pura do Direito, não é surpresa o fato de que Kelsen tenha se referido ao seu colega mais jovem como "cofundador" (*Mitgründer*) da Teoria Pura. KELSEN, Hans. Adolf Julius Merkl zu seinem siebzigsten Geburtstag am 23. März 1960, Österreichische Zeitschrift für Öffentliches Recht 10, p. 313-315, p. 313, 1959-1960.

32 MERKL, Adolf Julius. Prolegomena einer Theorie des rechtlichen Stufenbaus. In: VERDROSS, A. (ed.). *Gesellschaft, Staat und Recht. Untersuchungen zur Reinen Rechtslehre*. Festschrift Hans Kelsen zum 50. Geburtstag gewidmet. Vienna: Springer, 1931. p. 252-294.

162 MARTIN BOROWSKI

Neste trabalho, Merkl dá enfoque à questão da hierarquia nas democracias modernas liberais (*Rechtsstaate, dem parlamentarische Einrichtungen eigentümlich sind*).[33] Dali em diante, essa versão da doutrina de Merkl da estrutura hierárquica formou um componente integrante da Teoria Pura do Direito, o que é mostrado pelos respectivos capítulos nos principais trabalhos de Kelsen na clássica Teoria Pura do Direito.[34]

1.1. Níveis característicos nos ordenamentos jurídicos modernos

Ordenamentos jurídicos modernos variam em certa medida de acordo com a quantidade e os tipos de níveis em suas hierarquias. Via de regra, eles possuem uma (b) Constituição e (c) um nível infraconstitucional de normas gerais, normalmente leis ordinárias e regulamentos ou ordenações, e (d) normas individuais. Além disso, pode-se considerar a norma fundamental (a) no topo e (e) o ato coercitivo na base do ordenamento jurídico.

a) A Norma Fundamental

Enquanto H. L. A. Hart considerou a existência de uma Constituição de um ordenamento jurídico como um mero fato social,[35] Hans Kelsen e seus colegas e discípulos na Escola de Viena conceberam a Constituição como um conjunto de nor-

---

33 MERKL. Prolegomena n° 31, p. 255.
34 KELSEN. Reine Rechtslehre[1] n° 19, p. 62-89; KELSEN, Hans. *General Theory of Law and State*. Cambridge, Mass.: Harvard University Press, 1945. p. 123-162; KELSEN. Reine Rechtslehre[2] n° 21, p. 196-282.
35 Cf. HART, H. L. A. *The Concept of Law*. 3. ed. Oxford: Clarendon, 2012. p. 110. Essa diferença torna-se mais clara nas notas finais de Hart, nas quais ele contrasta sua ideia de uma regra de reconhecimento com a ideia de Kelsen de uma norma fundamental de um sistema dinâmico de normas, cf. op. cit., p. 292-293.

PONDERAÇÃO E HIERARQUIA   163

mas jurídicas em sentido estrito, criadas no exercício da norma
fundamental como um elemento característico da Teoria Pura
do Direito. A reconstrução inicial da estrutura hierárquica de
Merkl já continha uma "norma original"[36] exibindo as características da norma fundamental de Kelsen de um sistema dinâmico
de normas:[37] (1) ela atribui competência e legítima competência
jurídica para criar normas jurídicas válidas,[38] (2) é uma norma
pensada e não uma norma de direito positivo,[39] e (3) ela cria a
unidade de um ordenamento jurídico.[40]

b) A Constituição

O primeiro nível do direito positivo na estrutura hierárquica
do ordenamento jurídico é a Constituição no sentido material.[41]
A "função essencial da Constituição consiste em governar os ór-

---

36 MERKL. Die Lehre von der Rechtskraft n° 26, p. 209.
37 A norma fundamental de Kelsen foi objeto de muitas contribuições
    para a Filosofia e Teoria do Direito. Cf. principalmente ALEXY. The
    Argument from Injustice n° 18, p. 95-116; *ibidem*, Hans Kelsens Begriff
    der Verfassung. In: PAULSON, S. L.; STOLLEIS, M. (ed.). *Hans Kelsen.
    Staatsrechtslehrer und Rechtstheoretiker des 20.* Jahrhunderts. Tübingen:
    Mohr Siebeck, 2005. p. 333-352; PAULSON, Stanley L. Die unterschiedli-
    chen Formulierungen der Grundnorm. In: AARNIO, A.; PAULSON, S. L.;
    WEINBERGER, O. (ed.). *Rechtsnorm und Rechtswirklichkeit*. Festschrift
    für Werner Krawietz zum 60. Geburtstag. Berlin: Duncker & Humblot,
    1993. p. 53-74; *idem*, A "Justified Normativity" Thesis in Hans Kelsen's Pure
    Theory of Law? Rejoinders to Robert Alexy and Joseph Raz. In: KLATT, M.
    (ed.). *Institutionalized Reason*. Oxford University Press, 2012. p. 61-110; cf.,
    além disso, RAZ, Joseph. Kelsen's Theory of the Basic Norm. In: *American
    Journal of Jurisprudence* 19, p. 94-111, 1974 (reprinted in: *The Authority of
    Law*. 2. ed. Oxford University Press, 2009. p. 122-45.
38 MERKL. Die Lehre von der Rechtskraft n° 26, p. 209
39 MERKL. Gesetzesrecht und Richterrecht n° 25, p. 399
40 MERKL. Die Lehre von der Rechtskraft n° 26, p. 210-211.
41 Por outro lado, a Constituição, em sentido formal, é "um certo documento
    solene", cujas disposições apenas podem ser emendadas ou extintas sob condi-
    ções determinadas, cf. KELSEN. *General Theory of Law and State* n° 33, p. 124.

gãos e o processo de criação geral de normas, ou seja, de legislação. Além disso, a Constituição pode determinar o conteúdo de futuras leis".[42] Isso quer dizer que dois tipos de requisitos são estabelecidos: primeiro, requisitos processuais ("órgãos e o processo") e requisitos relativos ao conteúdo das leis ("conteúdo").[43]

c) Normas Gerais Infraconstitucionais

Abaixo do nível constitucional, o nível da legislação ordinária é característico das democracias liberais modernas. Muitas vezes, há outro nível de normas gerais abaixo do nível das leis ordinárias, um nível de normas gerais, que podem ser alteradas sob condições menos exigentes, permitindo, assim, maior flexibilidade do que leis ordinárias, a saber, instrumentos normativos, regulamentos ou – em alemão – *Rechtsverordnungen*.[44] Além disso, o direito consuetudinário pode ser parte de um nível infraconstitucional de normas gerais, se e quando as Constituições previrem a criação de direito consuetudinário nesse nível. Essa competência jurídica pode ser estabelecida explicitamente mediante uma previsão constitucional ou pode ser prevista implicitamente pelo direito constitucional consuetudinário.[45]

---

42   KELSEN, Reine Rechtslehre[1] n° 19, p. 75.

43   *Ibidem*; vgl. auch KELSEN. General Theory of Law and State n° 33, p. 125; KELSEN, Reine Rechtslehre[2] n° 21, p. 230.

44   Sobre regulamentações na estrutura hierárquica do ordenamento jurídico, cf. MERKL. Die Lehre von der Rechtskraft n° 26, p. 208 e 212; MERKL. Prolegomena n° 31, p. 263-264; KELSEN. Die Lehre von den drei Gewalten oder Funktionen des Staates n 30, p. 387-388; KELSEN. Allgemeine Staatslehre n° 30, p. 237-238; KELSEN. Reine Rechtslehre[1] n° 19, p. 77; KELSEN. General Theory of Law and State n° 33, p. 130-131; KELSEN. Reine Rechtslehre[2] n° 21, p. 235.

45   MERKL. Die Lehre von der Rechtskraft n° 26, p. 208 e 211; KELSEN, Die Lehre von den drei Gewalten oder Funktionen des Staates n° 30, p. 380; KELSEN, Allgemeine Staatslehre n° 30, p. 232; KELSEN, General Theory of Law and State n° 33, p. 126-128; KELSEN. Reine Rechtslehre[2] n° 21, p. 230-235.

Normas infraconstitucionais gerais dispõem sobre os órgãos e o processo de criação de normas individuais pela Administração e pelo Judiciário, e sobre o conteúdo dessas normas individuais.[46] Enquanto a Constituição, muitas vezes, apenas estabelece uma moldura exterior para as normas gerais, as normas gerais normalmente deixam menor discricionariedade para a Administração e o Judiciário.[47]

d) Normas Individuais

Se e quando a Administração e o Judiciário decidem casos baseados em normas gerais, os apoiadores da Teoria Pura do Direito concebem isso como a criação de normas individuais.[48] No contexto da difundida ideia de que normas são, em resumo, algo como "comandos gerais", isso pode causar surpresa em alguns. Todavia, isso apenas é consequente caso se conceba o dever legal em toda forma imaginável – também na forma de uma norma que foi concretizada em um dado caso individual – como "norma". Além disso, contratos contam como um tipo especial de norma individual, uma norma individual que foi criada por duas partes no exercício da competência jurídica, garantida por normas gerais e fundada, em última instância, na Constituição.[49]

---

46 KELSEN. Reine Rechtslehre[1] nº 19, p. 76-78.; KELSEN, General Theory of Law and State nº 33, p. 130; KELSEN. Reine Rechtslehre[2] nº 21, p. 230-232.
47 KELSEN. Reine Rechtslehre[1] nº 19, p. 76; KELSEN. General Theory of Law and State nº 33, p. 128; KELSEN. Reine Rechtslehre[2] nº 21, p. 238.
48 Kelsen. Reine Rechtslehre[1] nº 19, p. 76; KELSEN. General Theory of Law and State nº 33, p. 128; KELSEN. Reine Rechtslehre[2] nº 21, p. 234.
49 MERKL. Die Lehre von der Rechtskraft nº 26, p. 208 und 211-212; MERKL. Prolegomena nº 31, p. 261-262; KELSEN. Die Lehre von den drei Gewalten oder Funktionen des Staates nº 30, p. 385-386; KELSEN. Allgemeine Staatslehre nº 30, p. 236; KELSEN. Reine Rechtslehre[1] nº 19, p. 82; KELSEN. General Theory of Law and State nº 33, p. 136-142; KELSEN. Reine Rechtslehre[2] nº 21, p. 261-266.

Os escritos da Escola de Viena sobre a Teoria Pura do Direito não são claros quanto ao fato de as "normas individuais" paradigmáticas, às quais esses pesquisadores repetidamente se referem, exigirem ou não mais concretização, antes que o ato coercitivo possa ser realizado.[50] De qualquer forma, a norma plenamente concretizada representa o último nível na base da estrutura hierárquica do ordenamento jurídico.[51]

e) O Ato Coercitivo

A aplicação da norma individual no sentido da norma totalmente concretizada leva ao ato coercitivo.[52] O ato coercitivo é, no entanto, ao contrário de todos os fenômenos descritos acima na hierarquia do ordenamento jurídico, um fato e não uma norma.[53]

1.2. A hierarquia das condições e a hierarquia da derrogação

Em uma análise da estrutura hierárquica do ordenamento jurídico é crucial distinguir duas relações diferentes, a saber, a relação representada pela hierarquia de condições e a relação de derrogação.

a) A Relação Representada pela Hierarquia das Condições

A relação representada pela hierarquia das condições é uma relação necessária entre os níveis de hierarquia. Essa relação ativa

---

50 Cf. BOROWSKI, Concretized Norm and Sanction qua Fact in the Vienna School's Stufenbaulehre n. 29, p. 87-89.
51 *Ibidem.*
52 KELSEN. Reine Rechtslehre[1] nº 19, p. 82. *Vide* também KELSEN. Reine Rechtslehre[2] nº 21, p. 150: Zwangsakt, der ein Akt menschlichen Verhaltens ist.
53 Cf. MERKL, Prolegomena nº 31, p. 269 e 282; BOROWSKI. Concretized Norm and Sanction qua Fact in the Vienna School's Stufenbaulehre nº 29, p. 85.

PONDERAÇÃO E HIERARQUIA 167

à competência jurídica, pois a norma, que impõe uma condição, confere competência jurídica para criar outras normas, aquelas normas sujeitas a essa condição. De acordo com a relação representada pela hierarquia de condições, a norma *N1* impõe condições para a norma *N2* A relação inversa está sob as condições: a norma *N2* está sujeita às condições decorrentes da norma *N1*. Essa relação é transitiva, e o mesmo se aplica à relação inversa.[54] As normas que impõem condições para outras são entendidas como normas superiores, aquelas normas que estão sujeitas a elas são entendidas como inferiores.[55] A norma fundamental no ápice da hierarquia exibe uma completa ausência de condições, uma vez que não está sujeita a quaisquer condições.[56] O nível das normas individuais, criadas pelo Judiciário ou pela Administração, encontra-se no sistema de Kelsen – pelo menos, à primeira vista – na base da hierarquia de normas.[57] Todos os níveis da hierarquia, que se encontram entre a norma fundamental e o nível das normas individuais tanto impõem condições aos níveis inferiores de normas, quanto estão sujeitos às condições decorrentes de níveis mais elevados de normas. Devido à natureza dessas normas tanto como determinadoras de condições a outras normas, quanto como sujeitas às condições decorrentes de outras normas, Merkl as caracteriza como "duas-caras" (*janus-faced*).[58]

---

54 Cf. BOROWSKI. Die Lehre vom Stufenbau des Rechts nach Adolf Julius Merkl nº 29, p. 142.

55 MERKL, Die Lehre von der Rechtskraft nº 26, p. 217; KELSEN. Reine Rechtslehre[1] nº 19, p. 74; KELSEN. General Theory of Law and State nº 33, p. 124; KELSEN. Reine Rechtslehre[2] nº 21, p. 228.

56 KELSEN. Reine Rechtslehre[1] nº 19, p. 83; KELSEN. General Theory of Law and State nº 33, p. 134; KELSEN, Reine Rechtslehre[2] nº 21, p. 242.

57 A questão é, no entanto, se pode haver uma norma jurídica ainda mais concretizada abaixo de uma norma individual relevante. Cf. *infra*, seção 1.1, d.

58 MERKL. Die Lehre von der Rechtskraft nº 26, p. 216.

b) A Relação de Derrogação

De acordo com a relação de derrogação, a norma *N1* derroga outra norma *N2* se e quando a primeira norma tem precedência incondicional ou absoluta sobre a última *qua* forma. Considera-se, frequentemente, que toda norma que é superior, segundo a relação representada pela hierarquia de condições, também é superior em termos de derrogação.[59] Esse parece ser o entendimento, por exemplo, acerca da relação entre a Constituição e as leis ordinárias: se há um conflito entre uma norma da Constituição e uma norma de uma lei ordinária, a lei ordinária inconstitucional tem que ceder.[60]

Os defensores da Teoria Pura do Direito consideraram o paralelismo entre as duas hierarquias como uma questão a ser resolvida pelo direito positivo e não como uma necessidade analítica.[61] Há algo a ser dito em apoio a esta tese. A razão para o paralelismo típico entre as duas hierarquias é que a competência jurídica no nível mais elevado é protegida, mediante a derrogação, de possíveis afastamentos ou emendas por normas que fo-

---

59 Cf., por exemplo, *Neil D. MacCormick*, Questioning Sovereignty – Law, State, and the Nation in the European Commonwealth. Oxford University Press, 1999. p. 103.

60 Vale mencionar, contudo, que a questão da derrogação não se aplica à relação entre a norma fundamental e a Constituição, bem como à relação entre a norma completamente concretizada e o ato coercitivo. A norma fundamental não contém absolutamente nenhum conteúdo material e assim não pode derrogar a Constituição. Entre uma norma completamente concretizada e o ato coercitivo, encontra-se a relação de correspondência e não a relação representada pela hierarquia de condições. Cf. BOROWSKI. Concretized Norm and Sanction qua Fact in the Vienna School's Stufenbaulehre nº 29, p. 90.

61 Cf. particularmente, MERKL. Prolegomena nº 31, p. 284. Kelsen sugere esse fato quando afirma que o direito positivo fornece validade – e isso seria uma forma provisória de validade jurídica – de leis inconstitucionais, antes de essa lei ser anulada pelo tribunal constitucional, cf. KELSEN. Reine Rechtslehre[1] nº 19, p. 84; KELSEN. Reine Rechtslehre[2] nº 21, p. 271-272.

PONDERAÇÃO E HIERARQUIA 169

ram criadas no exercício dessa mesma competência jurídica. Por exemplo, se a Constituição derroga leis ordinárias, a lei ordinária não tem o poder de mudar os limites constitucionais para normas infraconstitucionais, visando ao conteúdo processual e material. Isto é, para os níveis típicos do direito nacional nas democracias liberais modernas, o paralelismo entre a hierarquia de condições e a hierarquia de derrogação se autossugere. Deve ser enfatizado, entretanto, que esse paralelismo não é uma necessidade estrita. Ele é apoiado pela razão mencionada acima, a proteção da competência jurídica de ser excluída ou emendada pelas normas criadas sob seu próprio exercício. Considerando-se esse raciocínio, o paralelismo seria a regra, e não a exceção. Onde o peso desse raciocínio diminui ou onde ele não possui qualquer peso, as coisas podem muito bem ser diferentes.

1.3. A criação e aplicação do direito

A Teoria Pura do Direito enfatiza também a relatividade do contraste entre criação e aplicação do Direito.[62] De acordo com essa teoria, a maioria dos atos legais representam tanto a aplicação quanto a criação do direito: estabelecer a Constituição conta tanto como aplicação da norma fundamental quanto como criação da Constituição; a legislação conta tanto como aplicação da Constituição quanto como criação de leis; o julgamento conta tanto como aplicação de leis quanto como criação de normas individuais. Há apenas dois fenômenos na hierarquia que não exibem essa natureza dual: a pressuposição da norma fundamental conta apenas como criação do direito, e o ato coercitivo representa apenas a aplicação da lei.[63] Tanto Merkl quanto Kelsen colocam grande

---

62 KELSEN. Reine Rechtslehre[1] n° 19, p. 82-83; KELSEN. General Theory of Law and State n° 33, p. 132-134; KELSEN. Reine Rechtslehre[2] n° 21, p. 239-242.
63 KELSEN. Reine Rechtslehre[1] n° 19, p. 83; KELSEN. General Theory of Law and State n° 33, p. 134; KELSEN. Reine Rechtslehre[2] n° 21, p. 242.

ênfase na tese de que julgamento e administração não são apenas aplicação do direito, como a metodologia jurídica tradicional nos faria acreditar. Eles contam, também, como criação do direito.[64]

1.4. Interpretação e a concretização do Direito

A abordagem de Kelsen sobre a interpretação é estreitamente relacionada com a estrutura hierárquica do ordenamento jurídico.[65] Quanto mais se move para baixo na hierarquia, maior a concretização do direito, pois níveis inferiores estão vinculados pelas decisões acerca do conteúdo presente em normas superiores.[66] Embora a norma fundamental não tenha conteúdo material, a Constituição estabelece uma moldura exterior para o conteúdo do direito em níveis inferiores. Maior concretização é trazida pela legislação, a qual irá ordinariamente deixar considerável margem de discricionariedade. Finalmente, normas individuais representam concretizações ainda maiores.[67] Kelsen enfatizou a discricionariedade da pessoa ou órgão do Estado que possui competência para concretizar enquanto se movimenta para baixo na hierarquia. Pode haver maior ou menor discricionariedade, mas há, de acordo com

---

64 Veja, particularmente, MERKL, Das doppelte Rechtsantlitz n° 25, p. 427; MERKL. Die Lehre von der Rechtskraft n° 26, p. 217-218; MERKL. Prolegomena n° 31, p. 264-72; KELSEN. Reine Rechtslehre[1] n° 19, p. 82-83; KELSEN. General Theory of Law and State n° 33, p. 132-134; KELSEN. Reine Rechtslehre[2] n° 21, p. 239-242.

65 Cf., por exemplo, KELSEN. Reine Rechtslehre[1] n° 19, p. 90: *"Diese [Interpretation] ist ein geistiges Verfahren, das den Prozeß der Rechtserzeugung in seinem Fortgang von einer höheren zu einer – von der höheren Stufen bestimmten – niederen Stufe begleitet."*

66 MERKL, Das doppelte Rechtsantlitz n° 25, p. 426; MERKL, Die Lehre von der Rechtskraft n° 26, p. 221; MERKL. Prolegomena n° 31, p. 283; KELSEN. Reine Rechtslehre[1] n° 19, p. 79-80; KELSEN. Reine Rechtslehre[2] n° 21, p. 236.

67 MERKL. Das doppelte Rechtsantlitz n° 25, p. 426; MERKL. Die Lehre von der Rechtskraft n° 26, p. 221; MERKL. Prolegomena n° 31, p. 283; KELSEN. Reine Rechtslehre[1] n° 19, p. 79-80; Kelsen. Reine Rechtslehre[2] n° 21, p. 242.

PONDERAÇÃO E HIERARQUIA 171

ele, pelo menos, alguma discricionariedade.[68] Não há uma resposta correta ao se concretizar uma norma superior. Dentro da moldura estabelecida pela norma superior, o ato de vontade da pessoa ou órgão do Estado competente para concretizar a norma inferior prova-se decisivo. Assim, a interpretação da pessoa ou órgão estatal competente conta como "interpretação autêntica", enquanto outras pessoas podem apenas sugerir concretizações, uma vez que suas sugestões são meramente "interpretação não autêntica".[69]

2. UM ESBOÇO DA PONDERAÇÃO DE ACORDO COM A TEORIA DOS PRINCÍPIOS

Ronald Dworkin lançou as bases da moderna teoria dos princípios. Robert Alexy pegou linhas e *insights* da literatura clássica alemã acerca dos princípios e os desenvolveu ainda mais, em uma distinção compreensiva e coerente entre regras e princípios na moderna teoria dos princípios. A teoria dos princípios tem sido objeto de prolongados debates; no que se segue, apenas os aspectos que são cruciais no contexto da reconstrução da ponderação na estrutura hierárquica do ordenamento jurídico podem e devem ser destacados.

2.1. A distinção entre regras e princípios

De acordo com a tese da separação forte há uma diferença teórico-normativa entre regras e princípios; uma norma pode ser ou uma regra ou um princípio, ela não pode ser ambos ou nem, um nem outro.[70]

---

68 Kelsen. Reine Rechtslehre[1] n 19, p. 90-96; KELSEN. General Theory of Law and State n° 33, p. 146 *et passim*; KELSEN. Reine Rechtslehre[2] n° 21, p. 346-350.
69 KELSEN. Reine Rechtslehre[2] n° 21, p. 350-354.
70 Sobre a distinção entre a tese da separação forte e fraca e a tese de identidade, cf. BOROWSKI. Grundrechte als Prinzipien n° 22, p. 70-72 com maiores informações.

a) Princípios

É característico dos princípios exibir a dimensão de peso,[71] a qual falta às regras.[72] Os princípios possuem um conteúdo a ser otimizado, o que deve ser realizado aproximadamente até os limites fáticos e jurídicos.[73] A forma característica de aplicação dos princípios é a ponderação.[74] O princípio que cede

---

71 De acordo com Dworkin, há dois critérios para distinguir regras de princípios, a "dimensão de peso ou importância" (DWORKIN. *Taking Rights Seriously*, nº 16, p. 26-27) e o "modelo tudo-ou-nada" (*ibidem*, p. 24). Alexy criticou o último critério em Robert Alexy, Zum Begriff des Rechtsprinzips. In: KRAWIETZ, W. *et al.* (ed.). *Argumentation und Hermeneutik in der Jurisprudenz.* Berlin: Duncker & Humblot, 1979. p. 59-87, p. 68 ss.; ALEXY, Robert. Rechtsregeln und Rechtsprinzipien. In: MACCORMICK, N.; PANOU, S.; VALLAURI, L. L. (ed.). *Geltungs- und Erkenntnisbedingungen im modernen Rechtsdenken.* Stuttgart: Springer, 1985. p. 13-29, p. 16; BOROWSKI. Grundrechte als Prinzipien nº 22, p. 76-77; *idem*, The Structure of Formal Principles. In: BOROWSKI, M. (ed.). *On the Nature of Legal Principles.* Stuttgart: Springer, 2010. p. 19-35, p. 22. Cf. também SIECKMANN, Jan-Reinard. *Regelmodelle und Prinzipienmodelle des Rechtssystems.* Baden-Baden: Nomos, 1990. p. 55 ss.
72 Isso não quer dizer que a ponderação não possa exercer papel na aplicação de regras. Regras não são necessariamente mandamentos definitivos, como Robert Alexy afirmou, cf. ALEXY, Robert. Die Gewichtsformel. In: JICKELI, J.; KREUTZ, P.; REUTER, D. (ed.). *Gedächtnisschrift für Jürgen Sonnenschein.* Berlin: Duncker & Humblot, 2003. p. 771-792, p. 771. Apresso-me a acrescentar que ele também mencionou que essa caracterização é simplista, cf. ALEXY. The Argument from Injustice nº 18, p. 70: "Para fins de simplicidade, regras podem ser chamadas 'mandamentos definitivos'". Regras podem depender da ponderação de outras normas, cf. SIECKMANN. Regelmodelle und Prinzipienmodelle des Rechtssystems nº 71, p. 58-59 e 74-75; BOROWSKI. Grundrechte als Prinzipien (Fn. 70), p. 104-105 e 113.
73 Cf., por exemplo, ALEXY. Zum Begriff des Rechtsprinzips (Fn. 71), p. 79 ss.; *idem*, Theorie der Grundrechte (Fn. 12), p. 75-76; *idem*, Rechtsregeln und Rechtsprinzipien nº 71, p. 19-20.
74 Com certeza, princípios podem conter conteúdo material fixo, em relação ao qual se deve realizar a subsunção. Na medida em que as normas exigem uma ponderação adicional em sua aplicação, essas normas são princípios.

PONDERAÇÃO E HIERARQUIA 173

ao outro, no momento da ponderação, não perde sua validade jurídica.[75]

b) Regras

Ao contrário, as regras possuem um conteúdo fixo ao qual se pode subsumir. No caso de conflito entre duas regras, uma delas não pode meramente ceder à outra sem ser tornada inválida, uma das regras deve ser declarada inválida.[76] Há máximas para tais conflitos como *"lex superior derogat legi inferiori"* ou *"lex posterior derogat legi priori"*. As regras, por elas mesmas, não podem ser ponderadas, uma vez que não exibem a dimensão de peso. Elas podem, no entanto, se referir a princípios, de modo que o seu conteúdo dependa da ponderação de outras normas – princípios – no final das contas.[77]

2.2. Princípios materiais e formais

Uma distinção que está em evidência nos debates sobre princípios recentemente é a distinção entre princípios materiais e formais.

a) Princípios Materiais

Princípios materiais possuem um objeto a ser otimizado que é fixado, desde o início, em termos de conteúdo material. Por exemplo, o objeto a ser otimizado do princípio da proteção

---

75 Cf., por exemplo, BOROWSKI. Grundrechte als Prinzipien nº 22, p. 75 e 80-81 com maiores informações.

76 A introdução de uma cláusula de exceção conta como exemplo de invalidação de uma regra, pois a regra sem cláusula de exceção é invalidada e a regra com a cláusula de exceção é validada, cf. BOROWSKI. Grundrechte als Prinzipien nº 22, p. 79-80, nota 65.

77 Cf. particularmente, SIECKMANN. Regelmodelle und Prinzipienmodelle des Rechtssystems nº 71, p. 58 ss.

ambiental do art. 20a, da Lei Fundamental alemã, requer *prima facie* do Estado alemão que nenhuma ação que possa prejudicar o meio ambiente seja realizada e que tais ações de indivíduos ou empresas sejam desencorajadas e proibidas.

b) *Princípios Formais*

É característico dos princípios formais que se atribua competência a uma pessoa ou órgão do Estado para determinar, dentro de certa estrutura, o conteúdo material do objeto a ser otimizado do princípio formal.[78] Antes da ocorrência dessa determinação, o objeto a ser otimizado do princípio formal não havia sido concretizado. Então, uma ponderação entre princípios materiais colidentes não pode ser realizada nesse momento. Uma vez que a determinação do objeto a ser otimizado visando ao conteúdo material tenha sido feita, a estrutura dos princípios formais e materiais colidentes é a mesma, de modo que uma ponderação segundo as regras gerais da ponderação de princípios pode ser realizada.[79]

Podem-se ainda distinguir princípios formais em dependentes e independentes.[80] Do ponto de vista estrutural, princípios dependentes são um exemplo particular de princípios formais. É, no entanto, essa forma especial de princípios formais que tem sido o centro das atenções no debate acerca da reconstrução da discricionariedade do Poder Legislativo legitimado democraticamente *vis-à-vis* um tribu-

---

78 BOROWSKI. Grundrechte als Prinzipien n° 22, p. 127; *idem*, The Structure of Formal Principles n° 71, p. 28; *idem*, Formelle Prinzipien und Gewichtsformel n° 10, p. 186.

79 BOROWSKI. Grundrechte als Prinzipien n° 22, p. 128; *idem*, The Structure of Formal Principles n° 71, p. 29-30; *idem*, Formelle Prinzipien und Gewichtsformel n° 10, p. 186-188.

80 BOROWSKI. The Structure of Formal Principles n° 71, p. 31-35; *idem*, Formelle Prinzipien und Gewichtsformel n° 10, p. 188-199.

PONDERAÇÃO E HIERARQUIA 175

nal constitucional[81] – apesar de sua natureza como princípios formais dependentes ainda não ser, até hoje, comumente reconhecida. O objeto a ser otimizado de um princípio formal dependente é que uma decisão de ponderação tomada por uma pessoa ou órgão do Estado na ponderação de princípios colidentes (normalmente materiais)[82] deve ser respeitada *prima facie*.[83]

2.3. A Lei de Colisão

Logo no começo do desenvolvimento da moderna teoria dos princípios, Alexy apresentou a lei de colisão. Se e quando dois princípios, *P1* e *P2*, colidirem, de modo que é preciso decidir dentre eles qual precisa ceder, a ponderação cria uma regra:

> Se o princípio P_1 tem precedência sobre o princípio P_2 sob as circunstâncias C: $(P_1 P P_2)$ C, e se P_1 leva às consequências jurídicas Q sob as circunstâncias C, então se aplica uma regra válida, que tem C como sua prótase e Q como sua apódose C →Q.[84]

Com certeza, a regra criada dessa forma somente apresenta validade jurídica definitiva no respectivo ordenamento jurídico, (1) se todos os princípios relevantes nesse ordenamento jurídico[85] forem considerados na ponderação e (2) se todas as

---

81 Sobre este debate, cf. BOROWSKI. Formelle Prinzipien und Gewichtsformel nº 10, p. 154-158 e 190-194 com mais referências.

82 Esses princípios podem ser princípios formais dependentes ou independentes, os quais não devem, por uma questão de simplicidade, ser analisados em maiores detalhes aqui.

83 BOROWSKI. Formelle Prinzipien und Gewichtsformel nº 10, p. 188-189; *idem*, The Structure of Formal Principles nº 71, p. 33-35.

84 ALEXY. Rechtsregeln und Rechtsprinzipien nº 71, p. 26; *idem*, Theorie der Grundrechte nº 12, p. 83.

85 E todas as outras normas jurídicas relevantes.

circunstâncias fáticas (as quais são expressas por "C" na lei de colisão) forem consideradas. Apenas sob essas circunstâncias a regra criada na ponderação – de acordo com a lei de colisão – é completamente concretizada, caso contrário é apenas parcialmente concretizada.[86]

2.4. As Leis de Ponderação e a fórmula do peso

No debate sobre a teoria dos princípios nos últimos 10 a 15 anos, as leis de ponderação desempenharam um papel crucial. A primeira lei da ponderação ou lei substantiva da ponderação, na qual se lê "Quanto maior o grau de não satisfação ou afetação de um princípio, maior deve ser a importância de satisfação do outro",[87] foi parte da primeira exposição de Alexy sobre a teoria dos princípios. Quase duas décadas depois, ele acrescentou, visando às questões epistêmicas, a lei epistêmica de ponderação: "Quanto maior o peso de uma interferência em um princípio constitucional, maior deve ser a certeza de suas premissas".[88]

Além disso, ele desenvolveu a fórmula do peso, a qual explica as variáveis e quantidades na ponderação com a máxima clareza e precisão.[89] O debate acerca dessa importante e complexa questão é, no entanto, uma questão por si só, a qual não pode ser desenvolvida aqui.

---

86 SIECKMANN. Regelmodelle und Prinzipienmodelle des Rechtssystems n° 71, p. 69; BOROWSKI. Grundrechte als Prinzipien n° 22, p. 98-99.

87 ALEXY. Theorie der Grundrechte n° 12, p. 146; cf. *idem*, Rechtsregeln und Rechtsprinzipien n° 71, p. 27; *idem*, Die Gewichtsformel n° 72, p. 772; *idem*, Posfácio n° 13, p. 401.

88 ALEXY. Posfácio n° 13, p. 418; *idem*, Die Gewichtsformel n° 72, p. 789.

89 Cf., particularmente, ALEXY. Die Gewichtsformel n° 72, p. 785; *idem*, Posfácio n° 13, p. 408; *idem*, On Balancing and Subsumption n° 10, p. 445.

PONDERAÇÃO E HIERARQUIA

3. SOBRE A RECONSTRUÇÃO DA PONDERAÇÃO NA ESTRUTURA HIERÁRQUICA DO ORDENAMENTO JURÍDICO

No começo deste artigo, algumas questões céticas em relação à ponderação na estrutura hierárquica do ordenamento jurídico foram mencionadas. Estas questões devem agora ser dirigidas no contexto dos contornos da teoria da estrutura hierárquica e da teoria da ponderação.

3.1. Sobre a "Estrutura Hierárquica Positivista" e o "Argumento não Positivista dos Princípios"

É correta a inclusão da ponderação na estrutura hierárquica, a despeito do argumento de que a estrutura hierárquica do ordenamento jurídico, de um lado e a ponderação dos princípios, de outro, supostamente pressupõem filosofias jurídicas incompatíveis.

a) Diferentes Níveis Formais do Direito nas Teorias do Direito não Positivistas

Não há dúvidas de que a teoria da estrutura hierárquica do ordenamento jurídico foi desenvolvida no contexto de uma teoria do direito positivista paradigmática, a Teoria Pura do Direito. No cerne desta teoria, encontra-se ao poder jurídico ou, em outras palavras, a competência jurídica, que é atribuída a diferentes pessoas e órgãos, em níveis diferentes, no processo de criação do direito. Como uma teoria positivista do direito, a Teoria Pura do Direito nega qualquer conexão necessária entre Direito e Moral.[90]

---

90 Cf., por exemplo, KELSEN. Reine Rechtslehre² (nº 21), p. 201: "*Daher kann jeder beliebige Inhalt Recht sein*". Sobre a tese de separação positivista, cf., por exemplo, ALEXY. The Argument from Injustice nº 18, p. 3; KOLLER, Peter. *Theorie des Rechts*. 2nd ed. Wien, Köln, and Weimar: Böhlau, 1997. p. 24.

Isso significa que a competência jurídica para criar o direito não é limitada por uma conexão necessária entre Direito e Moral em nenhum nível da estrutura hierárquica. Isso não quer dizer, porém, que o "argumento oposto", de acordo com o qual uma teoria não positivista do Direito considera que todo o conteúdo do Direito é determinado pela Moral ou pelo "Direito Natural", seja verdadeiro. Até hoje, não foi proposta nenhuma teoria moral que determinasse, de modo convincente, todo um ordenamento jurídico, considerando todos os detalhes. Isso corresponde ao fato de que teorias do direito não positivistas só podem ser sustentadas de modo realístico com referência à tese da conexão fraca, de acordo com a qual apenas a injustiça extrema retira o caráter jurídico ou a validade jurídica do direito positivo.[91] Abaixo do limite da injustiça extrema, as teorias não positivistas enfrentam o mesmo problema das teorias positivistas em geral – na ausência de critérios materiais, o critério formal torna-se a solução. Isso significa que uma teoria não positivista precisará se referir a pessoas ou órgãos do Estado que são competentes para criar o direito em níveis diferentes. Em outras palavras: precisará se referir a alguma forma da estrutura hierárquica do ordenamento jurídico.

b) Princípios nas Teorias Positivistas

Dworkin introduziu a ideia dos princípios jurídicos na sua crítica ao positivismo jurídico e sugeriu uma dimensão dos prin-

---

91   Cf. a "fórmula da intolerância" de Gustav Radbruch (Gesetzliches Unrecht und übergesetzliches Recht. In: Rechtsphilosophie nº 17, p. 339-350, p. 345). Primeira publicação em Süddeutsche Juristenzeitung 1, p. 105-108, 1946. Reimpresso, p. 211-219, na p. 216; em inglês em Gustav Radbruch, *Statutory Lawlessness and Supra-Statutory Law*. Trad. B. Litschewski Paulson e S. L. Paulson. *Oxford Journal of Legal Studies* 16, p. 1-11, p. 7, 2006. Cf. ainda ALEXY. The Argument from Injustice nº 18, p. 40-68.

PONDERAÇÃO E HIERARQUIA 179

cípios intrinsecamente não positivista.[92] Isso é, porém, menos claro em relação às "políticas",[93] apesar de ambos os tipos de normas serem "princípios em sentido geral", os quais têm a mesma estrutura e, desse modo, ambos se colocam em face das regras.[94] Alexy caracteriza os princípios por sua estrutura, a saber, o fato de que eles podem ser ponderados e demandam a ponderação.[95] O argumento dos princípios, no contexto de sua teoria não positivista do direito, é baseado, no entanto, no argumento da correção e não nas propriedades estruturais dos princípios. A fundamentação crucial para o argumento dos princípios como um argumento não positivista é a tese da correção, a qual é "o resultado da aplicação do argumento da correção dentro da estrutura do argumento dos princípios".[96] De acordo com o argumento da correção, "normas jurídicas individuais e decisões jurídicas individuais, assim como ordenamentos jurídicos como um todo, necessariamente levantam a pretensão de correção".[97] Ao assumir a tese de correção e os outros elementos do argumento dos princípios como corretos,[98] a pergunta sobre se "princípios positivistas" podem ser imagináveis torna-se sem sentido, porque todas

---

92 DWORKIN. *Taking Rights Seriously* n° 16, p. 22: "*[A] 'principle' [is] a standard that is to be observed, not because it will advance or secure an economic, political, social situation deemed desirable, but because it is a requirement of justice of fairness or some other dimension of morality.*" ([Um] 'princípio' [é] aquele padrão que deve ser observado, não porque ele assegurará uma situação econômica, política, social considerada desejável, mas porque é um mandamento de justiça ou outra dimensão de moralidade.)

93 *Ibidem*: "*[A] 'policy' [is] that kind of standard that sets out a goal to be reached, generally an improvement in some economic, political, or social feature of the community.*" ([Uma] política [é] aquele tipo de padrão que estabelece um objetivo a ser alcançado, geralmente uma melhoria em alguma característica econômica, política ou social da comunidade.)

94 *Ibidem*.

95 Cf. seção 2.1, *a*.

96 ALEXY. The Argument from Injustice n° 18, p. 77.

97 *Ibidem*, p. 35-36.

98 A tese da incorporação e a tese da moralidade, op. cit., p. 71-76.

as normas jurídicas e, consequentemente, todos os princípios jurídicos, possuem uma dimensão moral inerente. Se, todavia, se rejeita o argumento da correção e a tese da correção, a questão sobre se uma teoria positivista pode apresentar normas com a estrutura de princípios faz, com toda certeza, sentido. Claro, isso significaria que um julgamento por ponderação não levantaria a pretensão de correção moral, como a tese da correção no contexto do argumento dos princípios nos faz acreditar. Seja como for, isso não descarta o fato de uma teoria positivista apresentar normas com um objeto a ser otimizado, que deve ser *prima facie* realizado na maior medida possível segundo os limites fáticos e jurídicos, em outras palavras: apresentar princípios.[99] Isso significa que a origem histórica da teoria da estrutura hierárquica do ordenamento jurídico em uma teoria positivista não exclui teorias não positivistas de preverem princípios e sua ponderação.

3.2. Sobre Kelsen e sua rejeição explícita à ponderação

Sob um olhar mais aproximado, a rejeição explícita de Kelsen à ponderação deve ser colocada em perspectiva. A citação feita acima de sua obra *Teoria Pura do Direito*, de acordo com a qual a ponderação precisa ser rejeitada, uma vez que esse método não forneceria nenhum parâmetro para concretização de normas,[100] é encontrada, não sem razão, na seção sobre a interpretação ao invés da seção sobre a estrutura hierárquica do ordenamento jurídico. O maior ímpeto de Kelsen vai contra a ideia de que se poderia justificar uma única resposta correta por meio de operações intelectuais na aplicação dos cânones tradicionais de interpreta-

---

99 Essas palavras referem-se à caracterização dos princípios jurídicos por Robert Alexy, cf. *Alexy*, Theorie der Grundrechte nº 12, p. 75-76; Rechtsregeln und Rechtsprinzipien nº 71, p. 19-20; ALEXY. The Argument from Injustice nº 18, p. 70.

100 KELSEN Reine Rechtslehre[1] nº 19, p. 97; KELSEN. Reine Rechtslehre[2] nº 21, p. 350.

PONDERAÇÃO E HIERARQUIA 181

ção. Ele argumenta que o resultado da aplicação dos cânones de interpretação apenas poderia ser a descoberta do quadro, que a norma a ser interpretada representa.[101] Da mesma forma, ele rejeita a ideia de ponderação, uma vez que esse método também não poderia justificar uma única resposta correta. Isso quer dizer que Kelsen rejeita a ponderação pela mesma razão que nega a interpretação conforme o pensamento ortodoxo de uma única resposta correta. Se isso for verdade, ele não levantaria objeções à ponderação, se ela conduzir a um quadro e não a uma única resposta correta, do mesmo modo que ele não faz objeção à interpretação enquanto esse método conduzir a um quadro e não a uma única resposta correta.

Na verdade, no começo da moderna teoria dos princípios, Ronald Dworkin sustentou a tese de uma única resposta correta até mesmo em casos difíceis.[102] É crucial, porém, entender que essa tese não é necessariamente um componente integrante da teoria dos princípios. No debate recente acerca da estrutura da ponderação, a discricionariedade recebeu e continua a receber grande atenção. Diferentes formas de discricionariedade estrutural e epistêmica dão origem a significativa extensão de discricionariedade na ponderação.[103] Isso quer dizer que a teoria dos princípios há muito se desenvolveu além da tese da única resposta correta de Dworkin e aceitou que a ponderação tipicamente conduz a um quadro e não apenas a uma única resposta.

---

101 KELSEN. Reine Rechtslehre[1] nº 19, p. 94; KELSEN. Reine Rechtslehre[2] nº 21, p. 348.
102 DWORKIN A Matter of Principle. Cambridge: Harvard University Press, 1985. p. 119 ss. V. ROUMELIOTIS, Michael. On the One Right Answer. In: ARSP 87, p. 72-96, 2001.
103 Cf. BOROWSKI. Grundrechte als Prinzipien nº 22, p. 123-130 com maiores referências. Sobre a ideia de "discricionariedade extensa", cf., particularmente, BOROWSKI, Martin. Die Bindung an Festsetzungen des Gesetzgebers in der grundrechtlichen Abwägung. In: CLÉRICO, M. L.; SIECKMANN, J.-R. (ed.). Grundrechte, Prinzipien und Argumentation. Baden-Baden: Nomos, 2009. p. 99-128, p. 123-124.

3.3. A concretização do Direito mediante a ponderação

Já foi mencionado[104] que, na estrutura hierárquica de acordo com a *Teoria Pura do Direito*, interpretação e concretização do direito estão intimamente conectadas. A competência jurídica para aplicar autoritativamente o direito, que é, ao mesmo tempo, criação do direito até certo ponto, é distribuída em diversos níveis na hierarquia. A cada passo em direção à base, o direito torna-se progressivamente mais concreto, até se chegar à norma completamente concretizada – nas palavras de Adolf Julius Merkl, o "fenômeno final do direito" (*End- und Totalerscheinung des Rechts*),[105] ou a "norma de decisão" (*Entscheidungsnorm*) de Eugen Ehrlich.[106]

Surpreendentemente, a ponderação também leva à concretização do direito e possui uma dimensão criativa também – de acordo com a lei da ponderação, tomar uma decisão de ponderação significa criar uma regra.[107] Se todos os princípios relevantes e todos os fatos relevantes forem levados em conta, o resultado é uma norma completamente concretizada. Esse paralelismo torna-se ainda mais óbvio a partir do fato de que os princípios exibem força argumentativa por um lado, mas deixam uma margem de discricionariedade por outro, visando a uma revisão da decisão de ponderação por outras pessoas ou órgãos do Estado.

3.4. A distribuição da ponderação em diferentes níveis da hierarquia

Como pode a ponderação – assim como a interpretação, no sentido de Kelsen – ser distribuída entre os diferentes níveis da hie-

---

104 Cf. seção 1.4.

105 MERKL. Das Recht im Lichte seiner Anwendung n° 25, 1917. p. 164 (tradução de MB); cf. também Prolegomena n° 31, p. 261.

106 EHRLICH, Eugen. *Fundamental Principles of the Sociology of Law*. Trad. W. L. Moll. Harvard University Press, 1936. p. 121 *et passim*.

107 Cf. seção 2.3.

PONDERAÇÃO E HIERARQUIA 183

rarquia? Frequentemente, insinua-se que um juiz ou administrador concretiza, de uma única vez, princípios constitucionais, considerando toda a cadeia hierárquica até uma norma concretizada. Citando novamente Matthias Jestaedt: a teoria dos princípios não consegue explicar "qual conteúdo do direito é fornecido em cada um dos diferentes níveis da hierarquia do ordenamento jurídico".[108] Um olhar mais aproximado revela que isso não é verdade.

a) Compromisso e Discricionariedade no Processo Legislativo

O mais alto nível da hierarquia, no qual a ponderação dos princípios jurídicos exerce um papel na concretização do direito, é o nível da legislação. No processo de elaboração de leis, o Poder Legislativo pondera direitos fundamentais e outros princípios constitucionais. Com certeza, o legislador não está vinculado a simplesmente reproduzir uma lei que está totalmente predeterminada pela Constituição. Há, principalmente, três razões para tanto. Para começar, o Poder Legislativo frequentemente possui discricionariedade para dar a última palavra. Isso significa que o Poder Legislativo tem competência para buscar fins legítimos, fins esses que não estão explícita ou implicitamente proibidos pela Constituição. Tais fins apenas se tornam princípios com *status* constitucional através da decisão autoritativa do Poder Legislativo.[109] Em segundo lugar, pode perfeitamente haver discricionariedade estrutural para o Poder Legislativo – discricionariedade estrutural existe quando há duas opções disponíveis

---

108 JESTAEDT. Grundrechtsentfaltung im Gesetz nº 14, p. 234-235: "*welche Rechtsinhalte auf welchen (unterschiedlichen) normhierarchischen Stufen gewährleistet sind*".

109 Sobre a discricionariedade para dar a última palavra, cf. ALEXY. Posfácio nº 13, p. 395-396; cf. ainda BOROWSKI. Grundrechte als Prinzipien. Fn. 70, p. 124-125 com maiores referências. Para uma leitura da discricionariedade para dar a última palavra como declarada por um princípio formal, cf. BOROWSKI. The Structure of Formal Principles nº 71, p. 31-32.

e a Constituição é indiferente quanto a qual delas é escolhida.[110] Particularmente, esse é o caso em um empate na ponderação, que é caracterizado pelo fato de que nenhum dos princípios colidentes tem maior peso que o outro.[111] Em terceiro lugar, a cognição das premissas empíricas e normativas pode ser incerta, o que conduz à discricionariedade epistêmica[112] Isso significa, como já mencionado, que a Constituição estabelece um quadro para a legislação, em vez de determinar completamente uma lei particular.

b) Decisões Definitivas e Relativas tomadas pelo Legislador

O legislador pode tomar, dentro do quadro estipulado pela Constituição, dois tipos de decisão. Primeiro, ele pode tomar decisões definitivas. Tal decisão definitiva é caracterizada pelo fato de que determinado ato condicionante sempre conduz a uma certa consequência jurídica. De acordo com a seção 53 da Lei dos Estrangeiros alemã (*German Aliens Act*), um estrangeiro *deve* ser expulso da Alemanha se intencionalmente cometeu um crime ou ofensa e foi condenado a prisão por, no mínimo, três anos. Na aplicação dessa lei, a subsunção, em vez da ponderação, é devida. Se o estrangeiro ou estrangeira recebe tal sentença, a legislação infraconstitucional definitivamente requer que ele ou ela seja expulso ou expulsa.[113]

O segundo tipo de decisão passível de ser tomada pelo legislador trata-se das decisões relativas, as quais são consideradas

---

110 Sobre uma caracterização da discricionariedade estrutural, cf. ALEXY. Posfácio n° 13, p. 393.

111 Sobre a ideia de empate e a discricionariedade estrutural, cf. *ibidem*, p. 408; *ibidem*, Verfassungsrecht und einfaches Recht n° 13, p. 22 ss.

112 Cf., por exemplo, BOROWSKI. Grundrechte als Prinzipien n° 70, p. 126-130 com mais referências.

113 Uma decisão definitiva sobre uma lei ordinária pode, claro, provar-se inconstitucional. Na revisão judicial de decisões definitivas tomadas pelo legislador, princípios constitucionais devem ser ponderados. Tal ponderação é realizada em nível constitucional, não em nível de leis ordinárias.

PONDERAÇÃO E HIERARQUIA   185

em uma decisão de ponderação em níveis inferiores. Por exemplo, de acordo com a seção 55, parágrafo 2, número 2 da Lei de Estrangeiros alemã, um estrangeiro pode ser expulso se ele ou ela tiver violado a lei mais do que esporadicamente ou mais do que de um modo meramente negligenciável. Isto é, no entanto, sujeito a uma decisão de ponderação tomada pela Administração, na qual, dentre outros aspectos, os vínculos pessoais e econômicos entre o estrangeiro na Alemanha, assim como as implicações para a vida de sua família têm que ser levados em consideração, seção 55, parágrafo 3, números 1 e 2 da Lei de Estrangeiros alemã. Outros exemplos do direito administrativo alemão podem ser dados,[114] e suponho que isso seja verdadeiro em muitos ordenamentos jurídicos. Tais decisões relativas tomadas pelo legislador – decisões que reduzem o quadro para o nível inferior, mas que deixam certa discricionariedade a ser preenchida por ponderação – demonstram que uma ponderação realmente pode ser distribuída em níveis diferentes da hierarquia. O resultado é uma corrente de concretização por meio de ponderação ao longo da estrutura hierárquica.

c) Ponderação Autêntica e não Autêntica

É característica da interpretação na doutrina da estrutura hierárquica, de acordo com a *Teoria Pura do Direito*, a interpretação autêntica pela pessoa ou órgão do Estado competente para tomar a decisão, a qual é contrastada com a interpretação não autêntica.[115] Agora que há consenso generalizado de que a ponderação dá origem à discricionariedade dentro de um quadro, o método da ponderação se assemelha à interpretação tradicional na estrutura hierárquica do ponto de vista estrutural. Além disso, a categoria da competência jurídica (*Ermächtigung*) não é apenas

---

114 Cf., por exemplo, MAURER, Hartmut. *Allgemeines Verwaltungsrecht*. 18th ed. Munich: C. H. Beck, 2011. p. 145 ss.
115 Cf. seção 1.4.

central na estrutura hierárquica de acordo com a *Teoria Pura do Direito*, ela exerce um papel crescente na reconstrução da ponderação de acordo com a teoria dos princípios.[116] Isso sugere a transferência da distinção kelseniana entre interpretação autêntica e não autêntica para a ponderação. A ponderação autoritativa é exercida pela pessoa ou órgão do Estado competente a tomar a decisão de ponderação. Sugestões de qualquer outra pessoa ou órgão sobre o resultado da ponderação contam como ponderação não autoritativa. Na verdade, os paralelos entre interpretação na hierarquia de condições e ponderação na hierarquia de condições são tão notáveis que é possível que se imagine se Kelsen teria, de fato, aprovado a ideia da ponderação, se conhecesse a moderna teoria dos princípios.

d) Ponderação e a Hierarquia da Derrogação

Finalmente, permanece a questão sobre se e como a ponderação, ao longo dos níveis da estrutura hierárquica, pode ser reconciliada com a *lex superior-maxim*, a qual expressa a hierarquia da derrogação. Mais uma vez, a categoria da competência jurídica é a chave.

d.1) Status Constitucional de Primeiro e Segundo Graus

Órgãos de níveis inferiores podem ter competência jurídica para introduzir objetos ou conteúdos a serem otimizados, no sentido da teoria dos princípios. Essa competência está implícita na discricionariedade para dar a última palavra, conforme já mencionado.[117] Um exemplo bem conhecido provém da reconstrução da limitação dos direitos fundamentais. Ao contrário de muitos direi-

---

116 BOROWSKI. The Structure of Formal Principles nº 71, p. 29-30; BOROWSKI. Formelle Prinzipien und Gewichtsformel nº 10, p. 186-188.
117 Cf. seção 3.4, *a*.

PONDERAÇÃO E HIERARQUIA

tos proeminentes na Convenção Europeia de Direitos Humanos, alguns poucos direitos fundamentais na Lei Fundamental alemã possuem cláusulas limitadoras sem uma lista exaustiva de razões limitadoras. Isso significa que o legislador tem competência para limitar esses direitos com referência a fins legítimos, ou seja, fins que não são, por si mesmos, proibidos pela Constituição, como a segregação racial ou a homogeneidade religiosa. Esses fins legítimos são expressões de um objeto a ser otimizado no sentido da teoria dos princípios, e este princípio torna-se válido ou adquire seu conteúdo devido à decisão do Poder Legislativo. Se este princípio, devido ao fato de receber sua validade ou conteúdo por meio de uma decisão do Poder Legislativo, fosse considerado uma norma infraconstitucional, seria difícil enxergar como ele poderia ser ponderado com princípios de nível constitucional. Na verdade, até esses princípios possuem uma classificação constitucional. Alexy introduziu, na sua primeira obra sobre a teoria dos princípios e direitos fundamentais, a distinção entre *status constitucional de primeiro grau* (princípios que são explicitamente previstos na Constituição) e *status constitucional de segundo grau* (princípios que são estabelecidos pelo legislador).[118] *Status* constitucional de segundo grau pode ser explicado mediante a competência jurídica que é atribuída a certos órgãos para introduzir princípios que são ponderados contra princípios com *status* constitucional de primeiro grau sem emendas formais à Constituição.

Do ponto de vista estrutural, a competência jurídica para introduzir princípios com *status* constitucional de segundo grau poderia até ser delegada a órgãos de níveis bem inferiores, tais como a Administração que elabora regulamentos. Por razões materiais, no direito constitucional alemão, o princípio da democracia e o devido processo legal requerem, no entanto, que decisões importantes sejam tomadas pelo Poder Legislativo de-

---

118 Cf. ALEXY. Theorie der Grundrechte nº 12, p. 118-119; *idem*, Posfácio nº 13, p. 395-396.

188 MARTIN BOROWSKI

mocraticamente legitimado de modo direto e a criação de um princípio com *status* constitucional de segundo grau conta como uma importante decisão no sentido da assim chamada Teoria da Essencialidade (*Wesentlichkeitstheorie*).[119] Isto é, porém, matéria de direito positivo, e não de teoria do direito.

d.2) A Concretização da Ponderação de Princípios Constitucionais

Já foi mencionado que a ponderação de uma lista de princípios constitucionais – com uma classificação constitucional do primeiro e/ou segundo grau – torna-se progressivamente mais concreta conforme se move em direção à base hierárquica, pois as premissas fáticas consideradas na ponderação tornam-se progressivamente mais concretas. Desde que um julgamento de ponderação realizado em um nível inferior respeite todas as decisões de ponderação tomadas em julgamentos de ponderação mais abstratos em níveis superiores, não há conflito de normas e não há, portanto, motivo para derrogação.

4. CONCLUSÃO

Em suma, a ponderação pode ser reconciliada com a hierarquia de condições, e não há problemas com a ponderação na hierarquia de derrogação. Em uma análise mais aprofundada, o argumento da destruição da estrutura hierárquica do ordenamento jurídico apresenta, de fato, um sério desafio para a reconstrução de ordenamentos jurídicos modernos no contexto a teoria dos princípios.

---

119 Cf., por exemplo, HILLGRUBER, Christian. Grundrechtsschranken. In: ISENSEE, J. KIRCHHOF, P. (ed.), *Handbuch des Staatsrechts der Bundesrepublik Deutschland.* 3rd ed. (C.F. Heidelberg: Müller, 2011. vol. 9, p. 1033-1075, na p. 1047 com maiores referências.

A Norma de Direito Fundamental Associada: relevância, operatividade e risco

Roberto José Ludwig
Coordenador do Núcleo de Estudos de Direito Constitucional da
ESM (Escola Superior da Magistratura – AJURIS – RS). Juiz de Direito
no Estado do Rio Grande do Sul.

1. INTRODUÇÃO

A prática do Direito, sobretudo a jurisprudência de diversos tribunais encarregados da guarda e unidade da Constituição, além de constatar a inevitabilidade de colisões e a necessidade de emprego da ponderação de princípios, tem recorrido expressamente à teoria de Robert Alexy na interpretação de determinações de direitos fundamentais.

Todavia, poucas decisões contemplam efetivamente a estruturação adequada da argumentação jurídica que culmina com a regra de decisão do caso que se obtém mediante a ponderação dos princípios colidentes.

Isso é sobremodo relevante pela circunstância de que os sucessivos resultados de julgamento de casos de direito fundamental são ordenáveis em redes de jurisprudência e tendem a sedimentar entendimentos doutrinários que orientarão decisões futuras.

Trabalha-se, por isso, com a hipótese de que a NDFA seja um ponto fulcral da teoria dos direitos fundamentais, numa perspectiva estrutural com aspiração à universalidade,[1] conectando a teoria da norma com a dos princípios e, assim, presta-se a auxiliar na estruturação de decisões de casos de direito fundamental sem incursão em pressuposições insustentáveis[2] e sem abandonar os critérios de cientificidade de qualquer conceito.

Em particular, será apreciado se a NDFA resiste à objeção de catalisar a sobreconstitucionalização.

2. DA APRESENTAÇÃO DO CONCEITO

O conceito de norma de direito fundamental associada (NDFA)[3] é utilizado por Alexy para referir as normas não estatuídas imediatamente no texto constitucional e que, no entanto, têm natureza de normas de direito fundamental, mantendo com as imediatamente estatuídas uma relação de natureza específica.[4]

A partir dos exemplos colhidos em duas decisões do Tribunal Constitucional Federal,[5] Alexy identificou no art. 5º, § 3º, 1, da Lei Fundamental (LF)[6] uma determinação de direito fundamental (*Grundrechtsbestimmung*) semântica e estruturalmente

---

1   BOROWSKI, Martin. *La estructura de los derechos fundamentales*. Trad. Carlos Bernal Pulido. Bogotá: Universidad Externado de Colombia, 2003. p. 20-21.
2   ALEXY. *TG,* p. 18. Em sentido crítico: REESE, Birgit. *Die Verfassung des Grundgesetzes:* Rahmen- und Werteordnung im Lichte der Gefährdungen durch Macht und Moral. Berlin: Duncker & Humblot, 2013. p. 116 ss.
3   ALEXY, *T.G.* p. 57. No original: *zugeordnete Grundrechtnorm.*
4   Ver adiante o detalhamento dessa relação.
5   BVerfGE 35, 79 (113) e BVerfGE 5, 85 (146).
6   "Art. 5º (...) (3) Arte e ciência, pesquisa e ensino são livres." Cf. ALEXY. *T.G.*, p. 57 ss. No original, o dispositivo tem a seguinte redação, na íntegra: "*Art. 5(...) (3) Kunst und Wissenschaft, Forschung und Lehre sind frei. (...)*" (KIRCHHOF, Paul. *Staats- und Verwaltungsrecht: Bundesrepublik Deutschland.* 27. ed. Heidelberg: C. F. Müller Verlag, 1999, p. 9).

A NORMA DE DIREITO FUNDAMENTAL ASSOCIADA

aberta,[7] da qual puderam ser extraídos, mediante um trabalho de interpretação e argumentação desenvolvido pelo TCF no julgamento dos referidos casos, proposições deônticas que não se confundiam com aquela determinação mas tinham com ela uma relação peculiar.[8] Desses exemplos, Alexy fez extrapolação para todas as determinações de direito fundamental como possíveis pontos de ancoragem de normas de direito fundamental por meio de associação.[9]

Com essa caracterização preliminar, a norma associada, que tem recebido outras denominações, como norma de direito fundamental adscrita,[10] atribuída[11] ou derivativa,[12] vai inserida na definição unitária de **norma de direito fundamental**, a saber, que

---

7 ALEXY. *T.G.*, p. 57 ss. Isso significa que, tão somente a partir do comando de que ciência, pesquisa e ensino devam ser livres, não se pode deduzir se esse estado de coisas deve ser alcançado mediante ações do Estado, ou se consiste em abstenções do Estado, ou ainda se a existência ou a produção desse estado de coisas pressupõe, ou não, um direito subjetivo dos cientistas à liberdade da ciência. Compare BOROWSKI, Martin. *Grundrechte als Prinzipien*. 2. ed. Baden-Baden: Nomos, 2007. p. 115.

8 As proposições são: (a) "é ordenado que ciência, pesquisa e ensino são livres" e (b) "ciência, pesquisa e ensino devem ser livres" (ALEXY. *T.G.*, p. 57 ss.).

9 ALEXY. *T.G.*, p. 396. Note-se que o autor não está postulando que haja algo como um direito fundamental mediato como um todo; somente há direitos fundamentais mediatos, na forma de direitos de defesa ou proteção, reunidos em um feixe, constituindo um direito fundamental como um todo.

10 ALEXY, Robert. *Teoría de los Derechos Fundamentales*. Versión castellana de Ernesto Garzón Valdez; revisión de Ruth Zimmerling. Madrid: Centro de Estúdios Políticos y Constitucionales, 2002. p. 66 ss.; ALEXY, Robert. *Teoría de los derechos fundamentales*. 2. ed. Traducción y estudio introductorio de Carlos Bernal Pulido. Madrid: Centro de Estudios Políticos y Constitucionales, 2007. p. 49 ss.

11 ALEXY, Robert. *Teoria dos direitos fundamentais*. Trad. Virgílio Afonso da Silva. São Paulo: Malheiros, 2008. p. 66 ss.; SILVA, Virgílio Afonso da. Nota do tradutor. In: ALEXY, Robert. *Teoria dos direitos fundamentais*. Trad. Virgílio Afonso da Silva. São Paulo: Malheiros, 2008. p. 11-12.

12 A versão inglesa de Julian Rivers usa *derivative constitutional rights norms* (ALEXY, Robert. *A theory of constitutional rights*. Translated by Julian Rivers. Oxford/New York: Oxford University Press, 2002. p. 33).

são normas de direito fundamental todas as normas para as quais é possível uma fundamentação jurídico-fundamental correta.[13]

A particularidade da NDFA consiste em que a afirmação de sua própria validade depende de um procedimento específico e bem conduzido de fundamentação: "Uma norma associada vale e é uma norma de direito fundamental se é possível, para a sua associação a uma norma de direito fundamental imediatamente estatuída, uma *fundamentação jurídico-fundamental correta*".[14]

Essa é a configuração básica do conceito a ser examinado, impondo-se, de plano, a pergunta sobre a sua utilidade, ou seja, se há razões para justificar o seu uso. É o que se passa a examinar.

3. DA FUNDAMENTAÇÃO E ESTRUTURAÇÃO DO CONCEITO

O conceito semântico de norma[15] é pressuposto pela NDFA, porque possibilita distinguir entre a proposição normativa (*Normsatz*) e a norma propriamente dita (*Norm*),[16] e, conversamente, explica a convivência entre, de um lado, a multiplicidade de formas de apresentação do texto que contém as determinações de direito fundamental (*Grundrechtsbestimmungen*),[17] e, de

---

13 ALEXY. *T.G.*, p. 63. O autor explicita que, no caso das diretamente estatuídas, a fundamentação resume-se, via de regra, à sua indicação no texto constitucional.

14 ALEXY. *T.G.*, p. 61. No original: "*Eine zugeordnete Norm gilt und ist eine Grundrechtsnorm, wenn für ihre Zuordnung zu einer unmittelbar statuirten Grundrechtsnorm eine korrekte grundrechtliche Begründung möglich ist*".

15 ALEXY. *T.G.*, p. 43 ss. Segundo tal conceito, "(...) uma norma é o significado de uma proposição normativa (...)". No original: *Eine Norm ist damit die Bedeutung eines Normsatzes*.

16 ALEXY. *T.G.*, p. 43.

17 Compare BOROWSKI, Martin. *La estructura de los derechos fundamentales*. Trad. Carlos Bernal Pulido. Bogotá: Universidad Externado de Colômbia, 2003. p. 27.

A NORMA DE DIREITO FUNDAMENTAL ASSOCIADA

outro lado, a necessidade pragmática do aplicador do Direito de manejar proposições concretas de dever-ser válidas.[18] Aqui assoma o papel *central* do conceito de NDFA como ponto de conexão entre a teoria dos direitos fundamentais e a da argumentação, uma vez que, por meio daquela, o postulado da proposicionalidade, que decorre da natureza argumentativa do Direito[19] e representa elemento comum às teorias referidas, encontra uma forma especial de manifestação, na medida em que a NDFA se oferece como trajeto a seguir no percurso do arcabouço normativo fundamental em direção à solução de casos de direito fundamental sempre que a associação entre as proposições concretas que os resolvem e as determinações fundamentais previstas envolver a ponderação de princípios colidentes.

Sua peculiaridade, enquanto regra de solução de caso, justamente reside na intrínseca ligação com a interpretação jurídica, através da qual une a ponderação com a formulação de uma regra.

Ela se coloca, pois, num ambiente que a metodologia tradicional reconhecera à hermenêutica; porém, ela dá por assentada a insuficiência dos respectivos cânones, já apontada pela teoria da argumentação jurídica,[20] bem como o caráter argumentativo

---

18 Sobre o conceito e critérios de validez, cf. ALEXY. *B.G.R.* No âmbito específico da norma de direito fundamental e dos conceitos de validez, cfr. ALEXY. *T.G.*, p. 49 ss. Compare KELSEN, Hans. *Reine Rechtslehre.* 2. ed. Wien: Franz Deuticke, 1960. p. 9; DWORKIN, Ronald. *Law's empire.* Cambridge: Harvard University Press, 1986. p. 31 ss.; HART, Herbert L. A. *The concept of law.* 2. ed. Oxford: Clarendon University Press, 1994. p. 124 ss.; Alexy se aproxima do conceito de ciência do direito enquanto ciência de um campo do deôntico, ou seja, do dever-ser compreendido *lato sensu*, envolvendo as três "funções normativas" (KELSEN, Hans. *Reine Rechtslehre.* 2. ed. Wien: Franz Deuticke, 1960. p. 81).

19 ALEXY, Robert. *Ideales Sollen.* In: CLÉRICO, Laura; SIECKMANN, Jan-Reinard (ed.). *Grundrechte, Prinzipien und Argumentation*: Studien zur Rechtstheorie Robert Alexys. Baden-Baden: Nomos, 2009. p. 21-38.

20 ALEXY. *T.j.A.*, p. 306.

da atividade interpretativa[21] e a sua carência de ponderações, não somente em relação a argumentos, como também dos próprios princípios envolvidos.[22]

Para a NDFA, a interpretação *jurídica* possui dimensão pragmática, na medida em que não está limitada ao plano semântico e se constitui, também e essencialmente, como atividade prática; ao mesmo tempo, apresenta dimensão normativa, cunhada pelo seu traço institucional, que a vincula a um sistema jurídico determinado, e a impregna com a pretensão de encontrar o resultado correto nesse sistema.[23]

No entanto, a tarefa acometida à NDFA de conjugar ponderação e formação de regra está longe da trivialidade.

O elo desses elementos aparentemente inconciliáveis consiste numa característica particular apontada por Alexy na interpretação dos direitos fundamentais, que diz com o fato de que normas de direito fundamental frequentemente entram em **colisão**, mas que isso não desaloja a dedução.[24] Esse fenômeno justifica a adoção de um modelo normativo com distinção de níveis: um de regras e outro de princípios, bem como torna necessário o procedimento de ponderação, a ser realizado de acordo com o princípio da proporcionalidade, uma vez que este "(...) pede que colisões de direitos fundamentais sejam solucionadas por ponderação"[25] e, em contrapartida, aquele oferece o mecanismo pelo qual se pode, de forma concreta e racional, harmonizar os comandos de otimização insculpidos nos princípios em choque.

A controversa questão atinente aos critérios da distinção não pode ser desenvolvida aqui, por falta de espaço, cabendo consig-

---

21   ALEXY, Robert. Juristische Interpretation. In: *R.V.D.*, p. 78.

22   ALEXY, Robert. *Reflections on how my thinking about law has changed over the years*. Disponível em: <http://www.tampereclub.org/wordpress/?p=9, S. 01-17>. Acesso em 13 set. 2012, p. 6.

23   ALEXY, Robert. Juristische Interpretation. In: *R.V.D.*, p. 73.

24   ALEXY. *T.G.*, p. 157, nota 252.

25   ALEXY, Robert. Apresentação. In: *C.D.*, p. 12.

A NORMA DE DIREITO FUNDAMENTAL ASSOCIADA

195

nar, apenas, que, ao lado de uma tese da separação, a NDFA reclama um modelo misto (ou combinado) quanto à teoria da norma; ou seja, é definitório para a NDFA que o modelo contenha tanto regras como princípios, o que inviabiliza os modelos puros de regras[26] ou de princípios,[27] uma vez que faz parte do conceito de NDFA que os resultados de ponderações corretas afloram como normas associadas com caráter de *regra*.[28]

Como decorrência, a opção por esse modelo combinado também explica a necessidade de diferentes esquemas básicos de interpretação e aplicação – a saber, a subsunção, a ponderação e a analogia[29] –, uma vez que se trata de operar com normas que

---

26   Com efeito, o modelo puro das regras tem por defeito mais grave o de tentar interpretar determinações de direitos fundamentais sem ponderação, o que não se faz possível em três tipos importantes de direitos fundamentais de acordo com a forma de sua normatização: sem reserva, com reserva simples e com reserva qualificada (ALEXY. *T.G.*, p. 104 ss.).

27   Alexy expressamente afirma que a sua teoria dos princípios, enquanto modelo misto (e não puro), não contém apenas princípios, mas também regras. "A teoria dos princípios não diz que catálogos de direitos fundamentais, no fundo, não contêm regras, portanto, no fundo, fixações. Ela acentua não só que catálogos de direitos fundamentais, à medida que efetuam fixações definitivas, têm uma estrutura de regras, mas realça também que o plano das regras precede *prima facie* o plano dos princípios. Seu ponto decisivo é que por trás e ao lado das regras estão os princípios" (ALEXY, Robert. Colisão de direitos fundamentais e realização de direitos fundamentais no estado de direito social. In: *C.D.*, p. 64-65).

28   ALEXY. *T.G.*, S. 61. No original: "*Als Ergebnis jeder richtigen grundrechtlichen Abwägung lässt sich eine zugeordnete Grundrechtsnorm mit Regelcharakter formulieren, unter die der Fall subsumiert werden kann*".

29   Sobre o progresso da posição alexyana a esse respeito, cf. ALEXY, Robert. Arthur Kaufmanns Theorie der Rechtsgewinnung. In: NEUMANN, Ulrich *et al.* (ed.). *Verantwortetes Recht*: die Rechtsphilosophie Arthur Kaufmanns. Stuttgart: Franz Steiner, 2005 (ARSP: Beiheft 100). p. 47-66. Compare BUSTAMANTE, Thomas. *Principles, precedents and their interplay in legal argumentation*: how to justify analogies between cases. In: BOROWSKI, Martin (ed.). *On the nature of legal principles*. Stuttgart: Nomos, 2010. p. 63-77.

demandam formas diversas de operação e que não conseguem produzir modelos sustentáveis isoladamente.[30]

Não surpreende que o paradigma tradicional centrado no silogismo e na subsunção acusava notórias insuficiências em muitas hipóteses relevantes, apontadas por diversas investigações metodológicas[31] e filosófico-jurídicas, que diagnosticavam problemas de abertura ou incompletude do sistema jurídico[32] e de indeterminação normativa; por sua vez, as alternativas[33] de tratamento igualmente se revelaram insatisfatórias, como, por exemplo, as teorias das fontes,[34] das lacunas,[35] ou então por

---

30 ALEXY, Robert. Ideales Sollen. In: CLÉRICO, Laura; SIECKMANN, Jan-Reinard (ed.). *Grundrechte, Prinzipien und Argumentation: Studien zur Rechtstheorie Robert Alexys.* Baden-Baden: Nomos, 2009. p. 21-38.

31 ALEXY. *T.j.A.*, p. 281 ss. Sobre a relação recíproca entre subsunção e interpretação, ENGISCH, Karl. *Einführung in das juristische Denken.* 11. ed. Stuttgart: Kohlhammer, 2010. pp. 104.

32 Sobre isso, Alexy sustenta que todos os sistemas jurídicos possuem lacunas de abertura (*Offenheitslücken*). (ALEXY, Robert. *Rechtssystem und praktische Vernunft.* In: *R.V.D.*, p. 213-231).

33 Não há lugar aqui sequer para mencionar as várias vias alternativas encetadas com relação ao padrão silogístico dedutivo (retórica, lógica do razoável etc.), ou ao modelo subsuntivo, ou para um exame minimamente adequado da teoria do direito livre e da *judicial discretion* (cfr. HART, Herbert L. A. *The concept of law.* 2. ed. Oxford: Clarendon University Press, 1994. p. 272-276).

34 MIRANDA, Jorge. *Teoria do estado e da constituição.* 3. ed. Rio de Janeiro: Forense, 2011. p. 235; KELSEN, Hans. *Reine Rechtslehre.* 2. ed. Wien: Franz Deuticke, 1960. p. 238-239; HECK, Luís Afonso. As fontes do direito. São Paulo, *RT*, n° 677, p. 59-81, mar. 1992.

35 Por todos, ENGISCH, Karl. *Einführung in das juristische Denken.* 11. ed. Stuttgart: Kohlhammer, 2010. p. 236, que definiu a lacuna normativa como "incompletude insatisfatória de um todo".

A NORMA DE DIREITO FUNDAMENTAL ASSOCIADA

conceitos como "textura aberta"[36] e "casos difíceis";[37] o próprio fenômeno da subsunção era incompreendido em sua estrutura e no seu movimento entre norma e estado de coisas,[38] pela recusa do círculo hermenêutico.[39]

Dessa evolução emerge, dentre outras, uma certeza com importantes implicações:[40] sem a subsunção propiciada pela regra identificada na NDFA, a analogia e a ponderação girariam no vazio.[41]

---

36 Hart consagrou a expressão *open texture* (HART, Herbert L. A. *The concept of law*. 2. ed. Oxford: Clarendon University Press, 1994. p. 124 ss.). A tradução da obra de Guastini utiliza expressão "trama aberta", cf. GUASTINI, Riccardo. *Das fontes às normas*. Trad. Edson Bini. São Paulo: Quartier Latin, 2005. p. 145 ss.

37 Alexy, na esteira de Dworkin, utiliza o argumento de que o esquema tradicional da subsunção sob regras se mostra insuficiente especialmente nos chamados casos difíceis (*hard cases*), para advogar a necessidade dos princípios e da ponderação. Disso não segue que a subsunção não seja aplicada na solução desses casos, apenas não é bastante como esquema geral e completo de operação jurídica. Nesta linha, cf. ALEXY, Robert. On balancing and subsumption. A structural comparison. *Ratio Juris*, vol. 16, nº 4, p. 433-449, p. 436, dez. 2003; ALEXY. *T.G.*, p. 157, nota 252.

38 ALEXY. *T.j.A.* p. 281-282. O mesmo movimento é referido por Larenz, que admite a sua circularidade, mas o qualifica de "círculo hermenêutico" e não de círculo vicioso. Cf. LARENZ, Karl. *Methodenlehre der Rechtswissenschaft*. 6. ed. Berlin: Springer-Verlag, 1991. p. 278 ss. Compare ZAGREBELSKY, Gustavo. *Il diritto mite*. Turim: Einaudi, 1992. p. 183.

39 Após uma aceitação menos entusiasmada do círculo hermenêutico (ALEXY. *T.j.A.*, p. 281-282), Alexy mais recentemente reconheceu o seu caráter construtivo e, mais do que isso, o aplicou ao conceito mesmo da filosofia do direito, na qual vislumbra uma versão daquela circularidade da pré-compreensão (ALEXY, Robert. Die Natur der Rechtsphilosophie. In: BRUGGER, W. *et alii* (ed.). *Rechtsphilosophie im 21. Jahrhundert*. Frankfurt am Main: Suhrkamp, 2008. p. 14; ALEXY, Robert. Juristische Interpretation. In: *R.V.D.*, p. 75-77.

40 Para minúcias, veja LUDWIG, Roberto José. *A norma de direito fundamental associada*: direito, moral e razão em Robert Alexy. Porto Alegre: Sergio Antonio Fabris Editor, 2014.

41 Disso decorre que, considerando as modalidades deônticas possíveis, as NDFAs devem utilizar expressões deônticas ou convertíveis em deônticas,

Porém, do fato de a NDFA ser uma *regra*, há mais consequências a extrair. A principal diz com a forma de aplicação. Para que esta possa dar-se ao modo do "tudo ou nada",[42] tal como nas demais regras, faz-se indispensável que a NDFA contenha *determinações definitivas*,[43] que possibilitem a subsunção de um caso dado, considerados os seus elementos fáticos.

Para que isso seja possível, alguns desenvolvimentos se fazem necessários: (1) há necessidade de *conteúdos de fixação*; embora estes não possam ser guindados a critério de distinção entre princípios e regras,[44] são imprescindíveis à subsunção e, como esta é a forma por excelência da aplicação das regras, resultam indispensáveis, por extensão, àquelas;[45] (2) um conteúdo de fixação pode ser considerado *completo* exatamente quando possibilita a decisão de um caso por uma norma sem necessidade de remissão a outras fixações normativas;[46] e (3) a *completude* do conteúdo de

---

como os verbos "poder" (no sentido de estar permitido), "dever" (no sentido de estar ordenado) ou "não poder" (no sentido de estar proibido).

42　Uma implicação importante é a natureza proposicional, normativa e deôntica de tais regras de solução de casos (ALEXY. *T.G.*, p. 76; *R.V.D.*, p. 216).

43　ALEXY, Robert. *Reflections on how my thinking about law has changed over the years*. Disponível em: <http://www.tampereclub.org/wordpress/?p=9>, S. 01-17. Acesso em 13 set. 2012, p. 5: "*By contrast, rules are norms requiring something definitively. They are definitive commands*".

44　Sieckmann o tomou como parâmetro de distinção entre os dois tipos de normas, atribuindo a categorização de regras exclusivamente àquelas dotadas de conteúdo de fixação integral e de princípios às demais normas, tanto as carentes de conteúdo de fixação como as providas em parte (SIECKMANN, Jan-R. *Regelmodelle und Prinzipeinmodelle des Rechtssystems*. Baden-Baden: Nomos, 1990. p. 69; BOROWSKI, Martin. *Grundrechte als Prinzipien*. 2. ed. Baden-Baden: Nomos, 2007. p. 101).

45　Nesse sentido, BOROWSKI, Martin. *Grundrechte als Prinzipien*. 2. ed. Baden-Baden: Nomos, 2007. p. 102.

46　Essa é a lição de Borowski: "O conteúdo de fixação de uma norma não está, ainda, completo, se a decisão de um caso não pode ser feita por uma norma sem fixações normativas (ulteriores)" (BOROWSKI, Martin. *Grundrechte als Prinzipien*. 2. ed. Baden-Baden: Nomos, 2007. p. 99).

A NORMA DE DIREITO FUNDAMENTAL ASSOCIADA

fixação é determinada pela consideração de todos os princípios colidentes que ingressam na ponderação e de todas as condições fáticas relevantes para a colisão.[47] A completude aludida exige, por seu turno, que a subsunção não se resuma a um ato único e instantâneo. Ao invés disso, o procedimento inteiro que resulta na NDFA pressupõe pelo menos duas subsunções iniciais – que a hipótese fática dada esteja no campo de abrangência do significado de pelo menos dois direitos fundamentais com caráter de princípio, colidentes entre si[48] – e uma final, referente ao caso.[49]

A concorrência de subsunções já no primeiro momento reforça a eleição de uma teoria do tipo (*Tatbestand*) ampla, de acordo com a teoria externa,[50] uma vez que princípios podem encontrar-se tanto à base dos direitos fundamentais individuais como de barreiras, e, dessarte, restringir os primeiros.[51]

O conceito de tipo ingressa, também, no próprio desenho da estrutura formal da NDFA, que advém da *lei de colisão K* (*Kollision*), a qual soa assim: "(K') As condições sob as quais um princípio precede a outro constituem o tipo (*Tatbestand*)

---

47 BOROWSKI, Martin. *Grundrechte als Prinzipien*. 2. ed. Baden-Baden: Nomos, 2007, p. 99.

48 Ou um direito fundamental colidente com bem coletivo sustentado por princípio em sentido contrário.

49 Essa descoberta é considerada pelo próprio Alexy como ponto de virada de sua concepção, que permite transpor o abismo entre a subsunção sob princípios colidentes e uma decisão determinada de um caso (ALEXY, Robert. *Reflections on how my thinking about law has changed over the years*. Disponível em: <http://www.tampereclub.org/wordpress/?p=9>, S. 01-17. Acesso em: 13 set. 2012, p. 8).

50 ALEXY, *T.G.*, p. 251.

51 BOROWSKI, Martin. Prinzipien als Grundrechtsnormen. In: Springer Verlag, *Zeitschrift für Öffentilhes Recht*, nº 53, p. 307-335, p. 319, 1998.

de uma regra que expressa a consequência jurídica do princípio que precede."[52]

A proposição que contém a NDFA é da espécie lógica do condicional, com a estrutura formal $C \rightarrow R$, na qual C está para o conjunto de condições[53] que determinam uma relação de precedência (P) condicionada de um princípio $\mathbf{P^1}$ sobre o princípio colidente $\mathbf{P^2}$, de acordo com a seguinte proposição de precedência, estabelecida com força na *lei da colisão*: $(\mathbf{P^1}\ \mathcal{P}\ \mathbf{P^2})\ \mathbf{C}$. Por sua vez, $\mathbf{R}$ está para a consequência jurídica (*Rechtsfolge*).

Com isso, pode-se recorrer à NDFA assim obtida para estruturar uma decisão em que se define se uma determinada ação ou omissão, discutida num caso dado, está proibida, permitida ou ordenada do ponto de vista do direito fundamental, bastando observar se preenche o respectivo tipo, ou seja, se reúne as características típicas representadas pelas condições em que a precedência se verificou.

---

52 ALEXY. *T.G.* p. 84. No original: *"(K') Die Bedingungen, unter denen das eine Prinzip dem anderen vorgeht, bilden den Tatbestand einer Regel, die Rechtsfolge des vorgehenden Prinzip ausspricht"*. Essa, no entanto, é a formulação que Alexy reputa menos precisa. Ele oferece uma redação mais acurada para essa lei com o seguinte teor: "(K) Quando o princípio P^1 precede ao princípio P^2 sob as condições C: $(P^1\ P\ P^2)\ C$, e quando de P^1 resulta sob as condições C a consequência jurídica R, então vale uma regra que contém C como tipo e R como consequência jurídica: $C \rightarrow R$." (ALEXY, *T.G.*, p. 83). No original: *"(K) Wenn das Prinzip P^1 dem Prinzip P^2 unter den Umständen C vorgeht: $(P^1\ P\ P^2)\ C$, und wenn sich aus P^1 unter den Umständen C die Rechtsfolge R ergibt, dann gilt eine Regel, die C als Tatbestand und R als Rechtsfolge enthält: $C \rightarrow R$"*.

53 Como ilustrado pela análise da decisão do caso Lebach, o conjunto de condições C está representado pela cumulação de determinado número de condições, cada uma das quais representa um elemento do tipo fático da regra (*Tatbestandsmerkmal*) T. Assim, para n condições, teremos Tn, valendo a seguinte transposição: $T^1\ e\ T^2\ e\ T^3\ e\ ...Tn \rightarrow R$. Por sua vez, R está para a consequência jurídica (*Rechtsfolge*) (ALEXY, Robert. Die logische Analyse juristischer Entscheidungen. In: ALEXY, Robert *et alii*. *E.j.B.*, p. 19-35).

A NORMA DE DIREITO FUNDAMENTAL ASSOCIADA   201

Pode-se indagar, então, se não seria mais eficiente tomar o tipo diretamente à determinação de direito fundamental, de acordo com os padrões de interpretação clássicos, e extrair a consequência de forma expedita.

Essa tentação, porém, pressupõe aderir a uma teoria de tipo estreita, que reduz o conceito de direito fundamental, bem como negligencia a potencialidade explicativa da especial relação entre NDFA e determinação de direito fundamental.

É preciso, ao invés disso, dar conta da densidade da relação de *precisação*,[54] inerente à estruturação de qualquer NDFA e que, em contrapartida, confere àquela a sua condição de indispensabilidade. A *necessidade das NDFAs*[55] está ligada à *precisação* do texto constitucional com relação aos seus possíveis conteúdos de dever-ser.[56]

A descrição desse vínculo não é simples, como já se percebeu pela complexidade da relação entre os esquemas básicos de aplicação do Direito. Ele tem por base o isolamento dos casos

---

54 Borowski opera com o conceito de implicação (*Implikation*) para qualificar a relação que existe entre normas postas pelo legislador no plano do direito infraconstitucional e um princípio que, no plano da constituição, apoia materialmente aquele direito infraconstitucional. Nesse âmbito, entende que a dação da lei pelo legislador implica a estatuição do próprio princípio, não importando se o faz conscientemente ou não; e, uma vez posto, tal princípio se autonomiza do ato de dação da lei que o implica, persistindo ainda que esta venha a ser derrogada (BOROWSKI, Martin. Die Bindung an Festsetzungen des Gesetzgebers in der grundrechtlichen Abwägung. In: CLÉRICO, Laura; SIECKMANN, Jan-Reinard (ed.). *Grundrechte, Prinzipien und Argumentation*: Studien zur Rechtstheorie Robert Alexys. Baden-Baden: Nomos, 2009. p. 99-128, p. 122 ss.).

55 Segundo o autor: "Elas são necessárias quando devem ser aplicadas aos casos as normas expressas pelo texto da constituição. Se normas dessa espécie não fossem admitidas, não seria claro o que, com base no texto constitucional (ou da norma expressa por ele imediatamente), é ordenado, proibido ou permitido. Essa espécie de relação da norma aludida para com o texto constitucional deve ser designada relação de precisação" (ALEXY, *T.G.*, p. 59-60).

56 GAVIÃO FILHO, Anízio Pires. *Colisão de direitos fundamentais, argumentação e ponderação*. Porto Alegre: Livraria do Advogado Editora, 2011. p. 37.

apanhados pela norma dos demais[57] e a solução dos espaços semânticos que podem aflorar, o que requer decisão baseada em argumentos normativos.[58]

Isso comprova que o problema da *indeterminação normativa*[59] requer desdobramentos na dimensão pragmática que dizem com o imbricamento da relação de *precisação* com a de *fundamentação*, o que somente a teoria da argumentação pode explicar. A carência de fundamentação, portanto, engloba tanto a ação como o resultado da tarefa da precisação.

O problema é incontornável e agudo, na medida em que a mencionada indeterminação se apresenta de modo particularmente acentuado no texto de direito constitucional e, mais gravemente, nos direitos fundamentais sociais.[60]

Por isso, em se cuidando de direitos fundamentais, a determinação da respectiva norma não pode ser feita tateando às cegas, guiado apenas pelos signos linguísticos reunidos pelas determinações de direito fundamental. O êxito da empresa depende da identificação dos possíveis pontos de chegada do procedimento de precisação e fundamentação, o que requer o encaixe da teoria da norma com a teoria do direito fundamental através do *conceito de direito fundamental como um todo*.

---

57 ALEXY, R. *Die logische Analyse juristischer Entscheidungen*. In: ALEXY, Robert *et alii*. *E.j.B.*, p. 09-35; p. 18, nota 48.
58 ALEXY, R. *Die logische Analyse juristischer Entscheidungen*. In: ALEXY, Robert *et alii*. *E.j.B.*, p. 09-35; p. 16-17.
59 GAVIÃO FILHO, Anízio Pires. *Colisão de direitos fundamentais, argumentação e ponderação*. Porto Alegre: Livraria do Advogado Editora, 2011. p. 35.
60 No tópico dos direitos a prestação e, particularmente dos direitos sociais, a Lei Fundamental alemã era parcimoniosa, o que compeliu à associação interpretativa de tais direitos fundamentais a determinações presentes no texto (ALEXY. *T.G.*, p. 396). O exemplo da NDFA no campo dos direitos sociais ilustra perfeitamente a gravidade do problema, por envolver questões distributivas (ALEXY. *T.G.*, p. 401-402).

A NORMA DE DIREITO FUNDAMENTAL ASSOCIADA 203

A operabilidade do direito fundamental depende, pois, de uma configuração não unitária do direito fundamental através do desdobramento propiciado pela *teoria do feixe (Bündeltheorie)* e do conceito de *posições jurídicas fundamentais*,[61] de modo que *o direito fundamental* como um todo (*als Ganzes*),[62] é, então, definido como um *feixe de posições jurídicas fundamentais* que podem ser · *associadas* a uma determinação de direito fundamental, mediante um procedimento correto de precisação e fundamentação.

Portanto, a força aglutinante que reúne as posições é a associação a uma determinação, de modo que às posições jurídicas correspondem normas de direito fundamental que as conferem, que nada mais são que as tantas vezes referidas *normas associadas*.

O enfeixamento e a associação de normas são, assim, fenômenos jurídico-fundamentais mutuamente implicados,[63] como ilustrado em BVerfGE 35, 79 (113),[64] no qual se evidencia que a *relação entre formulação do direito e fundamentação* justifica a associação de normas de direito fundamental que asseguram direitos organizatórios a disposições em geral mais abstratas, como a da liberdade de atividade de ensino.[65]

Além da variedade desses elementos reuníveis num feixe, são relevantes as *relações* que existem entre tais elementos (normas e posições): (1) relações de precisação; (2) meio-finalidade; e (3) ponderação. Esta última possibilita conceber que, dentro do feixe

---

61 ALEXY. *T.G.*, p. 229 ss.

62 ALEXY. *T.G.*, p. 224-228.

63 Alexy conclui que à reunião de um feixe de posições num direito fundamental corresponde a associação de um feixe de normas a uma determinação de direito fundamental (ALEXY. *T.G.*, p. 224).

64 No caso, o TCF, na fundamentação com base em uma relação entre meios e finalidades, estabeleceu a própria formulação do direito a ações do Estado no sentido de organização de espaço necessário para possibilitar o exercício da livre atividade científica.

65 Alexy acentua que, no enunciado que o tribunal assentou na decisão do caso, a formulação do direito está unida com sua fundamentação (ALEXY. *T.G.*, p. 225).

204 ROBERTO JOSÉ LUDWIG

de normas e posições integrantes de um dado direito fundamental também estejam incluídas *posições prima facie*, ou seja, nela *não* existam somente *posições definitivas*, mas também posições que entrem em colisão com outras posições *prima facie* bem como colidam contra princípios que se refiram a posições jurídicas de indivíduos ou a bens coletivos. Daí por que a NDFA se insere na própria definição de *direito fundamental como um todo*.[66]

Está demonstrado com isso que o conceito de NDFA é não somente central, mas também indispensável para operar concretamente direitos fundamentais.

4. DISCUSSÃO

Pela estrutura formal acima apreciada já se pode antever a dificuldade e a complexidade que se apresentam para conectar as subsunções e os passos de uma ponderação adequadamente levada a termo,[67] para o preenchimento do antecedente C, isto é, de todos os elementos de um tipo a partir de material fornecido pelo caso, para que o consequente R decorra logicamente.

A história do conceito revela que tanto Alexy como outros autores se ocuparam de temas correlatos, como a teoria dos princípios e a ponderação, mas não o discutiram diretamente,[68] o que

---

66 ALEXY. *T.G.*, p. 227-228. No original: "*Ein Grundrecht als Ganzes ist deshalb ein Bündel von definitiven und prima facie-Positionen, die auf die drei geschilderten Weisen miteinander verknüpft und einer Grundrechtsbestimmung zugeordnet sind*".

67 Para tanto, recomenda-se o minucioso e elucidativo estudo dos modelos de argumentação com o princípio da proporcionalidade disponível em MICHAEL, Lothar. *Grundfälle zur Verhältnismässigkeit. JuS*, 2001, Caderno 7, p. 654-659; Caderno 8, p. 764-767; Caderno 9, p. 866-870.

68 Sieckmann, por exemplo, refere-se à norma resultante da ponderação, sob o qual é subsumido o caso, designando-a "regra de primazia" (*Vorrangregel*). (SIECKMANN, Jan-Reinard. *Regelmodelle und Prinzipienmodelle des Rechtssystems*. Baden-Baden: Nomos, 1990. p. 18). Porém, define em geral

A NORMA DE DIREITO FUNDAMENTAL ASSOCIADA 205

sugere, alternativamente, a sua baixa problematicidade,[69] ou, então, a sua inocuidade. Porém, há, entrementes, algumas referências inequívocas ao conceito em doutrina brasileira[70] e, particularmente, na estrangeira.[71] Jestaedt, por exemplo, cita especificamente e critica diretamente a NDFA enquanto forma de obtenção e de alteração de direito fundamental sem fixação direta em texto constitucional e

---

regras de primazia como uma classe especial de normas de validez (*idem*, p. 92). No mesmo norte: LEIVAS, Paulo Gilberto Cogo. *Teoria dos direitos fundamentais sociais*. Porto Alegre: Livraria do Advogado, 2006. p. 53-54. Klatt situa o tema no que ele, secundando a Alexy, denomina a dimensão jurídica da relação entre teoria do discurso e direitos fundamentais, a qual concerne à interpretação e à aplicação de tais direitos (KLATT, Matthias. Robert Alexy's philosophy of law as a system. In: *I.R.*, p. 01-26).

---

69 Essa é a conclusão que se impõe, considerando que Alexy vem-se ocupando com diversos temas de maior discussão, como a teoria dos princípios e os fundamentos filosóficos da teoria mais ampla.

70 HECK, Luís Afonso. Prefácio. In: GAVIÃO FILHO, Anízio Pires. *Direito fundamental ao ambiente*. Porto Alegre: Livraria do Advogado Editora, 2005. p. 8; HECK, Luís Afonso. Prefácio. In: LEIVAS, Paulo Gilberto Cogo. *Teoria dos direitos fundamentais sociais*. Porto Alegre: Livraria do Advogado Editora, 2006. p. 10 ss.; GAVIÃO FILHO, Anízio Pires. *Colisão de direitos fundamentais, argumentação e ponderação*. Porto Alegre: Livraria do Advogado Editora, 2011, *passim*.

71 Borowski trata do tema, especialmente quando da elucidação do conceito semântico de norma (cf. BOROWSKI, Martin. *La estructura de los derechos fundamentales*. Trad. Carlos Bernal Pulido. Bogotá: Universidad Externado de Colombia, 2003. p. 26-29.) e dos direitos fundamentais a prestação, notadamente os direitos sociais, os quais remete a associações interpretativas (BOROWSKI, Martin. *Grundrechte als Prinzipien*. 2. ed. Baden-Baden: Nomos, 2007. p. 242; 341). Veja-se, também BOROWSKI, Martin. Die Bindung an Festsetzungen des Gesetzgebers in der grundrechtlichen Abwägung. In: CLÉRICO, Laura; SIECKMANN, Jan-Reinard (ed.). *Grundrechte, Prinzipien und Argumentation*: Studien zur Rechtstheorie Robert Alexys. Baden-Baden: Nomos, 2009. p. 106, nota 33.

sem observância da competência para modificação,[72] atribuindo--lhe indiretamente a condição de "ponto arquimédico".[73]

Correlatamente, vaticina que a atribuição de caráter constitucional a cada resultado da ponderação de direitos fundamentais acarretaria a constitucionalização total do sistema jurídico.[74] Por isso, não hesita em atribuir à chamada "norma de direitos fundamentais derivativa" o papel de "catalisador decisivo pelo qual a teoria da ponderação traz consigo a constitucionalização do sistema jurídico".[75]

Responsabiliza-a, ainda, pela variabilidade do conteúdo do direito constitucional,[76] à falta de previsão de resposta correta para o resultado de cada ponderação.[77]

---

72 Jestaedt qualifica como "ponto arquimédico" (*archimedischer Punkt*) essa equiparação, propiciada pela construção da NDFA, entre, por um lado, conhecimento de direito fundamental (*Grundrechtserkenntnis*) ou interpretação de direito fundamental (*Grundrechtsauslegung*) e, por outro, a correta fundamentação de direito fundamental (JESTAEDT, *G.G.*, p. 230).

73 JESTAEDT. *G.G.*, p. 229 ss. Jestaedt centraliza a sua crítica à teoria dos princípios na tese, supostamente por esta defendida, de que o espaço livre de estatuição do direito se resuma ao resultante da colisão de princípios constitucionais, a ser resolvida por meio de ponderação (*idem*, p. 240-241).

74 JESTAEDT, Matthias. *The doctrine of balancing* – strengths and weaknesses. In: KLATT. *I.R.*, p. 166 ss. Essa crítica reforçaria a anterior, segundo a qual tudo emanaria da Constituição, como sugere a metáfora do "ovo jurídico do mundo" (cf. FORSTHOFF, Ernst. *Der Staat der Industriegesellschaft*: Dargestellt am Beispiel der Bundesrepublik Deutschland. München: Verlag C. H. Beck, 1971. p. 144).

75 JESTAEDT, Matthias. The doctrine of balancing – strengths and weaknesses. In: KLATT. *I.R.*, p. 167.

76 JESTAEDT. *G.G.*, S. 233 ff.

77 Para Alexy, a pretensão de correção não se confunde com a tese da única resposta correta, que reputa implausível no plano prático por buscar exatidão em um grau incompatível com a natureza do objeto, como já apontado por Aristóteles (cf. ALEXY, Robert. Verfassungsrecht und einfaches Recht – Verfassungsgerichtsbarkeit und Fachgerichtsbarkeit. In: *VVDStRL* 61, p. 22, nota 97, 2002).

A NORMA DE DIREITO FUNDAMENTAL ASSOCIADA 207

Além dessas críticas mais diretas, outras são dirigidas à NDFA enquanto produto direto da ponderação e como tal, um aspecto da teoria dos princípios, ou mais remotamente, como resultante de diversas opções teóricas e filosóficas. Por ser humanamente irrealizável, a listagem completa[78] e a discussão de todas as críticas não serão empreendidas aqui.

Concentro-me, então, na objeção de Jestaedt quanto à constitucionalização promovida pela NDFA, que designo como problema jurídico-constitucional, atinente às características peculiares da NDFA e às suas consequências no entorno jurídico,[79] o que enseja os seguintes questionamentos: (a) A NDFA é norma de direito constitucional de conteúdo novo ou mera explicitação de conteúdo já dado? (b) Ela de fato possui *status* de direito constitucional? (c) Há gradações entre as normas de direito fundamental? (d) Quais são as garantias e os limites da atuação do intérprete na determinação de conteúdos constitucionais? (e) Quais são os riscos e remédios contra a variabilidade e a expansão do conteúdo constitucional?

A *novidade* da NDFA se explica porque, enquanto resultado da tarefa da interpretação, contém em si um *desenvolvimento do direito* em sentido amplo[80] e, na medida em que, como produto de ponderação, ao estabelecer aquilo que é efetiva e definitivamente devido, representa um *desenvolvimento do direito* em sentido específico e vem a se incorporar ao direito como um componente definitivo deste.[81]

---

78 Para mais detalhes, cf. LUDWIG, Roberto José. *A norma de direito fundamental associada*: direito, moral e razão em Robert Alexy. Porto Alegre: Sergio Antonio Fabris Editor, 2014.

79 SCHAUER, Frederick. Balancing, subsumption, and the constraining role of legal text. In: KLATT. *I.R.*, p. 311 ss.

80 ALEXY, Robert. Juristische Interpretation. In: *R.V.D.*, S. 91: "*Jede juristische Interpretation ändert das Recht und ist damit eine Rechtsfortbildung im weiteren Sinne*".

81 Enquanto fundamentos ideais das regras antigas, os princípios, por meio da pretensão de correção que os conduz, fundam também as regras novas que, resultando da ponderação, expressam o definitivamente devido, e,

208 ROBERTO JOSÉ LUDWIG

Na explicitação disso, Alexy se reporta a uma exteriorização do próprio tribunal constitucional no sentido de que a NDFA consiste numa *norma nova* e *universal* sob o qual pode ser subsumido o caso e que tem por justificação externa a ponderação levada a cabo,[82] cuja *novidade* reside exatamente na "(...) aplicação de 'critérios até então não determinados jurídico-constitucionalmente de modo mais detalhado' (...)".[83]

Nesse tópico, portanto, Alexy, diversamente de outros autores,[84] alinha-se com algumas diferenciações à corrente kelseniana[85] acerca da produção do direito,[86] de maneira que a NDFA possui a característica da norma nova que toda decisão judicial põe, de acordo com Kelsen; mas não só isso, porque pela sua aplicabilidade a todos os casos do mesmo tipo – universalidade própria das regras – e pela integração a uma rede de precedentes, a novidade da NDFA se amplia para além do caso individual onde foi construída.

A regra que se constrói pela associação não é, pois, uma escolha arbitrária, nem um mero constructo, mas tem que poder ser universalizada para casos da mesma espécie. Assim, além de

---

assim, se incorporam ao direito. Cf. ALEXY, Robert. Meine Philosophie des Rechts: die Institutionalisierung der Vernunft (My Philosophy of Law: The Institutionalisation of Reason). In: WINTGENS, L. J. (ed.). *The Law in Philosophical Perspectives*. My Philosophy of Law. Dordrecht/Boston/London 1999. p. 23-45.

82   ALEXY, Robert. Die logische Analyse juristischer Entscheidungen. In: ALEXY, Robert *et alii. E.j.B.*, p. 21.

83   *Ibidem.*

84   Pulido, certamente por influência da adesão a conceito de concreção como atualização, contesta o caráter novo da NDFA (PULIDO, Carlos Bernal. *El principio de proporcionalidad y los derechos fundamentales*. Madrid: Centro de Estudios Políticos y Constitucionales, 2005. p. 116-117).

85   KELSEN, Hans. *Reine Rechtslehre*. 2. ed. Wien: Franz Deuticke, 1960. p. 228 ss.

86   ALEXY. *T.G.*, p. 52-53.

A NORMA DE DIREITO FUNDAMENTAL ASSOCIADA

universal do ponto de vista lógico, ela deve atender ao princípio pragmático, filosófico, moral e jurídico da universalizabilidade.[87] A característica da universalidade, no entanto, não exclui a *especialidade* da norma em relação ao caso concreto; dessa maneira, a norma associada se origina na ponderação nas circunstâncias e possibilidades fáticas de um caso concreto; entretanto, a ponderação não é realizada aleatoriamente, mas, sim, em atenção à universalizabilidade da solução do conflito do ponto de vista das possibilidades jurídicas.

Aqui se põe o problema jurídico-constitucional da indeterminabilidade *a priori* e variabilidade do direito fundamental, derivado das condições de construção da NDFA.

Como apontado por Sieckmann, o resultado do procedimento de ponderação, que se consubstanciará numa NDFA, não está e nem pode estar determinado *a priori*.[88] Pela institucionalidade que vincula o tribunal, no entanto, o procedimento não é ilimitado nem perfeitamente autônomo; a não ser assim, a previsibilidade mínima ou marginal que se espera de um ordenamento jurídico não poderia ser assegurada.

A esse propósito, merece registro a objeção feita por Jestaedt ao caráter hipotético e *a posteriori* da predição que está implicada nos resultados da aplicação da teoria dos princípios. Não se pode esconder que se trata de um problema relevante para uma teoria das normas que procura conservar um mínimo de segurança

---

87 ALEXY, Robert. Eine diskurstheoretische Konzeption der praktischen Vernunft. In: ALEXY, Robert; DREIER, Ralf (Hrsg.). *Rechtssystem und praktische Vernunft*. ARSP – Caderno 51. Stuttgart: Franz Steiner Verlag, 1993, p. 16.

88 Os parâmetros de comprovação de sua racionalidade não estão dados por normas materiais ou pressuposições normativas substanciais, mas, sim, por exigências formais de racionalidade enquanto pressupostos necessários da fundamentação de normas (SIECKMANN, Jan-Reinard. Probleme der Prinzipientheorie der Grundrechte. In: CLÉRICO, Laura; SIECKMANN, Jan-Reinard (ed.). *Grundrechte, Prinzipien und Argumentation:* Studien zur Rechtstheorie Robert Alexys. Baden-Baden: Nomos, 2009, p. 50).

jurídica e coerência sistemática, fatores que possibilitam alguma previsibilidade jurídica.[89]

Porém, a previsibilidade e os correlatos preditibilidade e calculabilidade, tão decantadas pelo positivismo, possuem valor relativo para a segurança jurídica,[90] e não representam os únicos aspectos a considerar quando se pensa o direito à luz da correção, da segurança e da justiça.[91]

O correlato problema da *sobreconstitucionalização* igualmente não pode ser negligenciado, mas comporta pelo menos equacionamento mitigador.

Se é inevitável a expansão do conteúdo constitucional mediante a ponderação de princípios, como o demonstra a evolução da jurisprudência a partir da sentença Lüth,[92] cumpre gizar que a NDFA, embora integre *formaliter* o conjunto de normas de direito fundamental,[93] não o faz no sentido de pertencer à expressão do poder constituinte originário ou derivado (*pouvoir constitutionel*), mas, sim, apenas como expressão de jurisdição constitucional (*Verfassungsrechtsprechung*), na forma de direito judicial (*Richterrecht*).

---

89 JESTAEDT. *G.G.*, p. 218 ss. O autor menciona o caráter *a posteriori* e hipotético da predição de norma como regra (*Prädizierung einer Norm als Regel*). (*Idem*, p. 219.) Para mais elementos acerca da relação entre segurança jurídica e justiça, veja ALEXY, Robert. Rechtssicherheit und Richtigkeit. In: GERLOCH; TRYZNA; WINTR (ed.). *Metodologie interpretace práva a právní jistota*. Plzeň: Vydavatelsví a nakladateství Aleš Čeňek, 2012. p. 378-393.

90 BROŽEK, Bartosz. Rechtssicherheit als strukturelle Stabilität. In: GERLOCH; TRYZNA; WINTR (ed.). *Metodologie interpretace práva a právní jistota*. Plzeň: Vydavatelsví a nakladateství Aleš Čeňek, 2012. p. 404-416.

91 ALEXY, Robert. Rechtssicherheit und Richtigkeit. In: GERLOCH; TRYZNA; WINTR (ed.). *Metodologie interpretace práva a právní jistota*. Plzeň: Vydavatelsví a nakladateství Aleš Čeňek, 2012. p. 378-393.

92 ALEXY, Robert. Verfassungsrecht und einfaches Recht – Verfassungsgerichtsbarkeit und Fachgerichtsbarkeit. In: *VVDStRL* 61, 2002.

93 Essa distinção foi formulada por Robert Alexy em contato pessoal ocorrido em dezembro de 2012, em Kiel.

A NORMA DE DIREITO FUNDAMENTAL ASSOCIADA 211

Nessa qualidade, a NDFA é dotada da força que é própria a toda e qualquer manifestação formal expedida pelos órgãos judiciários encarregados da jurisdição constitucional. É, pois, neste último sentido, mais limitado e específico, porém não desimportante, que se apresenta o *status* de norma de direito fundamental e constitucional da NDFA.

Seria justificada, então, a crítica de Jestaedt de que a NDFA representa um catalisador para a constitucionalização total da ordem jurídica? Entendo que a resposta é negativa.

Essa observação de Jestaedt deve ser aproveitada como contribuição para a relevância da NDFA e das pesquisas mais recentes de Alexy quanto a aspectos da teoria dos princípios e da ponderação, que de fato estão a merecer aprofundamento, como a questão dos limites normativos e cognitivos da atividade do órgão jurisdicional na tarefa da ponderação (relevância e construção da fórmula peso, eleição de escalas, quantificação de pesos abstratos etc.).

O núcleo do enfrentamento do problema da constitucionalização, entretanto, já se vislumbra na dogmática dos espaços, na integração de princípios formais, na ponderação e nos desdobramentos ulteriores da fórmula peso, com a inclusão de uma equação sobre a certeza das premissas empíricas e normativas.[94]

Embora ainda carente de estudos complementares, é visível o avanço sobre conceitos que já vinham sendo desenvolvidos pela jurisprudência e doutrina constitucionais alemãs, como o de conformação, prognose, prerrogativa de avaliação e espaço de avaliação ou estimação.[95]

---

94 ALEXY, Robert. *Formal principles* (Palestra – Brasil, Feb. 2014). Com o emprego da equação de certeza $S\ i = S\ ie$. $S\ in$, a fórmula peso expandida passa a ser:
$$Gi, j = \frac{Ii \cdot G\ i \cdot Si\ e \cdot S\ in}{Ij \cdot Gj \cdot S\ j\ e\ S\ jn}$$
95 Compare HESSE, Konrad. Bedeutung der Grundrechte. In: BENDA, Ernst (Org.). *Handbuch des Verfassungsrechts der Bundesrepublik Deutschland*. 2. ed. Berlin/New York: De Gruyter, 1994. p. 154-156.

212   ROBERTO JOSÉ LUDWIG

Com isso, mostra-se viável o compromisso entre uma ordenação fundamental e uma ordenação-quadro,[96] dentro da posição[97] em favor de um constitucionalismo[98] discursivo.[99]

É verdade, como Alexy reconheceu desde o lançamento do conceito, que com a NDFA se abre a porta para graves problemas, uma vez que a invocação de normas não diretamente expressas e, também, o caráter polêmico imanente às próprias regras do processo de fundamentação, possuem o condão de atrair controvérsia num campo que, pela sua própria natureza, é deveras problemático, como é o do direito constitucional e fundamental.

De fato, com essa ferramenta normativa não se pode evitar *incerteza* em muitos casos; contudo, é preferível manter o conceito de norma associada, porque não introduz incertezas novas, nem extraordinariamente graves ou insuperáveis, e conta com razões favoráveis a seu emprego, entre elas, o fato de que a NDFA expressa um problema que, aliás, não pode ser contornado e apareceria de outra forma inevitavelmente.[100]

---

96   ALEXY, Robert. Verfassungsrecht und einfaches Recht – Verfassungsgerichtsbarkeit und Fachgerichtsbarkeit. In: *VVDStRL* 61, 2002.

97   Veja-se a crítica à posição alexyana em REESE, Birgit. *Die Verfassung des Grundgesetzes:* Rahmen- und Werteordnung im Lichte der Gefährdungen durch Macht und Moral. Berlin: Duncker & Humblot, 2013. p. 104 ss.

98   Uma clara contraposição entre o constitucionalismo e o legalismo está contemplada no texto ALEXY, Robert. Rechtssystem und praktische Vernunft. In: *R.V.D.*, p. 213-231.

99   Na defesa do constitucionalismo discursivo, Alexy procura afastar também o temor, correlato ao da hiperconstitucionalização, da hipermoralização e amolecimento do caráter deontológico do direito, em decorrência da ponderação, que Habermas e outros levantam (HABERMAS, Jürgen. *Faktizität und Geltung*. Frankfurt am Main: Suhrkamp, 1994. p. 315). Alexy oferece uma resposta que aponta para a possibilidade da racionalidade na ponderação mediante a sua estruturação de um modo tal que nele não sobrepesem critérios morais e, sim, jurídicos, como se extrai do esmiuçamento da NDFA (ALEXY, Robert. Grundrechte, Abwägung und Rationalität. In: *Ars Interpretandi*. Yearbook of Legal Hermeneutics 7, p. 113-125, 2002).

100 ALEXY. *T.G.*, p. 62.

A NORMA DE DIREITO FUNDAMENTAL ASSOCIADA 213

Em defesa da NDFA, naquilo em que cristaliza o resultado da ponderação de princípios, podem ainda ser colacionadas algumas críticas positivas, como as do próprio Jestaedt[101] e de Reese,[102] as quais projetam luz sobre o avanço propiciado pela teoria que a sustenta. No cômputo geral, examinados os ganhos e os riscos, a NDFA supera as críticas[103] e se apresenta justificada como instrumento eficaz e comparativamente mais vantajoso.

---

101 Até mesmo o crítico Jestaedt reconhece que a ponderação não somente se faz compatível com a racionalidade, mas que a teoria da ponderação em discussão realizou uma contribuição efetiva para a racionalidade da interpretação jurisdicional, na medida em que, num avanço considerável em relação a tentativas anteriores como a "concordância prática" de Hesse e o "melhor equilíbrio mútuo possível" de Lerche, que não conseguiam iluminar satisfatoriamente a sua estrutura interna de um modo satisfatório do ponto de vista teórico e metodológico, a teoria da ponderação reconstruiu o ponderar como um processo para otimizar princípios e, assim, compatível com o discurso racional (JESTAEDT, Matthias. The doctrine of balancing – strengths and weaknesses. In: KLATT. *I.R.*, p. 157).

102 Na mesma linha, Reese, a despeito das críticas endereçadas à teoria dos princípios de Alexy, reconhece-lhe potencial explicativo em relação à reconstrução da jurisprudência do TCF e, também, o ganho de verificabilidade do processo de ponderação por meio da estruturação da prova da proporcionalidade e das exigências de fundamentação; particularmente, admite que, com a teoria, a racionalidade não se faz incompatível com valorações, de outro modo também necessárias na subsunção da jurisdição ordinária; principalmente, entende meritória a dogmática dos espaços para a solução de incertezas quanto ao resultado, a saber, de forma competencial, pela adjudicação de espaços de decisão (REESE, Birgit. *Die Verfassung des Grundgesetzes:* Rahmen- und Werteordnung im Lichte der Gefährdungen durch Macht und Moral. Berlin: Duncker & Humblot, 2013. p. 137).

103 Aliás, algumas críticas à proposta alexyana parecem queixas de um paciente contra um instrumento de diagnóstico novo que, por ser mais preciso, resulta na identificação mais rápida ou mais acurada de moléstias conhecidas e mesmo de outras ignoradas; ele não produz mais doenças, e, sim, melhores diagnósticos.

5. CONCLUSÃO

Apesar das controvérsias suscitadas pela introdução do conceito de NDFA, o balanço geral se apresenta positivo.

A par da demonstração de que se trata de um conceito central ao conjunto de teorias que estão articuladas na obra de Alexy, também se evidenciou a sua crucial importância para os direitos fundamentais em geral, a cujo conceito, pensado como um todo, se encontra integrada.

A sua operatividade, utilidade e eficiência restaram suficientemente comprovadas. A potencialidade em estruturar de modo mais transparente e racional a ponderação contribuiu, a despeito das críticas provocadas, para uma aceitação, ainda que parcial, da racionalidade da ponderação e da teoria dos princípios.

Enfim, a norma associada não levanta mais problemas (nem problemas mais graves) do que aqueles a que se propõe resolver; e, em síntese, há ganhos importantes, mais específicos, a serem destacados: (1) pode-se agora afirmar com algum embasamento que são possíveis normas de direito fundamental não estatuídas diretamente no texto constitucional; (2) que tais normas, decorrentes da ponderação de princípios colidentes, possuem caráter de regras e são passíveis de subsunção de casos concretos, (3) que podem engendrar posições jurídicas subjetivas definitivas; (4) podem configurar precedente para casos similares e, enquanto expressão de relações de precedência, podem formar redes úteis para fins dogmáticos e jurisprudenciais.

Por isso, tudo fala a favor de sua utilização.

6. REFERÊNCIAS BIBLIOGRÁFICAS

ALEXY, Robert. Die logische Analyse juristischer Entscheidungen. In: ALEXY, Robert et alii. Elemente einer juristischen Begründungslehre. Baden-Baden: Nomos Verlagsgesellschaft, 2003. p. 9-35.

A NORMA DE DIREITO FUNDAMENTAL ASSOCIADA 215

_____. *A theory of constitutional rights*. Translated by Julian Rivers. Oxford/ New York: Oxford University Press, 2002.

_____. Apresentação. *Constitucionalismo discursivo*. 3. ed. Trad. Luís Afonso Heck. Porto Alegre: Livraria do Advogado Editora, 2011. p. 9-17.

_____. Arthur Kaufmanns Theorie der Rechtsgewinnung. In: NEUMANN, Ulrich *et al.* (ed.). *Verantwortetes Recht:* die Rechtsphilosophie Arthur Kaufmanns. Stuttgart: Franz Steiner, 2005 (ARSP: Caderno 100), p. 47-66.

_____. Colisão de direitos fundamentais e realização de direitos fundamentais no Estado de Direito social. In: *Constitucionalismo discursivo*. 3. ed. Trad. Luís Afonso Heck. Porto Alegre: Livraria do Advogado Editora, 2011. p. 55-70.

_____. *Constitucionalismo discursivo (C.D.)*. 3. ed. Trad. Luís Afonso Heck. Porto Alegre: Livraria do Advogado Editora, 2011.

_____. Die Natur der Rechtsphilosophie. In: BRUGGER, W. *et alii* (ed.). *Rechtsphilosophie im 21. Jahrhundert*. Frankfurt am Main: Suhrkamp, 2008. p. 14.

_____. *Eine diskurstheoretische Konzeption der praktischen Vernunft*. In: ALEXY, Robert; DREIER, Ralf (ed.). *Rechtssystem und praktische Vernunft*. ARSP – Caderno 51. Stuttgart: Franz Steiner Verlag, 1993. p. 11-29.

_____. *Formal principles*. Palestra, Brasil, Feb. 2014.

_____. Grundrechte, Abwägung und Rationalität. In: *Ars Interpretandi*. Yearbook of Legal Hermeneutics 7, p. 113-125, 2002.

_____. *Ideales Sollen*. In: CLÉRICO, Laura; SIECKMANN, Jan-Reinard (ed.). *Grundrechte, Prinzipien und Argumentation*: Studien zur Rechtstheorie Robert Alexys. Baden-Baden: Nomos, 2009. p. 21-38.

_____. Juristische Interpretation. In: *Recht, Vernunft, Diskurs:* Studien zur Rechtsphilosophie. Frankfurt am Main: Suhrkamp, 1995. p. 71-92.

_____. Meine Philosophie des Rechts: die Institutionalisierung der Vernunft (My Philosophy of Law: The Institutionalisation of Reason). In: WINTGENS, L. J. (ed.). *The Law in Philosophical Perspectives*. My Philosophy of Law. Dordrecht/ Boston/ London, 1999. p. 23-45.

216 ROBERTO JOSÉ LUDWIG

_____. On balancing and subsumption. A structural comparison. *Ratio Juris*, vol. 16, nº 4, p. 433-449, dez 2003.

_____. *Recht, Vernunft, Diskurs (R.V.D.)*. Frankfurt am Main: Suhrkamp, 1995.

_____. Rechtssicherheit und Richtigkeit. In: GERLOCH; TRYZNA; WINTR (ed.). *Metodologie interpretace práva a právní jistota*. Plzeň: Vydavatelsví a nakladateství Aleš Čeňek, 2012. p. 378-393.

_____. Rechtssystem und praktische Vernunft. In: *Recht, Vernunft, Diskurs*. Frankfurt am Main: Suhrkamp, 1995. p. 213-231.

_____. *Reflections on how my thinking about law has changed over the years*. Disponível em: <http://www.tampereclub.org/wordpress/?p=9, S. 01-17>. Acesso em: 13 set. 2012.

_____. *Teoría de los derechos fundamentales*. 2. ed. Traducción y estudio introductorio de Carlos Bernal Pulido. Madrid: Centro de Estudios Políticos y Constitucionales, 2007.

_____. *Teoría de los Derechos Fundamentales*. Versión castellana de Ernesto Garzón Valdez; revisión de Ruth Zimmerling. Madrid: Centro de Estudios Políticos y Constitucionales, 2002. p. 66 ss.

_____. *Teoria dos direitos fundamentais*. Trad. Virgílio Afonso da Silva. São Paulo: Malheiros, 2008.

_____. *Theorie der Grundrechte (T.G.)*. 2. ed. Frankfurt: Suhrkamp, 1994.

_____ Verfassungsrecht und einfaches Recht – Verfassungsgerichtsbarkeit und Fachgerichtsbarkeit. In: *VVDStRL* 61, 2002.

_____. *Theorie der juristischen Argumentation (T.j.A.)*. 2. ed. Frankfurt: Suhrkamp, 1991.

ALEXY, Robert *et alii*. *Elemente einer juristischen Begründungslehre (E.j.B.)*. Baden-Baden: Nomos Verlagsgesellschaft, 2003.

ALEXY, Robert; DREIER, Ralf (ed.). *Rechtssystem und praktische Vernunft*. ARSP – Caderno 51. Stuttgart: Franz Steiner Verlag, 1993.

BOROSWKI, Martin. Die Bindung an Festsetzungen des Gesetzgebers in der grundrechtlichen Abwägung. In: CLÉRICO, Laura; SIECKMANN, Jan-Reinard (ed.). *Grundrechte, Prinzipien und Argumentation:* Studien zur Rechtstheorie Robert Alexys. Baden-Baden: Nomos, 2009. p. 99-128.

A NORMA DE DIREITO FUNDAMENTAL ASSOCIADA   217

_____. *Grundrechte als Prinzipien*. 2. ed. Baden-Baden: Nomos, 2007.

_____. *La estructura de los derechos fundamentales*. Trad. Carlos Bernal Pulido. Bogotá: Universidad Externado de Colombia, 2003. p. 20-21. (Série de Teoría Jurídica y Filosofía del Derecho, n° 25.)

_____. Prinzipien als Grundrechtsnormen. In: VERLAG, Springer. *Zeitschrift für Öffentilhes Recht*, n° 53, p. 307-335, 1998.

BROŽEK, Bartosz. Rechtssicherheit als strukturelle Stabilität. In: GERLOCH; TRYZNA; WINTR (ed.). *Metodologie interpretace práva a právní jistota*. Plzeň: Vydavatelsví a nakladateství Aleš Čeňek, 2012. p. 404-416.

BUSTAMANTE, Thomas. Principles, precedents and their interplay in legal argumentation: how to justify analogies between cases. In: BOROWSKI, Martin (ed.). *On the nature of legal principles*. Stuttgart: Nomos, 2010. p. 63-77.

CLÉRICO, Laura; SIECKMANN, Jan-Reinard (ed.). *Regelmodelle und Prinzipeinmodelle des Rechtssystems*. Baden-Baden: Nomos, 1990.

DWORKIN, Ronald. *Law's empire*. Cambridge: Harvard University Press, 1986.

ENGISCH, Karl. *Einführung in das juristische Denken*. 11. ed. Stuttgart: Kohlhammer, 2010.

FORSTHOFF, Ernst. *Der Staat der Industriegesellschaft*: Dargestellt am Beispiel der Bundesrepublik Deutschland. München: Verlag C. H. Beck, 1971.

GAVIÃO FILHO, Anízio Pires. *Colisão de direitos fundamentais, argumentação e ponderação*. Porto Alegre: Livraria do Advogado Editora, 2011.

GUASTINI, Riccardo. *Das fontes às normas*. Trad. Edson Bini. São Paulo: Quartier Latin, 2005. p. 145 ss.

HABERMAS, Jürgen. *Faktizität und Geltung*. Frankfurt am Main: Suhrkamp, 1994. p. 315-316.

HART, Herbert L. A. *The concept of law*. 2. ed. Oxford: Clarendon University Press, 1994. p. 272-276.

HECK, Luís Afonso. As fontes do direito. São Paulo: *RT*, n° 677, p. 59-81, mar. 1992.

_____. Prefácio. In: GAVIÃO FILHO, Anízio Pires. *Direito fundamental ao ambiente*. Porto Alegre: Livraria do Advogado Editora, 2005.

218 ROBERTO JOSÉ LUDWIG

_____. Prefácio. In: LEIVAS, Paulo Gilberto Cogo. *Teoria dos direitos fundamentais sociais*. Porto Alegre: Livraria do Advogado Editora, 2006.

_____ (org.). *Direitos fundamentais, teoria dos princípios e argumentação*: escritos de e em homenagem a Robert Alexy. Porto Alegre: Sergio Antonio Fabris Editor, 2015.

HESSE, Konrad. Bedeutung der Grundrechte. In: BENDA, Ernst (ed.). *Handbuch des Verfassungsrechts der Bundesrepublik Deutschland*. 2. ed. Berlin/New York: De Gruyter, 1994.

JESTAEDT, Matthias. *Grundrechtsentfaltung im Gesetz:* Studien zur Interdependenz von Grundrechtsdogmatik und Rechtsgewinnungstheorie (*G.G.*). Tübingen: Mohr Siebeck, 1999.

_____. The doctrine of balancing – strengths and weaknesses. In: KLATT, Matthias (ed.). *Institutionalized reason:* the jurisprudence of Robert Alexy. Oxford: Oxford University Press, 2012.

KELSEN, Hans. *Reine Rechtslehre*. 2. ed. Wien: Franz Deuticke, 1960.

KIRCHHOF, Paul. *Staats- und Verwaltungsrecht*: *Bundesrepublik Deutschland*. 27. ed. Heidelberg: C. F. Müller Verlag, 1999.

KLATT, Matthias. Robert Alexy's philosophy of law as a system. In: *Institutionalized reason:* the jurisprudence of Robert Alexy. Oxford: Oxford University Press, 2012. p. 1-26.

_____ (ed.). *Institutionalized reason*: the jurisprudence of Robert Alexy (*I.R.*). Oxford: Oxford University Press, 2012.

LARENZ, Karl. *Methodenlehre der Rechtswissenschaft*. 6. ed. Berlin: Springer-Verlag, 1991.

LEIVAS, Paulo Gilberto Cogo. *Teoria dos direitos fundamentais sociais*. Porto Alegre: Livraria do Advogado, 2006.

LUDWIG, Roberto José. *A norma de direito fundamental associada*: direito, moral e razão em Robert Alexy. Porto Alegre: Sergio Antonio Fabris Editor, 2014.

MICHAEL, Lothar. *Grundfälle zur Verhältnismässigkeit. JuS*, 2001, Caderno 7, p. 654-659; Caderno 8, p. 764-767; Caderno 9, p. 866-870.

MIRANDA, Jorge. *Teoria do estado e da constituição*. 3. ed. Rio de Janeiro: Forense, 2001.

A NORMA DE DIREITO FUNDAMENTAL ASSOCIADA

PULIDO, Carlos Bernal. *El principio de proporcionalidad y los derechos fundamentales.* Madrid: Centro de Estudios Políticos y Constitucionales, 2005.

REESE, Birgit. *Die Verfassung des Grundgesetzes:* Rahmen- und Werteordnung im Lichte der Gefährdungen durch Macht und Moral. Berlin: Duncker & Humblot, 2013.

SCHAUER, Frederick. Balancing, subsumption, and the constraining role of legal text. In: KLATT, Matthias (ed.). *Institutionalized reason:* the jurisprudence of Robert Alexy. Oxford: Oxford University Press, 2012.

SIECKMANN, Jan-Reinard. Probleme der Prinzipientheorie der Grundrechte. In: CLÉRICO, Laura; SIECKMANN, Jan-Reinard (ed.). *Grundrechte, Prinzipien und Argumentation:* Studien zur Rechtstheorie Robert Alexys. Baden-Baden: Nomos, 2009.

SILVA, Virgílio Afonso da. Nota do tradutor. In: ALEXY, Robert. *Teoria dos direitos fundamentais.* Trad. Virgílio Afonso da Silva. São Paulo: Malheiros, 2008. p. 11-12.

ZAGREBELSKY, Gustavo. *Il diritto mite.* Turim: Einaudi, 1992.

PARTE III

CONCEITO E VALIDADE DO DIREITO

Não positivismo e a pretensão de correção[1-2]

Alejandro Nava Tovar

Professor de Filosofia do Direito na Universidade Nacional Autónoma de México (UNAM) e Criminologia no Instituto Nacional de Ciências Penais (INACIPE), México.

1. INTRODUÇÃO

Desde a publicação de *Teoria da Argumentação Jurídica* – Teoria do Discurso Racional como Teoria da Fundamentação Jurídica,[3] em 1978, a pretensão de correção tem sido uma pedra angular da teoria não positivista do Direito de Robert Alexy. Apesar de a pretensão de correção aparecer, pela primeira vez,

---

1   Tradução do idioma inglês para português por Luiza A. B. Borges. Revisão técnica por Mariana C. G. M. Ferreira e Cláudia Toledo. Título original: *Non-Positivism and the Claim to Correctness.*

2   Na estimulante discussão seguinte à minha palestra em Juiz de Fora, Robert Alexy, Martin Borowski, Cláudia Toledo e Paula Gaido, assim como alguns assistentes, fizeram valiosas sugestões. Posteriormente, no México, Gustavo Leyva e Jesús Rodrígues ofereceram-me valiosos comentários sobre este artigo. Finalmente, em novembro de 2015, no seminário "Alexy en serio" ("Taking Alexy Seriously"), organizado por Enrique Cáceres, apresentei trabalho elaborado a partir deste artigo, com o intuito de explicar algumas pretensões normativas da teoria do Direito de Alexy.

3   ALEXY, Robert. *A Theory of Legal Argumentation. The Theory of Rational Discourse as Theory of Legal Justification.* Trad. de Ruth Adler e Neil MacCormick. Oxford: Clarendon Press, 2002. Esse livro foi originalmente publicado em alemão (*Theorie der juristischen Argumentation. Die Theorie des rationalen Diskurses als Theorie der juristischen Begründung.* Frankfurt am Main, Suhrkamp, 1978).

na *Teoria da Argumentação Jurídica*, pode-se afirmar que a obra *Teoria dos Direitos Fundamentais*,[4] publicada em 1985, pressupõe também essa pretensão para justificar direitos humanos e a ponderação,[5] é no *Argumento da Injustiça*: uma Resposta ao Positivismo Jurídico,[6] publicado em 1992, que essa pretensão é apresentada como uma chave de sua *teoria não positivista do Direito*, mostrando assim a importância dessa pretensão de correção.

De fato, na *Teoria da Argumentação Jurídica*, a pretensão de correção apareceu pela primeira vez, apesar de essa pretensão ter sido parte da *tese do caso especial*, de acordo com a qual o discurso jurídico é um caso especial de um discurso prático-geral (*Sonderfall des allgemeinen praktischen Diskurses*).[7] Mas, de acordo com Alexy, a pretensão de correção, enquanto se referia apenas à argumentação jurídica, "era ainda um tanto embrionária", porque, nesse trabalho inicial, essa pretensão "se referia apenas à argumentação jurídica e à tomada de decisão jurídica, e não à lei como tal".[8] Como se pode ver agora, a necessidade normativa da pretensão de correção já estava presente no trabalho anterior de Alexy,[9] mas ainda pouco desenvolvida no sentido de mostrar a conexão entre a pretensão de correção e a dupla natureza do

---

4 ALEXY, Robert. *A Theory of Constitutional Rights*. Trad. de Julian Rivers. Oxford: Clarendon Press, 2009. Esse livro foi originalmente publicado em alemão (*Theorie der Grundrechte*. Frankfurt am Main: Suhrkamp, 1985).
5 Ver, por exemplo, KLATT, Mathias. Robert Alexy's Philosophy of Law as System. In: KLATT, Mathias. *Institutionalized Reason* – The Jurisprudence of Robert Alexy. New York: Oxford University Press, 2011. p. 17.
6 ALEXY, Robert. *The Argument from Injustice*: a Reply to Legal Positivism. Trad. de Bonnie Litschewski Paulson e Stanley Paulson. Oxford: Oxford University Press, 2002. Esse livro foi publicado originalmente em alemão (*Begriff und Geltung des Rechts*. Freiburg: Karl Alber Verlag, 1992).
7 ALEXY, Robert. *Theorie der juristischen Argumentation*. Die Theorie des rationalen Diskurses als Theorie der juristischen Begründung. Frankfurt am Main, Suhrkamp, 1978. p. 33.
8 ALEXY, Robert, p. 4.
9 Para algumas críticas contra a pretensão de correção no contexto de *A theory of Legal Argumentation*, ver Bäcker, Carsten. *Begründen und*

NÃO POSITIVISMO E A PRETENSÃO DE CORREÇÃO

Direito como a tese central de seu não positivismo inclusivo. Isso também evidencia que, como Borowski apontou, o fato de a pretensão de correção ser um argumento a favor do não positivismo de Alexy que "sugere que pode muito bem haver conexões intrínsecas entre a tese do caso especial e o não positivismo".[10] Ao defender uma resposta posterior ao positivismo jurídico em suas diversas formas – tanto inclusivo, quanto exclusivo – Alexy desenvolverá a pretensão de correção em um argumento normativo mais amplo a favor do não positivismo. Esse desenvolvimento aparecerá no terceiro livro de Alexy, *Conceito e Validade do Direito*,[11] um livro que defende sua teoria não positivista do Direito e cuja "maior conquista é dar clareza ao debate entre positivismo e não positivismo".[12] Por isso, apresentarei inicialmente a pretensão de correção tal como foi desenvolvida nesse livro.

2. A PRETENSÃO DE CORREÇÃO: A QUE O DIREITO PRETENDE

De acordo com o que foi delineado na introdução, a pretensão de correção tem um papel central na reflexão de Alexy

---

Entscheiden – Kritik und Rekonstruktion der Alexyschen Diskurstheorie des Rechts., Baden: Nomos Verlagsgesellschaft, 2012. p. 217 ss.

---

10 BOROWSKI, Martin. Discourse, Principles and the Problem of Law and Morality: Robert Alexy's Three Main Works. In: *Jurisprudence:* An International Journal of Legal and Political Thought, 2(2), p. 578, 2012.

11 **N.T.:** A tradução do título deste livro em português corresponde literalmente ao original *Begriff und Geltung des Rechts*. No entanto, pelos motivos expostos pelos tradutores Stanley L. Paulson e Bonnie Litschewski Paulson, na versão inglesa do livro, seu título é *The Argument from Injustice* – A reply to legal positivism.

12 KLATT, Matthias. Robert Alexy's Philosophy of Las as System. In: KLATT, Matthias (ed.). *Institutionalized Reason* – The Jurisprudence of Robert Alexy. New York: Oxford University Press, 2012. p. 10.

sobre o conceito, a validade e a natureza do Direito. Portanto, parece um tópico apropriado para começar qualquer questionamento com o intuito de compreender sua teoria não positivista do Direito. Esse argumento alcançou até mesmo o *status* de uma justificação quase legendária[13] da objetividade dos enunciados normativos. Ao responder a questão acerca da natureza da pretensão de correção, entretanto, surgem alguns argumentos em razão dos vários usos do termo "correção" que podem ser encontrados nos trabalhos de Alexy. Como afirmado por Jan-Reinard Sieckmann, em alguns trabalhos de Alexy, correção pode ser, em primeiro lugar, interpretada no sentido da verdade de uma afirmação ou de algo análogo à verdade no caso de um juízo normativo; em segundo lugar, como possibilidade discursiva; e, em terceiro lugar, para indicar o uso do critério de mais alto nível para avaliação.[14]

É, contudo, em *Conceito e Validade do Direito*, que a pretensão de correção é inteiramente desenvolvida como um genuíno argumento a favor do não positivismo, sendo exposta, nos últimos artigos, como um argumento acerca da dupla natureza do Direito. Assim, o argumento da correção é revelado como a pedra angular de toda a construção alexyana, o eixo de seu anti e não positivismo. Se há dúvida sobre isso, há dúvida sobre tudo.[15] Mas de que exatamente o Direito levanta pretensão no contexto do *Conceito e Validade do Direito*?

---

13   Ver PAVLAKOS, George. Correctness and Cognitivism. Remarks on Robert Alexy's Argument from the Claim to Correctness. In: *Ratio Juris*, vol. 25, nº 1, p. 16, mar. 2012.

14   Ver SIECKMANN, Jan-Reinard. Human Rights and the Claim to Correctness in the Theory of Robert Alexy. In: PAVLAKOS, George. *Law, Rights and Discourse:* The Legal Philosophy of Robert Alexy. Portland: Hart Publishing, 2007. p. 179.

15   CHIASSONI, Pierluigi. Alexy y la doble naturaleza del derecho. Comentarios escépticos. In: BERNAL, Carlos (ed.). *La doble dimensión del derecho.* Autoridad y razón en la obra de Robert Alexy. Lima: Palestra, 2011. p. 130.

NÃO POSITIVISMO E A PRETENSÃO DE CORREÇÃO

De fato, compreender a que o Direito pretende revela-se tanto como um problema conceitual quanto como um problema normativo. Nesse ponto, surgem algumas questões relativas à pretensão de correção de Alexy: o que significa levantar uma pretensão de correção?[16] Quais são as implicações de o Direito levantar uma pretensão de correção?[17] Como e o que o Direito pretende?[18] Essa pretensão é uma questão empírica?[19] Essa pretensão se refere à denominada razão prática?[20] Ou talvez isso seja uma analogia enganadora, já que o Direito não pode levantar pretensões de forma nenhuma?[21] A resposta apropriada a essas questões implica uma análise completa não apenas da pretensão de correção, mas da fundamentação (*Begründung*) da Filosofia do Direito de Alexy. Esse tipo de análise vai muito além de meu escopo e, felizmente,

---

16 Uma resposta adequada a essa questão vai muito além da Filosofia do Direito e deve ser incorporada ao domínio da ética do discurso de Jürgen Habermas e Karl Otto-Apel que, em sua inspiração original, "representou uma resposta ao ceticismo valorativo crescente a partir da redução científica da razão aos domínios da ciência e da técnica", ver REHG, William. *Insight and Solidarity* – The Discourse Ethics of Jürgen Habermas. California: University of California Press, 1994. p. 21.

17 Ver COOKE, Maeve. Law's Claim to Correctness. In: PAVLAKOS, George (ed.). *Law, Rights and Discourse*. The Legal Philosophy of Robert Alexy. Portland: Oxford University Press, 2007. p. 225-248.

18 Ver GARDNER, John. How Law Claims, What Law Claims. In: KLATT, Matthias (ed.). *Institutionalized Reason*. The Jurisprudence of Robert Alexy. New York: Oxford University Press, 2012. p. 29-44.

19 Ver SOPER, Philip. Law's Normative Claims. In: GEORGE, Robert (ed.). *The Autonomy of Law*. Essays on Legal Positivism. Oxford: Clarendon Press, 1996. p. 217.

20 Ver BONGIOVANNI, Giorgio; ROTOLO, Antonino; ROVERSI, Corrado. The Claim to Correctness and Inferentialism: Alexy's Theory of Practical Reason Reconsidered. In: PAVLAKOS, George (ed.). *Law, Rights and Discourse*. The Legal Philosophy of Robert Alexy. Portland: Oxford University Press, 2007. p. 275-300.

21 Ver MACCORMICK, Neil. Why Law Makes no Claims. In: PAVLAKOS, George (ed.). *Law, Rights and Discourse*. The Legal Philosophy of Robert Alexy. Portland: Hart Publishing, 2007. p. 59-68.

não é necessário aqui. É suficiente dizer que a pretensão de correção, da forma como desenvolvida no *Conceito e Validade do Direito* e nos últimos artigos sobre a dupla natureza do Direito, poderia fornecer argumentos bastantes em favor da conexão entre Direito e Moral, isto é, que a dimensão autoritativa do Direito é moralmente vinculada pela correção moral e, se o Direito levanta uma pretensão moral, o esforço não positivista tem razão ao afirmar uma conexão necessária entre Direito e Moral.

Baseado na perspectiva do participante, que está presente na maior parte do *Conceito e Validade do Direito*, Alexy estabelece três argumentos para mostrar que a tese da conexão está correta: o argumento de correção, o argumento de injustiça e o argumento de princípio. O argumento de correção, que é a base tanto do argumento de injustiça quanto do argumento de princípio, afirma que:

> Normas jurídicas individuais e decisões jurídicas individuais, bem como ordenamentos jurídicos como um todo necessariamente assentam-se na pretensão de correção. Um sistema de normas que nem explícita nem implicitamente levante essa pretensão não é um ordenamento jurídico. Nesse contexto, a pretensão de correção tem um sentido classificatório. Ordenamentos jurídicos que, de fato, levantem essa pretensão, mas não consigam satisfazê-la, são ordenamentos juridicamente defeituosos. A esse respeito, a pretensão de correção tem um sentido qualificador. Um significado exclusivamente qualificador é anexado à pretensão de correção de normas jurídicas individuais e decisões jurídicas individuais. Essas são juridicamente defeituosas se não levantam a pretensão de correção ou se não a satisfazem.[22]

---

22   ALEXY, Robert. *The Argument from Injustice*, p. 35-36.

NÃO POSITIVISMO E A PRETENSÃO DE CORREÇÃO   229

Alexy utilizará dois exemplos para explicar a ideia de uma contradição performativa e, assim, a força normativa dessa pretensão moral. O primeiro exemplo consiste na adoção de uma disposição constitucional que determina que "X é uma república soberana, federativa e injusta",[23] porque a minoria que oprime a maioria gostaria de continuar com a sua dominação, mas também gostaria de ser honesta e expressar nesse dispositivo o que pensam acerca de sua república, isto é, explicitar o que está implícito. Alexy argumenta que esse artigo constitucional tem um *defeito conceitual*, uma vez que viola regras que são constitutivas dos atos de fala. De fato, a institucionalização de uma norma jurídica necessariamente implica uma pretensão de correção, que, nesse contexto, tem a característica de ser uma pretensão de justiça que fornece uma validade moral a qualquer tipo de lei. O segundo exemplo consiste na abordagem da objeção ao argumento de correção mediante um juiz prolata a seguinte decisão: "o acusado é sentenciado à prisão perpétua, o que é uma interpretação incorreta do direito vigente".[24] Essa proposição também tem um *defeito conceitual*, a saber, em toda decisão judicial há uma pretensão de correção, no sentido de que o direito deveria ser corretamente interpretado e aplicado em todos os casos, mesmo se essa pretensão tiver sido satisfeita ou não. Em outras palavras, no segundo exemplo, o juiz comete também uma contradição performativa e, assim, nega a pretensão de correção.

Esses dois exemplos confirmam que participantes em um ordenamento jurídico necessariamente levantam uma pretensão de correção, que conecta Direito com Moral, mas não qualquer conceito de Moral, e sim Moral coompreendida como uma pretensão de justiça – abarcando um conteúdo apropriado e aplicação do Direito. Esse argumento, entretanto, não é suficiente para um positivista jurídico aceitar a necessária conexão

---

23   ALEXY, Robert. *The Argument from Injustice*, p. 37.
24   *Idem*, p. 38.

entre Direito e Moral, porque ele poderia utilizar duas estratégias: a primeira é a pretensão de que a falha em satisfazer a pretensão de correção não envolve a perda da qualidade jurídica, e a segunda consiste em sustentar que a pretensão de correção, de fato, possui um conteúdo trivial que, de forma alguma, conduz a uma conexão conceitual entre Direito e Moral. Essas duas objeções serão respondidas, respectivamente, através do uso do argumento de injustiça, que se concentra em situações nas quais há uma lei que é extremamente injusta, e um argumento de princípio, que é dirigido ao cotidiano do Direito, ambos dependendo da pretensão de correção como uma pretensão moral incorporada a um discurso jurídico.

Por que Alexy argumenta com tamanha veemência e de forma concisa contra o não positivismo? Ele acredita que o positivismo jurídico, representado pela *tese da separação* (*Trennungsthese*) entre Direito e Moral, é errado, assim como a *tese kelseniana* de acordo com a qual "o conteúdo do Direito pode ser qualquer coisa que seja".[25] Em vez disso, a *tese da conexão* (*Verbindungsthese*) entre Direito e Moral é correta, assim como a *tese radbruchiana*, segundo a qual Direito extremamente injusto não é Direito.[26] Portanto, o não positivismo inclusive surge como a última forma de um sistema de Filosofia do Direito, que pode ser melhor descrito como a "institucionalização da razão". Mas, pode-se imaginar o que o positivismo jurídico tem a dizer sobre essa forma de não positivismo. Na próxima seção, apresentarei algumas críticas à pretensão de correção.

---

25 ALEXY, Robert. *The Argument from Injustice*, p. 3.
26 Ver RADBRUCH, Gustav. Gesetzliches Recht und übergesetzliches Recht. In: RADBRUCH, Gustav. *Rechtsphilosophie*. Heidelberg: C. F. Müller, 2003. p. 216.

NÃO POSITIVISMO E A PRETENSÃO DE CORREÇÃO 231

3. AS OBJEÇÕES POSITIVISTAS CONTRA A PRETENSÃO DE CORREÇÃO: UMA PRETENSÃO SEM VALOR

O Argumento da Injustiça não passou despercebido ao positivismo jurídico. Autores como Eugenio Bulygin e Joseph Raz realizaram algumas objeções interessantes e afiadas aos principais fundamentos das visões não positivistas de Alexy no livro *Conceito e Validade do Direito*. Essa não é a primeira e nem a última vez que Alexy tem um debate com Bulygin e Raz sobre alguns tópicos da filosofia do Direito,[27] mas suas objeções à pretensão de correção certamente constituem o eixo da linha de frente positivista contra o não positivismo. Tanto Bulygin quanto Raz fizeram mais críticas direcionadas ao conceito de Direito elaborado por Alexy,[28] mas me concentrarei apenas nas objeções daqueles autores à pretensão de correção. Começarei, primeiramente, com os argumentos de Bulygin contra a pretensão de correção e, posteriormente, tratarei da crítica de Raz à pretensão moral.

Por um lado, a crítica de Bulygin à pretensão de correção poderia ser resumida da seguinte forma: os argumentos de Alexy são falhos, porque a pretensão de correção, mesmo se pudesse ser justificada, é insuficiente para mostrar uma conexão conceitual necessária entre Direito e Moral, pois entra em contradição. A colocação de Bulygin apareceu, pela primeira vez, em uma homenagem a Werner Krawietz intitulada "Alexy e o argumento da correção",[29]

---

27 Em 2007, Marcial Pons publicou em espanhol um livro interessante editado por Hermán Bouvier, Paula Gaido e Rodrigo Sánchez Brigido sobre a discussão entre Raz, Bulygin e Alexy acerca da possibilidade da existência de uma teoria do Direito. O título do livro é *Una discusión sobre la teoría del derecho*.

28 Para uma descrição mais detalhada das respostas de Bulygin e Raz ao não positivismo de Alexy, ver NAVA, Alejandro. *La institucionalización de la razón*. La filosofía del derecho de Robert Alexy. México: Distrito Federal, Antropos/UAM Iztapalapa, 2015. p. 268-278.

29 Ver BULYGIN, Eugenio. Alexy und das Richtigkeitsargument. In: AARNIO, Aulis; PAULSON, Stanley; WEINBERGER, Ota (eds.). *Rechtsnorm und*

e levou, então, a um intenso debate sobre suas concepções de Direito. As objeções de Bulygin são direcionadas à justificabilidade da pretensão de correção, a forma pela qual essa pretensão conecta Direito e Moral e sua aparente contradição. Por essa razão, centrei-me nas objeções de Bulygin a essa pretensão.

De acordo com Bulygin, há uma contradição relativa ao alcance da pretensão de correção, a depender do tipo de significado, que possui um efeito diferente conforme a referência. Alexy expõe dois sentidos de pretensão de correção: (1) se um ordenamento jurídico, que não levanta a pretensão de correção nem explícita nem implicitamente, não for um ordenamento jurídico, então a pretensão de correção tem um significado classificatório; (2) se o ordenamento jurídico, que efetivamente levanta essa pretensão, porém falha em satisfazê-la, for um ordenamento jurídico defeituoso do ponto de vista jurídico, então a pretensão de correção tem um significado qualificador. Essa diferença apresenta uma contradição, porque, conforme Alexy, essa pretensão é um atributo conceitualmente necessário dos ordenamentos jurídicos, mas não é um atributo definitivo das normas e das decisões jurídicas. Disso decorre que ela não é, então, um atributo conceitualmente necessário desse tipo de normas e decisões jurídicas.

Bulygin não acredita que os ordenamentos jurídicos levantam uma pretensão de correção e, por essa razão, analisa ambos os exemplos de Alexy. Para Bulygin, há alguns problemas nesses exemplos, na medida em que considera a falha deles como política, mas não conceitual, isto é, "politicamente inadequada".[30] Com isso, não haveria contradição performativa e, consequentemente, não haveria também a pretensão de correção conectando Direito e Moral. Em um outro artigo, publicado posteriormente na revista

---

Rechtswirklichkeit. Festchrift für Werner Krawietz zum 60 Geburtstag. Berlin: Duncker & Humblot, 1993. p. 19-24.

---

30 Ver BULYGIN, Eugenio. Alexy und das Richtigkeitsargument, p. 22.

NÃO POSITIVISMO E A PRETENSÃO DE CORREÇÃO   233

Ratio Juris,[31] Bulygin ataca a ideia de uma contradição performativa por considerá-la um tanto obscura no contexto da conexão entre Direito e Moral. Bulygin duvida que toda autoridade jurídica pretenda que suas normas sejam moralmente justas e, mesmo que elas tenham essa pretensão, que garantia temos de que autoridades como Genghis Khan, Felipe II da Espanha, Khomeini ou Pinochet levantam uma pretensão universal de correção? A objeção final de Bulygin à pretensão de correção diz respeito à dimensão ideal do Direito. Ele, Bulygin, busca finalizar o debate entre positivismo e não positivismo (o *fim da tese de debate*), argumentando que, se ordenamentos jurídicos injustos, que não levantam essa pretensão, continuam sendo ordenamentos jurídicos, isso significa que a pretensão de correção não é um atributo necessário do ordenamento jurídico.[32]

Por outro lado, Raz argumenta que a resposta de Alexy ao positivismo jurídico não consegue refutar teorias jurídicas identificadas como positivismo jurídico. A resposta de Raz, intitulada *The Argument from Justice or How Not to Reply to Legal Positivism*, apareceu, pela primeira vez, em *Law, Rights and Discourse – The Legal Philosophy of Robert Alexy*, organizado por George Pavlakos,[33] e posteriormente publicada na segunda edição de *The Authority of Law*. Essay on Law and Morality.[34] Para esclarecer suas críticas à concepção de Alexy sobre positivismo jurídico, Raz divide seus argumentos em cinco partes, de acordo com os prin-

---

31 Ver BULYGIN, Eugenio. Alexy's Thesis of the Necessary Connections Between Law and Morality. In: *Ratio Juris*, vol. 13, n° 2, p. 133-137, 2000.

32 BULYGIN, Eugenio. Robert Alexy und der Begriff des Rechts. In: CLÉRICO, Laura; SIECKMANN, Jan-Reinard (ed.). *Grundrechte, Prinzipien und Argumentation*. Studien zur Rechstheorie Robert Alexys. Baden-Baden: Nomos Verlagsgesellschaft, 2009. p. 236.

33 Ver PAVLAKOS, George (ed.). *Law, Rights and Discourse*. The Legal Philosophy of Robert Alexy. Portland: Hart Publishing, 2007. p. 17-36.

34 Ver RAZ, Joseph, *The Authority of Law, Essays on Law and Morality*. Oxford: Oxford University Press, 2009. p. 313 ss.

cipais fundamentos da obra *Conceito e Validade do Direito*. A terceira parte é dedicada à pretensão de correção, na qual afirma que o Direito, como um todo, e também cada uma de suas normas e decisões pretendem ser corretos. De acordo com Raz, a pretensão de correção, interpretada como instância de uma tese ainda mais geral, aplicada a todas as ações intencionais e seus resultados – o que explica a referência à pretensão levantada por um ato de fala –, não explica nada de especial acerca do Direito, pois até mesmo bandidos estão comprometidos com a pretensão de que o que eles fazem é apropriado, ou seja, que suas ações são corretas:

> Eles (os bandidos) podem pensar nelas como ações cristãs, podem agir pretendendo agir de modo cristão (talvez seja como Robin Hood e seu grupo pretendiam que fossem suas ações). Nesse caso, eles estão levantando pretensão de correção conforme aquele padrão, a saber, o padrão do cristianismo. Suas ações podem não ser intencionais sob a descrição "ações de bandidos" e eles podem não estar pretendendo uma correção conforme esses padrões, se tais existem.[35]

Raz também pensa que a pretensão de correção, enquanto verdadeira, não é vazia, porém formal, no sentido de que não determina quais padrões se aplicam, então nada pode ser aprendido da tese da correção sobre a natureza do Direito, na medida em que devemos saber, primeiramente, qual é a natureza do Direito para dizer quais compromissos o Direito faz e quais não pode infringir de acordo com sua própria natureza. Como podemos observar, a pretensão de correção tem encarado fortes críticas de positivistas jurídicos tais como Bulygin e Raz. Ainda assim, argumentos críticos contra a pretensão de correção não contam, por

---

35 RAZ, Joseph. *The Authority of Law, Essays on Law and Morality*. Oxford: Oxford University Press, 2009. p. 313 ss.

NÃO POSITIVISMO E A PRETENSÃO DE CORREÇÃO   235

si sós, como uma refutação, de forma alguma. O que Alexy tem a dizer em nome do elemento central de sua teoria não postivista?

4. CORREÇÃO E MORALIDADE: A PRETENSÃO DE CORREÇÃO E A DIMENSÃO IDEAL DO DIREITO

A obra *Conceito e Validade do Direito* tenta fornecer uma fundamentação racional para a conexão entre Direito e Moral. A alternativa de Alexy ao positivismo jurídico reside na pretensão de correção, que consiste em três elementos: (1) a asserção da correção, (2) a garantia de justificabilidade, (3) e a expectativa de aceitação da correção.[36] Mais propriamente, essa pretensão é o que faz o Direito vinculante, em sentido normativo, compreendendo normatividade como uma espécie de propriedade que torna algo correto ou racional, nesse caso, o Direito. Por essa razão, Alexy responde as críticas de Bulygin e Raz.

De um lado, Alexy responde às objeções de Bulygin levantadas contra a distinção entre o sentido de classificação e qualificação; a pretensão de corrreção; e a contradição performativa. Alexy defende essa distinção com o argumento de que levantar uma pretensão de correção é diferente de preenchê-la. Se um ordenamento jurídico apenas levanta essa pretensão, mas não a preenche, então, será um ordenamento juridicamente defeituoso. A pretensão aqui tem o caráter de uma função constitutiva, então, normas individuais e decisões estabelecerão uma conexão derivada com a pretensão de correção levantada pelo ordenamento jurídico como um todo. Quanto à ideia de uma contradição performativa, que Bulygin considera, de certa forma, obscura, Alexy fará uso dessa ideia no contexto da ética do discurso para explici-

---

36 ALEXY, Robert. Law and Correctness. In: *Current Legal Problems* 51, p. 208, 1998.

tar a estrutura deontológia implícita no Direito e, assim, mostrar que o conteúdo do Direito não pode ser qualquer um.

Apesar de esse argumento não aparecer no *Conceito e Validade do Direito*, ele está em um artigo posterior sobre a natureza da Filosofia do Direito, no qual Alexy expressa que tornar explícita estrutura precisamente deontológica do Direito é uma das tarefas mais importantes na Filosofia do Direito e, portanto, "todo método que torna explícito o que está implícito (*das Implizit explizit zu machen*) pode ser aplicado para essa finalidade. Um deles recai na construção de contradição performativa".[37] Esse método permite ao Direito pretender um conteúdo moral com implicações de alcance muito maior do que apenas uma reprovação moral e então a conexão Direito e Moral é demonstrada. Nesse caso, a contradição performativa torna explícita a Moral incorporada pelos ordenamentos jurídicos, apesar de isso não significar que ordenamentos jurídicos satisfaçam a pretensão de correção que incorporam. Isso evidencia que a conexão entre Direito e Moral não é contingente ou possível, mas, sim, uma conexão conceitual necessária.

Por outro lado, Alexy responde às objeções de Raz levantadas contra o conteúdo moral e o alcance da pretensão de correção. Alexy argumenta que apenas se as pretensões de correção possuíssem um escopo moral universal poderiam dar origem a uma validade moral. Raz está correto quando argumenta que bandidos estão, de fato, comprometidos com a pretensão de que o que eles fazem é apropriado para eles. Por esse motivo, agem intencionalmente para obter alguns objetivos específicos. Contudo, agir de modo apropriado para alguns objetivos específicos é diferente de agir corretamente de acordo com padrões morais universais. Para Alexy, a pretensão de correção está ligada à objetividade moral e a pretensão de adequação não está necessariamente conectada a

---

37 ALEXY, Robert. Die Natur der Rechtsphilosophie. In: BRUGGER, Winfried; NEUMANN, Ulfrid; KIRSTE, Stephan. *Rechtsphilosophie im 21. Jahrhundert*. Frankfurt am Main: Suhrkamp, 2008. p. 22.

NÃO POSITIVISMO E A PRETENSÃO DE CORREÇÃO 237

essa pretensão. Por isso, a objetividade moral não pode justificar toda ação intencional para a perspectiva de um participante. Mesmo em uma ditadura, o líder não pode pretender que ele quer oprimir a oposição política através do Direito. Pelo contrário, ele não será capaz de convencer o povo sobre o que se encontra implícito em seus objetivos. Isso evidencia que nem toda pretensão pode ser aprovada conforme alguns padrões morais universais, fundamentados por tipos diferentes de regras e princípios normativos, como aqueles propostos pela ética do discurso. Nesse caso, a contradição performativa tem a tarefa de evitar pretensões não morais em ordenamentos jurídicos.

Se esses argumentos estão corretos, então a pretensão de correção tem a propriedade de mostrar o fundamento de um conteúdo moral mínimo do Direito, transformando o defeito moral em defeito jurídico, porque a correção moral afeta a validade jurídica quando essa pretensão moral não é levantada por ordenamentos jurídicos. Mas, também, a pretensão de correção serve como a pedra angular para se compreender a dimensão ideal do Direito. Portanto, a pretensão de correção poderia também justificar a conexão entre Direito e Moral. O defeito moral apresenta-se não mais como um juízo moral apenas, mas como um defeito propriamente jurídico.

Até agora, examinei ambos os argumentos de Bulygin e Raz, e os contra-argumentos de Alexy referentes à pretensão de correção. Agora, entretanto, farei algumas considerações sobre a pretensão de correção, considerações que procuram enriquecer o debate.

Com a passagem do tempo, é mais difícil negar que o Direito levanta algumas pretensões. Claro, elucidar o conceito e a natureza dessas pretensões é uma tarefa concernente ao ponto de vista moral incorporado ao Direito. Na verdade, elucidar o conceito e a natureza dessas pretensões tornou-se uma outra forma de expressar até que ponto Direito e Moralidade se encontram e até que ponto eles divergem entre si. Gostaria de salientar um argumento que diz respeito à pretensão de correção. Talvez um problema com a pretensão de correção seja que ela provou ser essencialmente acertada: a conexão entre Direito e Moral, o que Alexy entende por "Moral", pode-se fundamentar mediante a pretensão de correção, a pedra angular de sua teoria não positivista do Direito. A questão é se há qualquer razão para acreditar que a pretensão de correção evita que o Direito seja usado como um instrumento de crueldade ou injustiça extrema. Alexy está correto em sustentar que mesmo uma ditadura não pode tornar explícito o que se encontra implícito. Porém, o cerne da minha questão está na possibilidade de infligir injustiças extremas em nome de uma pretensão moral de correção, uma pretensão de justiça.

A pretensão de correção, tomada como uma exigência moral e expressão da dimensão ideal do Direito não é jamais suficiente para garantir que maus juízes e governantes possam ser interrompidos em seus caminhos, ou seja, essa pretensão não pode prevenir abusos diários do Direito, nem que todos os infratores se arrependerão do que eles fazem (o caráter incorreto dos abusos de poder poderia ser justificado a partir de um ponto de vista pessoal, embora imoral, se for esse o caso). Há alguns casos nos quais a linha divisória entre injustiças severas e extremas pode ser vista como não tão "autoevidente" e, assim, normas incorretas e decisões jurídicas poderiam encontrar uma justificação sob a trama da razão. Além disso, pode-se dizer com confiança que mesmo ordenamentos jurídicos injustos poderiam fazer uso da pretensão de correção para justificar moralmente um Direito corrupto, pelo que procuraremos em vão se tentarmos encontrar, em enunciados explícitos de poder e dominação, como aqueles apresentados por Alexy.[38] O nível de desacordo sobre o que deve ser compreendido como moralmente justificado nos casos difíceis fornece razões para duvidar sobre o alcance dessa pretensão

---

38 Vale a pena notar que o escopo dos exemplos de Alexy é o de mostrar que nem todo conteúdo pode ser Direito e não o de mostrar que normas absurdas já existiram.

NÃO POSITIVISMO E A PRETENSÃO DE CORREÇÃO 239

moral, que transforma o defeito moral em um defeito jurídico. Mas, ainda que a pretensão de correção nunca seja suficiente para garantir que ordenamentos jurídicos imorais possam ser institucionalizados e mantidos através do uso da força do Direito, é possível oferecer força normativa razoável ao argumento de Alexy em nome da pretensão de correção.

A pretensão de correção, compreendida como o esforço de apreender instituições sociais e jurídicas como racionais não é nada novo à ética do discurso e à ética normativa em geral.[39] A busca de padrões morais universais e a fundamentação de declarações normativas racionais estiveram presentes bem no início das reflexões relativas à filosofia moral, política e jurídica. De acordo com Cornelius Castoriadis, a *polis* grega estava ciente dessa pretensão, apesar de sua forma e de seu escopo serem diferentes. A *polis* grega reconheceu que a coletividade era a própria fonte de suas instituições, por isso as leis dos atenienses sempre começavam com um famoso preâmbulo que levanta uma pretensão de correção. Esse preâmbulo prevê: *edoxe tê boulê kai tô demô*[40] (parecia correto para a assembleia e para o povo).

Parecia certo para o conselho e para o povo, mas não é certo, ou seja, parecia ser correto como uma pretensão, mas não é correto; é apenas isso, portanto, que esse preâmbulo pretende, essa é a única pretensão que ele levanta. Essa antiga disposição normativa, entretanto, mostra que a pretensão de correção é algo necessariamente incorporado em qualquer discurso moral, político e jurídico, porque toda autoridade precisa ser vista como legítima diante dos olhos de algum tipo de auditório universal, mesmo se suas reais intenções forem ilegítimas e injustas. As pretensões de

---

39 Nos recentes debates sobre a força vinculante de algumas formas de normatividade na Filosofia e nas Ciências Sociais, a normatividade do Direito destaca-se como um caso paradigmático. Sobre isso, ver TURNER, Stephen. *Explaining the Normative*. Cambridge: Polity Press, 2010. p. 66-94.

40 Da expressão grega "εδοξε τε βουλε και το δεμο∀.

toda autoridade jurídica precisam ser vistas como corretas por todos que são afetados por suas normas e ações, porque, mesmo se a autoridade jurídica quiser satisfazer convicções pessoais irracionais, ocultará tais convicções sob a trama de pretensões universais, morais e justificadas.

Enquanto governos injustos puderem fazer uso de ordenamentos jurídicos como meios para um fim ilegítimo, eles alegarão que o que eles estão fazendo é correto. Fingirão agir corretamente, a menos que queiram ser honestos, sob pena de perder legitimidade e contrariar a própria ideia do que visa a natureza do Direito e, por conseguinte, nunca tornarão explícito o que se encontra implícito em suas ações. Suas ações exigirão de uma pretensão de correção o fortalecimento de seus objetivos e, para isso, fornecerão um suporte moral às suas normas jurídicas e decisões. Portanto, esse argumento reforça a ideia da necessidade de se levantar uma pretensão de correção, conectando, assim, Direito e Moral, independentemente das reais intenções do autor.

Se esses argumentos estão corretos, a correção moral poderia proporcionar a fundamentação de alguns padrões morais universais, de acordo com os quais o Direito poderia ser avaliado de um ponto de vista moral, dentro dos limites da razão. Concorde-se ou não com o uso da pretensão de correção de um ponto de vista estratégico, essa pretensão provou ser um elemento essencial para o não positivismo, na forma como foi desenvolvida por Alexy. Depois de *Conceito e Validade do Direito*, a *Tese da Dupla Natureza do Direito* aparece como "a nova bandeira sob a qual Alexy apresenta sua teoria do Direito".[41] Essa ideia tem estado

---

41 Ver SIECKMANN, Jan-Reinard. La tesis de la naturaleza dual en la teoría del derecho de Robert Alexy. In: BERNAL, Carlos (ed.). *La doble dimensión del derecho*. Autoridad y razón en la obra de Robert Alexy. Lima: Palestra editores, 2011. p. 89. Sobre algumas críticas a essa "dual" ou "dupla" natureza do Direito, ver SIECKMANN, Jan-Reinard. *La teoría del derecho de Robert Alexy*. Análisis y crítica. Bogotá: Universidad Externado de Colombia, 2014. p. 106-128.

NÃO POSITIVISMO E A PRETENSÃO DE CORREÇÃO

presente nos artigos posteriores de Alexy,[42] e possui um papel central na determinação da dimensão ideal ou crítica do Direito como parte de uma de suas propriedades essenciais, ao lado da coerção (*Zwang*), representada pela eficácia social do Direito. Em seus escritos complementares ao *Conceito e Validade do Direito* (ao menos, é assim que eu os vejo), a pretensão de correção tenta mostrar que o Direito levanta necessariamente uma pretensão de correção e, por essa razão, surge também uma conexão necessária entre Direito e Moral. O problema com a conexão entre Direito e Moral, se ele for justificado, é que injustiças severas ainda poderiam ser aplicadas em nome de uma correção moral, em nome da razão, em nome da justiça.

Talvez seja nos casos difíceis ou complexos, nos quais a injustiça extrema parece não ser autoevidente, que critérios substantivos são exigidos para fazer uma distinção mais clara entre os diferentes graus de injustiça. Por essa razão, o desacordo em relação ao limite moral do Direito deve ser analisado mediante o uso da *argumentação racional*, a fim de *refinar a argumentação* dentro das fronteiras da razão prática – o "desacordo racional" no Direito mostra-se como uma possibilidade nesses casos.[43] Porém, essa pretensão deve estar também necessariamente conectada com *direitos humanos e constitucionais*, a fim de *limitar o conteúdo substantivo*, uma vez que eles poderiam proporcio-

---

42 Ver, por exemplo, ALEXY, Robert. The Nature of the Arguments about the Nature of Law. In: MEYER, Lukas; PAULSON, Stanley; POGGE, Thomas. *Rights, Culture and the Law*. Themes from the Legal and Political Philosophy of Joseph Raz. Cambridge: Oxford University Press, 2003; On the Concept and Nature of Law. *Ratio Juris*, v. 21, nº 3, 2008, e Die Natur der Rechtsphilosophie. In: BRUGGER, Winfried; NEUMANN, Ulfrid; KIRSTE, Stephan. *Rechtsphilosophie im 21 Jahrhundert*. Frankfurt am Main: Suhrkamp, 2008.

43 Sobre o problema relativo a como o Direito e a Política podem pretender autoridade legítima sobre os cidadãos à luz do desacordo generalizado sobre questões básicas como justiça e democracia, ver WALDRON, Jeremy. *Law and Disagreement*. Oxford: Clarendon Press, 1999.

nar uma fundamentação moral para determinar se uma injustiça ultrapassa algum limite moral e, finalmente, com uma reflexão concernente à dupla natureza (ideal e institucional) do Direito. Com isso, o problema da pretensão de correção conecta Direito e Moral com argumentação racional, direitos humanos e constitucionais e a dupla natureza do Direito.

5. CONCLUSÃO

A relação entre Direito e Moral foi abordada de várias formas, seja para afirmá-la ou para negá-la. Se se concorda com a caracterização de Alexy da tese da conexão no debate moderno do positivismo e do não positivismo – pois se poderia argumentar que existiriam alguns casos, nos quais Direito e Moral deveriam ser separados por razões normativas –,[44] a pretensão de correção, tal como desenvolvida por Alexy no *Conceito e Validade do Direito* e em artigos posteriores relativos à dupla natureza do Direito, é então apresentada como nada mais do que o esforço de se apreender e retratar o Direito como algo inerentemente racional, por meio da demonstração de que o Direito não pode ser qualquer coisa, mesmo se o conceito de Direito se tornar um típico caso de um conceito denso.[45] A teoria do Direito de Alexy representa uma resposta incansável ao positivismo jurídico e suas respectivas for-

---

44 Acredito, por exemplo, em casos nos quais Direito e Moral devem estar separados por *razões morais*, tais como o *debate Hart-Devlin* (um debate que influenciou os argumentos de Gunther Patzig sobre a diferença entre Direito e Moral). Sobre isso, ver PATZIG, Gunther. *Ethik ohne Metaphysik.* Götingen: Vandenhoeck-Reihe, 1983. p. 7 ss.

45 De acordo com Bernhard Williams, há conceitos nos quais avaliação e descrição estão conectadas, e o conceito de Direito é certamente um deles, na medida em que é um guia para a ação e é guiado pelo mundo. Ver, por exemplo, WILLIAMS, Bernard. *Ethics and the Limits of Philosophy.* Cambridge: Harvard University Press, 1985, capítulo 8.

NÃO POSITIVISMO E A PRETENSÃO DE CORREÇÃO

mas de relativismo moral e ceticismo. É correto que a pretensão de correção não garante ordenamentos jurídicos justos ou o conteúdo moral apropriado do Direito, mas pode reduzir o nível do seu conteúdo arbitrário ou mesmo criminoso. Portanto, o julgamento moral do Direito é preferível ao ceticismo quanto à linguagem moral incorporada no discurso jurídico, nos direitos humanos e na natureza do Direito. Tudo isso porque a tarefa de retratar e apreender o Direito como algo a que a racionalidade é inerente é mais importante do que nunca. É por isso que a pretensão de correção, enquanto correção moral, tem relevância tão grande na Filosofia do Direito contemporânea, pois nem todo argumento e convicção são válidos, nem qualquer conteúdo do Direito é correto, e nem qualquer conceito de Direito serve para estabelecer o lugar apropriado da Moral no Direito, isto é, tornar explícita a natureza implícita do Direito mediante a institucionalização da razão.

6. REFERÊNCIAS BIBLIOGRÁFICAS

ALEXY, Robert. *A Theory of Legal Argumentation*. The Theory of Rational Discourse as Theory of Legal Justification. Trad. de Ruth Adler e Neil MacCormick. Oxford: Clarendon Press, 2002 (*Theorie der juristischen Argumentation*. Die Theorie des rationalen Diskurses als Theorie der juristischen Begründung. Frankfurt am Main: Suhrkamp, 1978).

_____. *A Theory of Constitutional Rights*. Trad. de Julian Rivers. Oxford: Clarendon Press, 2009. Este livro foi originalmente publicado em alemão (*Theorie der Grundrechte*. Frankfurt am Main: Suhrkamp, 1985).

_____. *The Argument from Injustice:* a Reply to Legal Positivism. Trad. de Bonnie Litschewski Paulson e Stanley Paulson. Oxford: Oxford University Press, 2002 (*Begriff und Geltung des Rechts*. Freiburg: Karl Alber Verlag, 1992).

_____. Law and Correctness. In: *Current Legal Problems* 51, 1998.

_____. The Nature of the Arguments about the Nature of Law. In: MEYER, Lukas; PAULSON, Stanley; POGGE, Thomas. *Rights, Culture and the Law*. Themes from the Legal and Political Philosophy of Joseph Raz. Cambridge: Oxford University Press, 2003.

244 ALEJANDRO NAVA TOVAR

_____. On the Concept and Nature of Law. *Ratio Juris*, vol. 21, n° 3, 2008.

_____. Die Natur der Rechtsphilosophie. In: BRUGGER, Winfried; NEUMANN, Ulfrid; KIRSTE, Stephan. *Rechtsphilosophie im 21 Jahrhundert*. Frankfurt am Main: Suhrkamp, 2008.

BÄCKER, Carsten. *Begründen und Entscheiden* – Kritik und Rekonstruktion der Alexyschen Diskurstheorie des Rechts. Baden: Nomos Verlagsgesellschaft, 2012.

BONGIOVANNI, Giorgio; ROTOLO, Antonino; ROVERSI, Corrado. The Claim to Correctness and Inferentialism: Alexy's Theory of Practical Reason Reconsidered. In: PAVLAKOS, George (ed.). *Law, Rights and Discourse*. The Legal Philosophy of Robert Alexy. Portland: Oxford University Press, 2007.

BOROWSKI, Martin. Discourse, Principles and the Problem of Law and Morality: Robert Alexy's Three Main Works. In: *Jurisprudence:* An International Journal of Legal and Political Thought, 2(2), 2012.

BULYGIN, Eugenio. Alexy und das Richtigkeitsargument. In: AARNIO, Aulis; PAULSON, Stanley; WEINBERGER, Ota (ed.). *Rechtsnorm und Rechtswirklichkeit*. Festchrift für Werner Krawietz zum 60 Geburtstag. Berlim: Duncker & Humblot, 1993.

_____. Alexy's Thesis of the Necessary Connections Between Law and Morality. In: *Ratio Juris*, vol. 13, n° 2, 2000.

_____. Robert Alexy und der Begriff des Rechts. In: CLÉRICO, Laura; SIECKMANN, Jan-Reinard (ed.). *Grundrechte, Prinzipien und Argumentation*. Studien zur Rechstheorie Robert Alexys. Baden-Baden: Nomos Verlagsgesellschaft, 2009.

CASTORIADIS, Cornelius. The Greek and the modern Political imaginary. In: *World in Fragments*. Writings on Politics, Society, Psychoanalysis and Imagination. Edited and Translated by David Ames Curtis. California: Stanford University Press, 1997.

CHIASSONI, Pierluigi. Alexy y la doble naturaleza del derecho. Comentarios escépticos. In: BERNAL, Carlos (ed.). *La doble dimensión del derecho*. Autoridad y razón en la obra de Robert Alexy. Lima: Palestra, 2011.

COOKE, Maeve. Law's Claim to Correctness. In: PAVLAKOS, George (ed.). *Law, Rights and Discourse*. The Legal Philosophy of Robert Alexy. Portland: Oxford University Press, 2007.

NÃO POSITIVISMO E A PRETENSÃO DE CORREÇÃO

GARDNER, John. How Law Claims, what Law Claims. In: KLATT, Matthias (ed.). *Institutionalized Reason*. The Jurisprudence of Robert Alexy. New York: Oxford University Press, 2012.

KLATT, Mathias. Robert Alexy's Philosophy of Law as System. In: KLATT, Mathias. *Institutionalized Reason* – The Jurisprudence of Robert Alexy. New York: Oxford University Press, 2011.

MACCORMICK, Neil. Why Law Makes no Claims. In: PAVLAKOS, George (ed.). *Law, Rights and Discourse*. The Legal Philosophy of Robert Alexy. Portland: Hart Publishing, 2007.

NAVA, Alejandro. *La institucionalización de la razón*. La filosofía del derecho de Robert Alexy. México, Distrito Federal: Antropos/UAM Iztapalapa, 2015.

PATZIG, Gunther. *Ethik ohne Metaphysik*. Götingen: Vandenhoeck-Reihe, 1983.

REHG, William. *Insight and Solidarity* – The Discourse Ethics of Jürgen Habermas. California: University of California Press, 1994.

RADBRUCH, Gustav. Gesetzliches Recht und übergesetzliches Recht. In: RADBRUCH, Gustav. *Rechtsphilosophie*. Heidelberg: C. F. Müller, 2003.

RAZ, Joseph. The Argument from Injustice or How Not to Reply to Legal Positivism. In: PAVLAKOS, George (ed.). *Law, Rights and Discourse*. The Legal Philosophy of Robert Alexy. Portland: Hart Publishing, 2007.

_____. *The Authority of Law, Essays on Law and Morality*. Oxford: Oxford University Press, 2009.

SIECKMANN, Jan-Reinard. Human Rights and the Claim to Correctness in the Theory of Robert Alexy. In: PAVLAKOS, George (ed.). *Law, Rights and Discourse:* The Legal Philosophy of Robert Alexy. Portland: Hart Publishing, 2007.

_____. La tesis de la naturaleza dual en la teoría del derecho de Robert Alexy. In: BERNAL, Carlos (ed.). *La doble dimensión del derecho*. Autoridad y razón en la obra de Robert Alexy. Lima: Palestra editores, 2011.

_____. *La teoría del derecho de Robert Alexy*. Análisis y crítica. Bogotá: Universidad Externado de Colombia, 2014.

SOPER, Philip. Law's Normative Claims. In: GEORGE, Robert (ed.). *The Autonomy of Law*. Essays on Legal Positivism. Oxford: Clarendon Press, 1996.

TURNER, Stephen. *Explaining the Normative*. Cambridge: Polity Press, 2010.

WALDRON, Jeremy. *Law and Disagreement*. Oxford: Clarendon Press, 1999.

WILLIAMS, Bernard. *Ethics and the Limits of Philosophy*. Cambridge: Harvard University Press, 1985.

O projeto metodológico do não positivismo de Alexy

Fernando Leal
Professor de Teoria e Filosofia do Direito e Direito Constitucional na
FGV Direito Rio. [1]

I

Certa vez, em uma das suas aulas, o professor Alexy disse que o debate entre positivistas e não positivistas tinha chegado a um tal nível de complexidade que seria necessária uma *lupa* para identificar os pontos exatos que os diferenciam. Essa imagem me parece bastante apropriada para ressaltar como as disputas que envolvem diferentes concepções substantivas sobre a natureza do direito nem sempre são tão facilmente apreensíveis como as versões que parecem dominar as visões de alguns acadêmicos e juristas práticos. De fato, não é raro encontrar no Brasil caracterizações de positivismo e não positivismo que tendem a caricaturas ou simplificações extremas – e, portanto, problemáticas, ainda que possam ser compatíveis com teses positivistas e não positivistas. Isso é especialmente válido para o positivismo jurídico, comumente percebido como uma teoria absurda (especialmente quando associada a uma teoria compreensiva ou normativa da decisão judicial orientada em um tipo caricato de formalismo), completamente superada ou, no mínimo, irrelevante para se compreender o direito. Por isso, entender as diferentes nuances que

---

1   Pelas sugestões, críticas e comentários feitos a versões anteriores deste trabalho, agradeço especialmente a Robert Alexy e Fábio Shecaira.

demarcam as fronteiras entre positivismo e não positivismo *em seus próprios termos* – se é que ainda faz sentido falar nessa distinção – é crucial para que se possa desfazer as confusões, identificar os pontos de desacordo entre aqueles que se definem como positivistas e não positivistas e, no fundo, para que se possa refinar e aprofundar as nossas visões sobre *o que* caracteriza o direito e *como* desempenhar a tarefa de investigar a sua natureza.

O meu ponto até agora é bastante simples: se existe uma elevada complexidade em torno das discussões que opõem positivistas e não positivistas, essa complexidade não decorre apenas das compreensões inadequadas sobre o que, de fato, cada um dos lados defende. Há, na verdade, uma complexidade intrínseca ao próprio debate que precisa ser conhecida e explorada. Apresentar essa complexidade e mostrar como a proposta de Alexy se insere nela é o propósito principal desta fala. Para tanto, pretendo, em um primeiro momento, mostrar como a tese da separação pode – ao menos em uma versão geral – ser discutível como tese central para diferenciar positivistas de não positivistas; depois, na segunda parte desta exposição, quero apresentar e tecer breves comentários sobre a dimensão metodológica do debate sobre a natureza do direito. Neste momento, tenho dois objetivos. Em primeiro lugar, pretendo justificar por que as associações positivismo/descritivismo e não positivismo/normativismo são inadequadas; em segundo, quero mostrar como a proposta de Alexy pode contribuir para desfazer essas confusas associações; em um terceiro momento, finalmente, pretendo mostrar como a tese da dupla natureza do direito, entendida como um argumento *metodológico* – e não substantivo sobre propriedades essenciais do direito –, pode ser útil para que se possa entender melhor o projeto filosófico de Alexy e rebater algumas objeções.

II

O debate entre positivistas e não positivistas é tradicionalmente colocado como um debate a respeito das relações entre

O PROJETO METODOLÓGICO DO NÃO POSITIVISMO DE ALEXY 249

direito e moral no âmbito da definição das condições de validade de normas e/ou sistemas jurídicos. Esse debate não envolve,
portanto, disputas sobre como casos concretos são e deveriam
ser resolvidos. Ao contrário, teorias sobre a natureza do direito
são *ortogonais* relativamente aos resultados de disputas jurídicas
concretas, pois, não raro, um mesmo resultado pode ser explicado ou justificado por diferentes posições.[2] E a razão para tanto é
simples: o positivismo jurídico e o não positivismo não são necessariamente teorias sobre a tomada de decisão jurídica. Ambos
são, na verdade, teorias sobre a natureza do direito, o que significa
dizer, no âmbito da tradição analítica, teorias preocupadas com a
identificação das propriedades necessárias do conceito de direito, ou seja, o que permite caracterizar determinada prática social
como "direito" em qualquer tempo e espaço.

Nesse cenário, positivistas, como se sabe, diferenciam-se
tradicionalmente de não positivistas ao defenderem as teses da
separação e dos fatos sociais. De acordo com esta última, a identificação do direito é fundamentalmente determinada por fatos
sociais. Ao contrário, não positivistas defendem a concepção de
que essa é, *no mínimo*, uma perspectiva incompleta para a identificação do direito válido. Tal tarefa, para eles, deve também
incluir *necessariamente* critérios morais. Esse ponto amplamente compartilhado não impede, certamente, a defesa de diferentes
concepções no âmbito do não positivismo. Partindo, no entanto,
do referido consenso, as divergências entre não positivistas poderiam, no máximo, dizer respeito à necessidade de critérios morais
serem ou não complementados por fatos sociais para que se possa
identificar o direito válido.[3]

---

2   BIX, Brian. Robert Alexy, Radbruch's Formula, and the Nature of Legal
    Theory. *Rechtstheorie*, vol. 37, p. 139-149, p. 144, 2006.

3   Alexy, por exemplo, é um não positivista que não exclui a importância de
    fatos sociais para determinar o conteúdo do direito, ao enfatizar que o di-
    reito possui tanto uma dimensão ideal como uma factual. Excluir comple-
    tamente fatos sociais dos critérios de validade, critica Alexy, implica uma

Da mesma forma, o acordo em torno da tese dos fatos sociais não impede que a formulação ampla apresentada não receba interpretações diferentes dentro da tradição positivista. Para positivistas inclusivos, por um lado, a tese dos fatos sociais significa que os critérios de validade em um dado sistema jurídico resultam da práxis institucionalizada do direito. No âmbito dessa práxis, a identificação do que é direito em uma sociedade depende especialmente do modo como autoridades – *i.e.*, aqueles que em razão do ofício encaram o direito como vinculante e estão, por isso, dispostos a avaliar condutas de acordo com ele – decidem de fato disputas jurídicas.[4] Em suma, positivistas inclusivos – seguindo a tradição hartiana – relacionam a tese dos fatos sociais

---

sobrevalorização da dimensão ideal do direito. Equilibrar, ao contrário, as duas dimensões pressupõe que a dimensão factual do direito desempenhe também um papel fundamental para a identificação do direito de uma determinada sociedade. Por isso, por exemplo, nem todo o direito moralmente defeituoso, nesta perspectiva, é considerado direito inválido, mas apenas nos casos em que a sua incorporação implique injustiça extrema (fórmula de Radbruch). Esta versão do não positivismo é chamada pelo autor de "não positivismo inclusivo", enquanto a versão que exclui completamente as fontes sociais dos critérios de identificação do direito válido é chamada de "não positivismo exclusivo". Cf. ALEXY, Robert. On the concept and the nature of law. *Ratio Juris*, nº 21, p. 281-299, p. 287-288, 2008. Há ainda uma versão chamada de "não positivismo superinclusivo", identificada com a filosofia do direito kantiana. O maior problema desta perspectiva é a sua subidealização da dimensão ideal do direito, na medida em que a positivação do direito é condição necessária para que o direito natural seja efetivo. V. *ibidem*, p. 288 ss.

---

4   LEITER, B. Legal Realism, Hard Positivism, and the Limits of Conceptual Analysis. In: COLEMAN, J. (ed.). *Hart's Postscript., Essays on the Postscript to the Concept of Law.* Oxford: Oxford University Press, 2001. p. 357. Essa visão expressa a tradicional concepção de Hart, de que a identidade e o conteúdo do direito devem ser determinados à luz do ponto de vista interno. Cf. a respeito HART, H. L. A. *The concept of law.* 2. ed. Oxford: Clarendon Press, 1998. p. 89-91, 242 ss., e SHAPIRO, Scott. *What is the internal point of view?.* Disponível em: <http://digitalcommons.law.yale.edu/fss_papers/1336>.

O PROJETO METODOLÓGICO DO NÃO POSITIVISMO DE ALEXY 251

ao que *constitui* a regra de reconhecimento de uma sociedade.[5] Positivistas exclusivos, por outro lado, interpretam a tese dos fatos sociais de uma forma mais estrita, ou seja, como um limite para a identificação e para o próprio conteúdo do direito. De acordo com o positivismo exclusivo, os critérios de validade de um determinado sistema jurídico são determinados *apenas* por fatos sociais.[6] Isso significa que a identificação do direito válido para um positivista exclusivo não inclui qualquer referência aos méritos morais de normas jurídicas, algo que, ao contrário, é aceito como *possibilidade* para os positivistas inclusivos. Basta, nesse sentido, que as convenções por meio das quais autoridades institucionais decidam disputas no âmbito de um sistema jurídico incluam padrões de moralidade para que um positivista inclusivo associe à regra de reconhecimento a necessidade de avaliação moral de normas individuais como critério de validade *no caso específico deste sistema jurídico*. Essa associação, no entanto, permanece apenas como possibilidade, na medida em que é possível também conceber sistemas jurídicos em que a práxis institucional do direito não inclua padrões substantivos entre os seus critérios de validade. Na leitura de Coleman, enquanto o positivismo exclusivo vincula necessariamente fatos sociais ao conteúdo do direito, o positivismo inclusivo estatui essencialmente uma proposta sobre o que constitui o conteúdo do direito (*"a claim about*

---

5   Sobre a regra de reconhecimento v. HART, H. L. A. Op. cit., p. 100 ss.

6   Joseph Raz, o maior expoente do positivismo exclusivo, refere-se à tese dos fatos sociais como *"the source thesis"*. De acordo com ela *"the identification of law never requires the use of moral arguments or judgements about its merit"*. V. RAZ, Joseph. The argument from justice, or how not to reply to legal positivism. In: PAVLAKOS, George (ed.). *Law, rights and discourse. Themes from the legal philosophy of Robert Alexy.* Oxford/Portland: Hart Publishing, 2007. p. 22. Cf. também LEITER, Brian. Op. cit., p. 357. COLEMAN, Jules. Beyond the separability thesis: moral semantics and the methodology of jurisprudence. Oxford, *Journal of Legal Studies* 27: 581-608. p. 586.

the constituents of legal content").[7] Dessa forma, o positivismo inclusivo não interpreta a tese dos fatos sociais como um limite *direto* à identificação do direito, mas como um limite sobre os determinantes do conteúdo do direito. Apesar da diferença, não se pode dizer que a tese dos fatos sociais não é, em alguma medida, endossada por ambas as perspectivas juspositivistas.

Verdadeira discussão existe quando a *tese da separação* entra em jogo. Neste plano não há, sobretudo, consenso entre os positivistas a respeito da compatibilidade da tese da separação com todas as manifestações do positivismo jurídico. Em sua versão mais abrangente – e comumente reproduzida –, a tese da separação é um rótulo para condensar uma espécie de mantra: "não há conexão *necessária* entre direito e moral". Repetido acriticamente, esse *slogan* seria capaz de diferenciar positivistas de não positivistas e, além disso, abranger todas as suas nuances. Vejamos o caso do positivismo inclusivo, o caso aparentemente mais difícil para a tese geral da separação.

O positivismo inclusivo, como vimos, reconhece a possibilidade dessa conexão e a compatibilidade desse ponto de vista com a tese dos fatos sociais. A existência de conexões entre direito e moral em um determinado sistema jurídico não implica, contudo, que algo a respeito do seu caráter *necessário* como propriedade do direito possa ser dito. Se padrões morais estão incluídos entre os critérios de validade de normas em um dado sistema jurídico, isso resulta da sua incorporação *naquele sistema*. As conexões entre direito e moral para um positivista permanecem, assim, meramente contingentes, já que elementos morais podem

---

7 COLEMAN, Jules. Beyond inclusive legal positivism. *Ratio Juris*, vol. 22, p. 384, 2009. Para Coleman, o positivismo exclusivo, o jusnaturalismo e o positivismo inclusivo se diferenciam da seguinte forma: para o primeiro *"necessarily only social facts are determinants of legal content"*. Para o segundo *"necessarily moral and social facts are determinants of legal content"*. Para o terceiro *"necessarily social facts determine the determinants of legal content"* (*ibidem*, p. 384-385).

O PROJETO METODOLÓGICO DO NÃO POSITIVISMO DE ALEXY 253

ou não estar incluídos entre os critérios de validade. Por conseguinte, elementos morais não têm nada de importante a dizer sobre o *conceito* de direito, já que eles não expressam nenhuma das suas propriedades necessárias. O conceito de direito positivista não incluiria, assim, elementos morais e disso se seguiria que leis moralmente reprováveis podem ser consideradas como direito. Nesses termos, a tese da separação parece sobreviver. Para positivistas inclusivos, afirmar que as relações entre direito e moral não são necessárias significaria dizer: "conexões entre os dois podem existir, mas nem sempre"; para positivistas exclusivos, por sua vez, sustentar que as relações entre direito e moral não são necessárias significaria apenas uma maneira branda de dizer "elas nunca podem existir".

Concepção oposta defenderia o não positivismo. Não positivistas, ainda de acordo com o mantra geral, defenderiam a existência de "conexões *necessárias* entre direito e moral", e isso influenciaria decisivamente a forma de conceituar o direito. Nesse sentido, a identificação de algo como direito não poderia ser feita sem a consideração dos seus méritos morais. Fundamento para tanto seria o fato de que a natureza do direito incorpora exigências substantivas, como demandas por justiça ou correção. Alexy, por exemplo, refere-se a essa conexão como expressão da ideia de que a essência do direito diz respeito não somente a fatos sociais (como concebe um positivista), mas a fatos *e* ideais.[8]

Mas a que tipo de conexão entre direito e moral positivistas e não positivistas se referem? A amplitude do mote tradicional para enunciar a tese da separação (*i.e.*, não há conexão necessária entre direito e moral) não permite claramente especificações imediatas. Ela, ao contrário, parece erigir uma pretensão de generalidade: de acordo com a tese da separação, positivistas não ad-

---

8   ALEXY, Robert. An answer to Joseph Raz. In: PAVLAKOS, George (org.). *Law, rights and discourse*: Themes from the legal philosophy of Robert Alexy. Oxford: Hart Publishing, 2007. p. 37.

mitem *nenhum tipo* de conexão necessária entre direito e moral. Se for, no entanto, plausível afirmar que as conexões entre direito e moral podem existir, então a tese da separação é, em princípio, problemática, porque tende a ser, no mínimo, imprecisa. E, se algumas conexões existem necessariamente, é porque ela, naqueles termos muito gerais, é uma tese insustentável. Essa foi exatamente a ideia condutora na qual alguns nomes da tradição positivista como Raz e Coleman se orientaram para atacar e refutar a tese da separação. Para Raz e Coleman, a tese da separação em sua versão ampla não é capaz de diferenciar positivistas de não positivistas porque é *falsa*. Gardner a considera enfaticamente um espantalho: "*This thesis [there is no necessary connection between law and morality] is absurd and no legal philosopher of note has ever endorsed it as it stands*".[9] Até o ponto em que existem semelhanças entre direito e moral, nenhum positivista pode rejeitar, portanto, conexões necessárias entre ambos para explicar a natureza do direito.[10] Raz, reconhecido como o nome mais importante do positivismo exclusivo, enfatiza permanentemente que a pretensão de autoridade legítima levantada pelo direito é uma pretensão de natureza *moral*.[11] Além disso, há relações inegáveis entre direito e moral que podem ser percebidas pelas possibilidades de se valorar moralmente o direito ou de se justificar moralmente restrições formais aos critérios de validade.[12] E os principais nomes do positivismo jurídico atual não rejeitam conexões desse tipo.

---

9   GARDNER, John. Legal positivism: 5 ½ myths. *The American Journal of Jurisprudence*, vol. 46, p. 223, 2001.

10   *Idem*. Ver também COLEMAN, Jules. Beyond the separability thesis: moral semantics and the methodology of jurisprudence. *Oxford Journal of Legal Studies* 27: 581-608, p. 583, 2007.

11   RAZ, Joseph. Op. cit., p. 19.

12   *Idem*, p. 21. Neste último caso a referência é o que Fuller chama de "moralidade interna do direito", *i.e.*, "*the morality that makes law possible*". Cf. FULLER, Lon. *The Morality of Law*. New Haven: Yale University Press, 1964. Cap. II.

O PROJETO METODOLÓGICO DO NÃO POSITIVISMO DE ALEXY

Assim, ainda que se possa divergir sobre a efetiva utilidade dessas conexões para o desenvolvimento de teorias sobre a natureza do direito, a possibilidade de se questionar – ou mesmo *refutar* – a tese da separação pode ser considerada no cenário atual o passo mais relevante para o desenvolvimento dos debates entre positivistas e não positivistas.

Uma leitura mais estreita, no entanto, é também possível e, neste caso, parece que a tese da separação pode ser mantida. Em uma leitura menos pretensiosa, a tese da separação pode ser compreendida como a expressão de um corte metodológico: o que o direito é e o que ele deve ser são questões diferentes.[13] Positivistas, como vimos, admitem ser possível avaliar moralmente o direito de uma determinada comunidade. Tal possibilidade, no entanto, não desempenha nenhum papel para a *identificação* do direito. Se o direito que é deve manter o caráter de direito é simplesmente uma pergunta *posterior*, cuja resposta, ademais, depende necessariamente do conhecimento sobre o que está sob discussão. Sem que se saiba o que é o direito, não é possível empreender juízos de valor a seu respeito. Identificar o direito positivo é, assim, uma tarefa que não se confunde com o seu mérito ou demérito, ainda que este seja exatamente o objetivo de um teórico. Não se nega, assim, que valorar o direito positivo é uma tarefa legítima e tampouco que pensar o direito a partir de um ideal não seja útil para compreender a natureza do direito. Essas são apenas outras questões. Nesse sentido, a tese da separação é não apenas defensável, mas aceita pelos positivistas por ser uma tese verdadeira. Na verdade, *trivialmente* verdadeira. O problema da reformulação da tese da separação, por isso, está no fato de que autores como

---

13   LEITER, Brian. Legal Realism, Hard Positivism, and the Limits of Conceptual Analysis. In: COLEMAN, J. (ed.). *Hart's Postscript. Essays on the Postscript to the Concept of Law*. Oxford: Oxford University Press, 2001. p. 356. Cf. também COLEMAN, Jules. Beyond inclusive legal positivism. *Ratio Juris*, vol. 22, p. 384, 2009.

Coleman entendem que ela, nos novos termos, se torna tão óbvia que perde qualquer importância filosófica. Por conseguinte, ela é completamente irrelevante para distinguir positivistas de não positivistas.[14] Em resumo, a posição de importantes nomes do positivismo – tenho em mente especialmente Coleman e Raz – em relação à tese da separação é que, ou ela é tão ampla que se torna falsa, ou tão obviamente verdadeira que pode ser considerada de menor importância.

Essa aparente redução da tese da separação é, então, suficiente para eliminar a sua centralidade no debate? Para o professor Alexy, não. O ponto da discórdia diz respeito à possibilidade efetiva de se considerar como "direito" leis cujo conteúdo seja moralmente reprovável. É certamente correto afirmar que direito e moral mantêm as conexões necessárias alegadas por positivistas. Que o direito pode ser moralmente avaliado ou que pode haver restrições aos critérios de juridicidade moralmente justificáveis não é, porém, o que está sob discussão. Reconhecer relações necessárias dessa natureza, com outras palavras, não atinge o alvo quando o que se pretende defender é que existe algum tipo especial de relação necessária entre direito e moral defendida por não positivistas que positivistas não defendem.

As conexões entre direito e moral sustentadas por não positivistas são tais que condicionam *conteudisticamente* a validade de normas particulares. Autores não positivistas compartilham, de alguma maneira, uma visão sobre o conceito de direito que afeta as teorias *substantivas* que apresentam para caracterizar o direito. Por sua vez, as conexões reconhecidas por positivistas, no geral, dizem respeito essencialmente, ou às condições de possibilidade de valoração moral, ou ao reconhecimento de méritos *formais* vincu-

---

14 COLEMAN, Jules. Beyond inclusive legal positivism. *Ratio Juris*, vol. 22, p. 383, 2009.

O PROJETO METODOLÓGICO DO NÃO POSITIVISMO DE ALEXY   257

lados a normas jurídicas.[15] É evidente que o alcance da expressão "conexão necessária" não está delimitado quando se afirma simplesmente que "não há conexão necessária entre direito e moral". Nesse sentido, positivistas têm razão quando rejeitam a tese ampla da separação ao fornecerem contraexemplos dessa conexão também aceitáveis por não positivistas. Mas em sua formulação estreita, a tese da separação não parece ser claramente óbvia a ponto de soterrar as objeções não positivistas.

Até este ponto, temos, portanto, o seguinte quadro: se a tese dos fatos sociais parece ser amplamente aceita como central ao positivismo jurídico, a tese da separação – e a sua versão oposta, a tese da conexão – não seria suficiente para diferenciar positivistas de não positivistas. Não, ao menos, em sua formulação mais geral. Mas, se em uma visão mais restrita, essa tese pode continuar a desempenhar um papel importante para diferenciar os dois grupos, é porque a sua possível justificação pode estar para além das disputas de primeira ordem sobre o que é o direito e alguns de seus impasses. Este é o momento em que entra em cena a dimensão metodológica do debate entre positivismo e não positivismo.

A passagem das discussões mais simples sobre o que significa ou não defender a existência de conexões necessárias entre direito e moral para uma reformulação – ou até mesmo abandono – da tese da separação, além do surgimento de tantas espécies nas famílias "positivistas" e "não positivistas", escancara porque a lupa mencionada pelo professor Alexy se torna cada vez mais necessária. A sofisticação do debate se tornou, na verdade, indispensável quando os debates substantivos a respeito da natureza do direito pareceram alcançar um tal nível em que não havia mais chance de progresso. Isso porque é neste ponto de aparente obs-

---

15   ALEXY, Robert. An Answer to Joseph Raz, In: PAVLAKOS, George (ed.). *Law, rights and discourse.* Themes from the legal philosophy of Robert Alexy. Oxford/Portland: Hart Publishing, 2007. p. 43.

trução do debate de primeira ordem, como ressalta Dickson, que o interesse por questões metodológicas aumenta.[16]

O avanço das investigações sobre a natureza do direito depende, em larga escala, do reconhecimento de que muitas questões que afastam positivistas de não positivistas não dizem respeito apenas aos fundamentos de validade do direito. Elas são, no fundo, divergências sobre a própria *metodologia* da filosofia do direito. Em vez de se ocuparem de questões de primeira ordem relativas às relações entre direito e moral para a definição do direito, as discussões passaram a se centrar no próprio modo de pensar o direito, notadamente pela indicação de méritos e problemas dos empreendimentos teóricos daqueles que pretendem investigar a sua natureza. As disputas substantivas sobre a tese da separação, na verdade, apenas contribuíam para obscurecer sobre o que, de fato, positivistas e não positivistas poderiam estar divergindo quando reconheciam, de um lado, que valorações são indispensáveis para se explicar o que o direito é, e, de outro, quando afirmavam que alguns tipos de juízos normativos seriam típicos do não positivismo. Perguntas como: "o que tentamos alcançar ao construirmos teorias sobre o direito e por meio de quais critérios podemos considerar essas teorias exitosas?"; "os objetivos de uma teoria como uma teoria sobre a natureza do direito são descritivos, críticos ou justificatórios?"; "é possível descrever o que o direito é sem pensar no que ele deve ser?" são também cruciais para entender teorias positivistas e não positivistas, ainda que não digam respeito ao que é, de fato, o direito.[17] Com isso, percebe-se como a consciência de questões metodológicas inaugurou, no final do século passado e tendo como referência fundamental o trabalho de Hart, um novo e intenso *front* de discussões

---

16 DICKSON, J. What's the point of jurisprudence?. In: DICKSON, Julie. *Evaluation and Legal Theory*. Oxford: Hart Publishing, 2001. p. 12.

17 Para essas e outras questões metodológicas, cf. Dickson, op. cit., p. 2.

O PROJETO METODOLÓGICO DO NÃO POSITIVISMO DE ALEXY   259

que alterou completamente o eixo em torno do qual o tradicional debate entre positivistas e não positivistas gravitava.

III

A utilidade central do debate metodológico consiste no fato de que ele permite esclarecer não apenas as divergências entre positivistas e não positivistas a respeito das propriedades necessárias do direito (*i.e.*, de sua natureza), mas, sobretudo, os desacordos teóricos entre eles sobre os próprios objetivos da filosofia do direito e os caminhos mais apropriados para realizá-los. No primeiro caso, a questão fundamental está diretamente relacionada à compreensão da filosofia do direito como projeto de investigação sobre a natureza do direito de caráter *descritivo* ou *normativo*.[18] No segundo, as discussões giram em torno da seguinte

---

18 É de se ressaltar também a existência de uma alternativa *consequencialista* de fundamentação de uma determinada teoria sobre a natureza do direito, que não será aqui aprofundada em razão da sua importância menor no debate em comparação com as alternativas descritivistas e normativistas. Apesar disso, elas são certamente úteis para explicar que o debate metodológico não se esgota nestas duas possibilidades. Kantorowicz e Schauer são proeminentes defensores de uma perspectiva consequencialista. Ambos partem da tese de que diferentes definições do direito devem ser julgadas à luz das suas utilidades comparativas. Para esse tipo de visão, uma definição do direito não é apenas o resultado de uma investigação sobre a sua natureza, mas, sobretudo, uma simples escolha orientada instrumentalmente. É, por exemplo, em função das consequências positivas que o positivismo pode trazer para a promoção de objetivos como uma melhor operacionalização do direito e para o seu desenvolvimento enquanto fenômeno social que Schauer o defende. V. KANTOROWICZ, Hermann. *The Definition of Law*. New York: Cambridge University Press, 1958. cap. 1, e SCHAUER, Frederick. Positivism as pariah. In: GEORGE, Robert P. (ed.). *The Autonomy of Law: Essays on Legal Positivism*. New York: Oxford University Press, 1999. p. 31-56. Do mesmo autor, The Social Construction of the Concept of Law: A Reply to Dickson, *Oxford Journal of Legal Studies*, vol. 25, nº 3, p. 493-501, 2005, e DICKSON, Julie. The Beneficial Moral Consequences Thesis and an

pergunta: o instrumental oferecido pela filosofia analítica (especialmente a *análise conceitual*, tal qual tradicionalmente concebida) é útil ou suficiente para o empreendimento das pretensões da filosofia do direito? Como parece claro, essas discussões não se ocupam primariamente da natureza do direito, mas com a natureza de se teorizar sobre o direito.[19]

Neste momento eu quero me concentrar apenas no primeiro tipo de disputa, *i.e.*, no que diferencia projetos metodológicos descritivos de normativos. Embora, como ressalta Perry, a definição do que fazem descritivistas e normativistas possa variar,[20] considero que, para uma perspectiva descritivista, que tem em Hart o seu mais claro exemplo, uma adequada teoria do direito não depende de considerações sobre o mérito de normas jurídicas ou sobre as razões que justificam a existência do direito como um tipo especial de organização social. Uma teoria sobre o direito não precisa, assim, estar comprometida com a garantia de que se possa inferir legitimidade moral da juridicidade (*legality*).[21] O direito pode, sob esse ponto de vista, ser analisado sem referência a valorações. A análise empreendida em um projeto filosófico sobre o que é o direito é moralmente neutra e sem propósitos justificatórios. O que se propõe, na verdade, é simplesmente identificar e *explicar* as formas e estruturas que são designadas pelo conceito de direito compartilhado em uma certa comunidade, mas sem que haja qualquer avaliação a seu respeito ou tentativa de justi-

---

Introduction to Dworkinian Methodology. In: DICKSON, Julie. *Evaluation and Legal Theory*. Oxford: Hart Publishing, 2001.

---

19 DICKSON, Julie. What's the point of jurisprudence?. In: DICKSON, Julie. *Evaluation and Legal Theory*. Oxford: Hart Publishing, 2001. p. 11.
20 PERRY, S. Beyond the Distinction between Positivism and Non-Positivism, 22 *Ratio Juris*, 2009.
21 COLEMAN, Jules. Methodology. In: COLEMAN, Jules; SHAPIRO, Scott J. (ed.). *The Oxford Handbook of Jurisprudence and Philosophy of Law*. Oxford: Oxford University Press, 2002. p. 312.

O PROJETO METODOLÓGICO DO NÃO POSITIVISMO DE ALEXY   261

ficá-las.[22] Com curtas palavras, o direito – notadamente o direito positivo – pode ser identificado apenas com base no que ele de fato é. Mas não a partir de uma investigação semântica a respeito de como a palavra "direito" é aplicada. O tipo de empreendimento teórico executado por Hart envolve uma análise sobre o *conceito* de direito, *i.e.*, uma tentativa de compreender o que é o direito a partir de reconstruções que recorrem ao modo como usamos e pensamos o conceito de direito.[23] Este é o terreno da análise conceitual. Normativistas, por sua vez, defendem a posição oposta. Para eles, uma teoria adequada do direito precisa garantir que, do reconhecimento do conteúdo jurídico de algo, se infira, pelo menos em alguns casos, a sua legitimidade ou correção moral.[24] Para normativistas não é possível desenvolver uma teoria apropriada sobre o direito sem que se justifique o que torna o direito um conjunto de razões para agir ou se questione o valor substantivo de se viver sob o direito.[25] Invertendo o argumento típico do descritivismo, para o qual a análise do conceito de direito pode ser empreendida antes e independentemente de qualquer projeto normativo sobre o valor substantivo da estrutura de governança estatuída pelo direito,[26] normativistas acham não ser possível entender o que o direito é sem que antes tenhamos uma perspectiva sobre o que ele deve ser.[27] Normativistas, por isso, tendem a conceber uma teoria do direito estritamente relacionada a uma concepção de moralidade política. A mera descrição do que o direito é, nesse contexto, é considerada, no mínimo, insuficiente para explicar completa-

---

22 HART, H. L. A. *The concept of law*. 2. ed. Oxford: Clarendon Press, 1998.
23 LEITER, Brian; LANGLINAIS, Alex. The Methodology of legal philosophy. *University of Chicago Public Law & Legal Theory Working Paper* nº 407, p. 4 ss., 2012.
24 COLEMAN, Jules. Op. cit., p. 313.
25 *Idem*.
26 COLEMAN, J. The Architecture of Jurisprudence. 121 *Yale Law Journal*. p. 2-80, p. 41, 2011.
27 LEITER, Brian; LANGLINAIS, Alex. Op. cit., p. 14.

mente a sua natureza. Isso porque normativistas não acreditam ser possível caracterizar o direito sem lhe atribuir um propósito ou função justificatória à luz da qual ele pode ser adequadamente compreendido – e esse é um argumento fundamentalmente normativo porque não se pode especificar a função do direito sem se engajar em argumentos sobre qual *deve ser* essa função.[28] Este é claramente o caso da proposta construtivista de Dworkin, para quem, em rápidos meios, o direito é um conceito interpretativo que só pode ser compreendido a partir dos valores ou propósitos a ele atribuídos – e, neste caso, o ponto ou função do direito é fornecer uma justificativa geral para o exercício da coerção estatal.[29]

Como se pode intuir, parece haver alguma relação entre, de um lado, descritivismo e positivismo e, de outro, normativismo e não positivismo. De fato, essa é a visão tradicional sobre a dimensão metodológica do debate.[30] No entanto, mais uma vez a lupa de Alexy precisa entrar em cena. Essas associações, embora façam sentido quando determinados projetos metodológicos e visões substantivas sobre a natureza do direito são colocados sobre a mesa (Hart e Dworkin seriam exemplos de associações precisas), são ilusórias.[31] Bastaria dizer, por um lado, que defensores de teorias substantivas que se autodeclaram positivistas partem de projetos metodológicos *normativos*[32] de investigação da natureza do direito e que, por outro lado, não positivistas não

---

28   LEITER, B. Legal Realism, Hard Positivism, and the Limits of Conceptual Analysis. In: COLEMAN, J. (ed.). *Hart's Postscript*. Essays on the Postscript to the Concept of Law. Oxford: Oxford University Press, 2001. p. 367.

29   "A conception of law must explain how what it takes to be law provides a general justification for the exercise of coercive power by the state". DWORKIN, Ronald. *Law's Empire*. Cambridge: Harvard University Press, 1986. p. 190.

30   COLEMAN, Jules. *The Architecture of Jurisprudence: part I*. 1st conference of Philosophy and Law: Girona, p. 17, mai. 2010.

31   *Ibidem*, p. 19.

32   Um claro exemplo pode ser encontrado em WALDRON, J. Normative (or ethical) positivism. In: COLEMAN, Jules (ed.). *Hart's Postscript*. New York: Oxford University Press, 2001. p. 410-433.

O PROJETO METODOLÓGICO DO NÃO POSITIVISMO DE ALEXY 263

desprezam ferramentas da filosofia analítica, notadamente algum tipo de *análise conceitual*, como fazem descritivistas, para desenvolver os seus projetos teóricos.[33] Do lado positivista, não é difícil encontrar nomes capazes de desvelar o equívoco da relação com o descritivismo. Jeremy Waldron, Tom Campbell e Joseph Raz,[34] ainda que considere irrelevante discutir a natureza do direito na chave tradicional positivismo/não positivismo, seriam defensores de propostas substantivas positivistas a partir de aspectos metodológicos, se não exclusivamente, ao menos parcialmente normativos[35]. Do lado não positivista, porém, se considerarmos que Dworkin propõe uma ruptura radical com a tradição analítica ao (i) não erguer pretensões universalistas, (ii) conceber o direito como prática interpretativa e (iii) recorrer a uma *interpretação construtiva* – em substituição à análise conceitual – como metodologia de investigação sobre o direito,[36] o projeto teórico de Alexy parece ser o principal contraexemplo da associação exclusiva entre não positivismo e normativismo que pretende manter um diálogo próximo com a maior parte das demais teorias sobre a natureza do direito e ainda sustentar a tese restrita da separação.[37] Por esse motivo, entender o projeto metodológico por trás da teoria não positivista do direito de Alexy se revela crucial para

---

33 Assim, ALEXY, Robert. On the concept and the nature of law, p. 291-292.
34 Reconheço não ser tão simples afirmar que Raz é um normativista. Em favor dessa visão, COLEMAN, J. The Architecture of Jurisprudence, p. 42-43.
35 *Ibidem*, p. 40.
36 DICKSON, Julie. What's the point of jurisprudence?. In: DICKSON, Julie. *Evaluation and Legal Theory*. Oxford: Hart Publishing, 2001. p. 21 e 22, e COLEMAN, Jules. *The Architecture of Jurisprudence*: part I. 1st conference of Philosophy and Law: Girona, p. 18, maio 2010. Cf. também LEITER, Brian; LANGLINAIS, Alex. The Methodology of legal philosophy. *University of Chicago Public Law & Legal Theory Working Paper* nº 407, p. 20, 2012.
37 Finnis certamente possui um projeto teórico que o colocaria ao lado de Alexy. A rejeição aos epítetos "positivismo" e "não positivismo", porém, o distancia de Alexy em um aspecto que, ao menos para este último, é central para se entender a natureza do direito. Agradeço a Fábio Shecaira por me fazer atentar para este ponto.

264 FERNANDO LEAL

se explorar os limites das discussões sobre a natureza do direito levadas adiante quando se reconhece que entender a natureza do direito e entender a natureza de teorizar sobre o direito são atividades complementares e mutuamente engrandecedoras.[38]

IV

Alexy defende uma teoria sobre a natureza do direito que ele mesmo apresenta como não positivista. A base para a defesa dessa concepção é a tese de que o direito possui uma dupla natureza. De acordo com essa tese, o direito possui tanto uma dimensão factual ou real como uma dimensão ideal ou crítica.[39] A dimensão factual é representada pelos elementos da produção autoritativa (*authoritative issuance*) e da eficácia social. Ambos são fatos sociais. A dimensão ideal, por sua vez, se expressa na dimensão da correção moral. Para Alexy, se o conceito de direito fosse composto apenas pelos elementos da produção normativa e da eficácia social, o positivismo jurídico seria uma teoria substantiva adequada para explicar o que o direito é. No entanto, o elemento da correção moral leva necessariamente a um conceito de direito não positivista, na medida em que a identificação do direito válido depende de considerações morais sobre o que ele deve ser. Juridicidade (*legality*) e aprovação moral estão, portanto, conceitualmente vinculados, pois o direito "é uma parte da realidade que se refere necessariamente ao ideal".[40]

A tese da dupla natureza, posta nesses termos, parece ser uma visão substantiva sobre a natureza do direito. Como "a pro-

---

38 Assim DICKSON, op. cit., p. 12.
39 ALEXY, Robert. The Dual Nature of Law. *Ratio Juris*, vol. 23, Issue 2, p. 167-182, p. 167, 2010.
40 ALEXY, Robert. An Answer to Joseph Raz. In: PAVLAKOS, George (ed.). *Law, rights and discourse*. Themes from the legal philosophy of Robert Alexy. Oxford/Portland: Hart Publishing, 2007. p. 53.

O PROJETO METODOLÓGICO DO NÃO POSITIVISMO DE ALEXY 265

priedade singular mais essencial do direito",[41] a dupla natureza faz parte necessariamente do que é próprio do direito. Essa natureza dual *define* conceitualmente, portanto, o que o direito é. Caracterizada como traço essencial do direito, a dupla natureza é alvo de críticas. A visão de que o direito possui uma dupla natureza é fundamentalmente atacada por ser considerada uma suposição[42] (Finnis) ou algo que exige maiores explicações (Bix).[43] O ponto das objeções parece estar relacionado ao fato de que, no projeto teórico de Alexy, a dupla natureza do direito é, ao mesmo tempo, o ponto de partida e o ponto de chegada do seu projeto de investigação da natureza do direito. Ela é o ponto de partida porque parece ser aceita como uma *hipótese* sobre algo essencial sobre o direito e é o ponto de chegada porque parece ser o grande *resultado* de um sistema de proposições sobre questões fundamentais do direito, como as que dizem respeito à conexão entre direitos humanos enquanto direitos morais e direitos fundamentais enquanto direitos positivos, às relações entre regras e princípios e às relações entre jurisdição constitucional e atividade parlamentar.[44] Ao mesmo tempo, a hipótese acabaria funcionando como o pressuposto para a justificação do resultado, enquanto o resultado, para ser justificado, exigiria a dupla natureza como pressuposto.

Para lidar com possíveis dificuldades de se entender o que a tese da dupla natureza significa no projeto teórico de Alexy, eu

---

41 ALEXY, Robert. The Dual Nature of Law, p. 180, e ALEXY, Robert. On the concept and the nature of law, p. 292.

42 FINNIS, John. Law as fact and as reason for action: a reply to Robert Alexy on law's ideal dimension, *The American Journal of Jurisprudence* 59, p. 90, 2014.

43 Este é o ponto de Bix quando se refere às tentativas de Alexy de fundamentar a fórmula de Radbruch como um aspecto da natureza do direito, e não uma simples teoria normativa da decisão judicial. V. BIX, Brian. Robert Alexy, Radbruch's Formula, and the Nature of Legal Theory, p. 148-149.

44 Cf. ALEXY, Robert. The Dual Nature of Law. *Ratio Juris*, vol. 23, Issue 2, p. 167-182, 2010.

gostaria de explorar uma perspectiva diferente – e que não necessariamente a exclui como característica essencial do direito. Nesta parte, gostaria de explorá-la como uma assunção (*claim*) *metodológica*, colocando-a como o referencial básico para o desenvolvimento de uma teoria particular sobre a natureza do direito. Acredito que encarar a tese da dupla natureza sob essa perspectiva pode tornar mais claros os pontos centrais do projeto teórico de Alexy e as características que podem vincular à sua teoria do direito respostas singulares sobre como conceber um adequado projeto de investigação da natureza do direito.

Para Alexy, de fato, "as observações sobre definição, conceito e natureza dizem respeito a método".[45] Assim, se a dupla natureza é uma característica presente "em todas as questões fundamentais do direito",[46] não há por que desconsiderar sua possível influência na metodologia de construção de uma teoria do direito. Considerada, nessa linha, como argumento metodológico, a tese da dupla natureza se torna central no projeto teórico de Alexy ao levantar a pretensão de colocar em relação de complementariedade as preocupações *explicativas* e *normativas* da teoria do direito. Essa não é uma pretensão fraca, se se leva em consideração que ambas estão vinculadas a aspectos importantes do direito, mas, estariam – pelo menos para Coleman – em uma natural relação *dicotômica*.

Perguntar-se sobre os passos teóricos necessários para explicar e justificar o direito pode ser uma forma de esclarecer essa dicotomia. De um lado, uma tarefa da filosofia do direito seria elucidar o que caracteriza o direito como fenômeno social e institucional – uma tarefa com pretensões explicativas, portanto; de outro, haveria uma preocupação em determinar que diferença esse conjunto de

---

45 ALEXY, Robert. An Answer to Joseph Raz. In: PAVLAKOS, George (ed.). *Law, rights and discourse*. Themes from the legal philosophy of Robert Alexy. Oxford/Portland: Hart Publishing, 2007. p. 42: "*the remarks about definition, concept, and the nature concern method (...)*".

46 ALEXY, Robert. The Dual Nature of Law. *Ratio Juris*, vol. 23, Issue 2, p. 167-182, p. 180, 2010.

O PROJETO METODOLÓGICO DO NÃO POSITIVISMO DE ALEXY 267

instituições a que chamamos direito faz no domínio normativo.[47] Essas preocupações, como anunciado, afetam a própria concepção do projeto metodológico dos que se preocupam prioritariamente com explicar o que é o direito ou justificar que diferença prática o direito faz. Para os primeiros, *explicar* o que é o direito é o centro do projeto metodológico. O aspecto explicativo possui uma espécie de prioridade organizacional na construção do edifício filosófico porque eventuais engajamentos teóricos voltados a determinar a diferença prática do direito pressupõem como primeiro passo a identificação do que o direito é. Para os segundos, porém, caracterizar a diferença normativa que o direito faz é o ponto de partida para que se possa selecionar e explicar o que é o direito. O caminho aqui é inverso.[48] Por isso, haveria uma relação de oposição entre as duas preocupações centrais da filosofia do direito.

No plano metodológico, essa dicotomia se deixa notar quando do se associa, segundo uma visão tradicional, positivismo jurídico com descritivismo e foco na explicação do que é o direito, de um lado, e não positivismo com normativismo e foco na justificação da diferença prática do direito, de outro. Citando Shapiro, Coleman diz que, enquanto o projeto teórico de positivistas estaria preocupado "com os *inputs* do direito, *i.e.*, com os atos, as atividades e as instituições que podem ser considerados 'jurídicos', o foco teórico central de não positivistas como Dworkin estaria na caracterização do direito como um *output* normativamente significativo".[49]

Como já dito, no entanto, a tese da dupla natureza como referencial metodológico básico para a colocação das preocupações centrais de um projeto teórico dilui essa ênfase em *inputs* e *outputs* que perspectivas descritivistas e normativistas dão nos processos

---

47 COLEMAN, Jules. Beyond inclusive legal positivism. *Ratio Juris*, vol. 22, p. 363, 2009.
48 *Idem.*
49 COLEMAN, Jules. Beyond inclusive legal positivism. *Ratio Juris*, vol. 22, p. 362, 2009.

de construção de teorias substantivas sobre o direito. Ela se torna, assim, uma perspectiva *pluralista* capaz de estabelecer uma ponte entre os espaços deixados pelo descritivismo e pelo normativismo para dar conta de todas as dimensões relevantes do direito.[50] Na perspectiva metodológica, o que a tese da dupla natureza estatui é que um projeto adequado de investigação da natureza do direito deve conseguir tanto *explicar* o que caracteriza o direito como fenômeno social como *justificar* a sua legitimidade moral; ela deve dar conta tanto da socialidade do direito quanto da sua normatividade.[51] E, para que essas tarefas possam ser realizadas harmonicamente, a tese da dupla natureza (i) aproxima as atividades de investigação da natureza do direito e do conceito de direito,[52] (ii) pressupõe que há propriedades necessárias do conceito de direito pertencentes tanto à dimensão real como à dimensão ideal[53] e (iii) requer o uso tanto de argumentos conceituais como de argumentos práticos ou normativos para a determinação das propriedades necessárias do conceito de direito.[54]

No primeiro aspecto, a tese da dupla natureza parte da visão de acordo com a qual existe uma relação próxima entre argumentos sobre a natureza do direito e argumentos sobre o conceito de direito. Isso porque a ideia de dupla natureza também se aplica a conceitos não naturais, como o conceito de direito. Isso quer dizer que, por um lado, conceitos como o de direito são paroquiais ou convencionais e, por outro, também pretendem captar a natu-

---

50 Essa perspectiva também inspira Perry. V. PERRY, S. Beyond the Distinction between Positivism and Non-Positivism. 22 *Ratio Juris* 311, 2009.

51 Nesses termos, e em concordância com essa visão, COLEMAN, Jules. Beyond inclusive legal positivism. *Ratio Juris*, vol. 22, p. 393, 2009.

52 ALEXY, Robert. On the concept and the nature of law. *Ratio Juris*, vol. 21, p. 281-299, p. 291, 2008.

53 *Idem.*

54 ALEXY, Robert. The nature of arguments about the nature of law. In: MEYER, Lukas; PAULSON, Stanley L.; POGGE, Thomas Winfried Menko (ed.). *Rights, Culture, and the Law:* Themes from the Legal and Political Philosophy of Joseph Raz. Oxford: Oxford University Press, 2003. p. 3-16.

O PROJETO METODOLÓGICO DO NÃO POSITIVISMO DE ALEXY   269

reza daquilo a que se referem da maneira mais perfeita ou correta.[55] Investigar conceitos significa, por isso, não apenas explorá-los como produtos de culturas específicas e de regras relativas ao sentido de palavras, mas também tentar entender os objetos designados por eles em suas melhores luzes a partir das suas funções ou propósitos. Porque compreender adequadamente conceitos não naturais requer tanto o empreendimento de análises baseadas no uso da linguagem (tradicionalmente relacionadas a análises conceituais) como juízos sobre a correção ou verdade das proposições construídas com base neles (análises preocupadas com a identificação da natureza dos objetos designados por conceitos) seria possível tratar indistintamente propostas de análise do *conceito* de direito e da *natureza* do direito.

A meu ver, a visão de que conceitos possuem uma dupla natureza conduz à dimensão metodológica da tese da dupla natureza do direito. E se conhecer a natureza do direito significa, nesse sentido, explorar as dimensões convencionais e ideais a que o direito se refere, qualquer projeto de investigação da natureza do direito acaba facilmente endossando os outros dois pontos mencionados. Tomando por base a visão de Alexy, nada me leva a crer, pelo menos, que uma conclusão diferente possa ser extraída. Assim, poder-se-ia assumir que as duas dimensões do direito – real e ideal – possuiriam propriedades necessárias e que essas, por sua vez, deveriam ser identificadas e esclarecidas tanto por meio de argumentos conceituais como de argumentos normativos. Uma vez fixadas algumas dessas propriedades, a tese substantiva sobre a natureza do direito que se constrói – no caso de Alexy, uma teoria não positivista – torna-se o fruto de uma pretensão: a de construir o melhor *sistema* possível de proposições sobre a natureza do direito que satisfaçam as orientações metodológicas de explicar o direito como fenômeno social e justificar

---

55   ALEXY, Robert. On the concept and the nature of law. *Ratio Juris*, vol. 21, p. 281-299, p. 291, 2008.

a sua normatividade. Este é o exato ponto em que a tese da dupla natureza representa um avanço em relação à distinção tradicional entre descritivismo e normativismo e às associações positivismo/descritivismo e não positivismo/normativismo. De fato, essas são associações que apenas tendem a empobrecer as discussões sobre o que conta como uma teoria adequada do direito.

É claro que a dupla natureza do direito não é, em si, o método de investigação das propriedades necessárias do conceito de direito. Ela deve ser complementada por diferentes metodologias para que se possa determinar – e, eventualmente, explorar – as propriedades necessárias do conceito de direito, como, no caso alexyano, a prescrição de que a teoria do direito deve levar em conta tanto o ponto de vista de quem quer saber como questões jurídicas são de fato solucionadas em um determinado sistema jurídico (a perspectiva do observador) como o ponto de vista daqueles preocupados com a identificação da resposta correta para uma determinada questão jurídica (a perspectiva do participante).[56] Mas esses são aspectos que estão para além do meu ponto nesta fala. Até este ponto, reconheço que uma leitura *metodológica* da tese da dupla natureza só se justifica porque a análise conceitual deve ser com-

---

56 V. ALEXY, Robert. Some reflexions on the ideal dimension of law and on the legal philosophy of John Finnis. *The American Journal of Jurisprudence* 58, p. 97-110, p. 103, 2013. A perspectiva do observador está prioritariamente confinada a fatos sociais, enquanto a do participante se ocuparia de argumentos morais sobre o que o direito deve ser. Especificamente em relação à perspectiva do participante, Alexy – parece-me, assim como Finnis – prescreve que as análises devem se concentrar nos casos centrais de direito, *i.e.*, nos casos em que, *grosso modo*, o direito é caracterizado como um ideal moral. Mas, não só isso, do ponto de vista metodológico, a perspectiva do participante também exige que uma teoria do direito se concentre nos casos em que a atribuição do epíteto "jurídico ou legal" pareçam absurdo ou contraditório. Esse seria o aspecto que vincularia a fórmula de Radbruch necessariamente à natureza do direito (em favor dessa possível visão, v. BIX, Brian. Robert Alexy, Radbruch's Formula, and the Nature of Legal Theory. *Rechtstheorie*, vol. 37, p. 139-149, p. 148, 2006.

O PROJETO METODOLÓGICO DO NÃO POSITIVISMO DE ALEXY   271

plementada por argumentos normativos, ou, em outra visão, porque, ao contrário do que se possa entender sobre as visões substantivas sobre o direito, a perspectiva metodológica é – e deve ser – eminentemente pluralista ou amplamente compreensiva. Mas isso não me parece pouco. Ao contrário, essa perspectiva é útil para (i) esclarecer em que versões a tese da separação não pode ser sustentada e (ii) mostrar como as disputas entre positivistas e não positivistas podem ser muito mais sutis do que aparentam ser. Assim, ainda que se queira sustentar que investir na distinção entre positivismo e não positivismo faz sentido,[57] o avanço dos debates sobre a metodologia da filosofia do direito continua sendo central para que a lupa do professor Alexy possa, em um mundo repleto de confusões e disputas aparentes, jogar luzes sobre o que é efetivamente relevante para se entender o que é o direito.

REFERÊNCIAS BIBLIOGRÁFICAS

ALEXY, Robert. An Answer to Joseph Raz. In: PAVLAKOS, George (ed.). *Law, rights and discourse*. Themes from the legal philosophy of Robert Alexy. Oxford/Portland: Hart Publishing, 2007.

_____. On the concept and the nature of law. *Ratio Juris*, vol. 21, p. 281-299, 2008.

_____. Some reflexions on the ideal dimension of law and on the legal philosophy of John Finnis. *The American Journal of Jurisprudence* 58, p. 97-110, 2013.

---

57   Em sentido contrário, do lado positivista, COLEMAN, Jules. Beyond inclusive legal positivism. *Ratio Juris*, vol. 22, p. 391, 2009, e RAZ, Joseph. The argument from justice, or how not to reply to legal positivism. In: PAVLAKOS, George (ed.). *Law, rights and discourse*. Themes from the legal philosophy of Robert Alexy. Oxford/Portland: Hart Publishing, 2007. p. 35. Do lado não positivista, v. PERRY, S. Beyond the Distinction between Positivism and Non-Positivism. 22 *Ratio Juris* 311, 2009, especialmente p. 8, e FINNIS, John. Law as fact and as reason for action: a reply to Robert Alexy on law's ideal dimension. *The American Journal of Jurisprudence* 59, p. 96 ss., 2014.

_____. The Dual Nature of Law. *Ratio Juris*, vol. 23, Issue 2, p. 167-182, 2010.

_____. The nature of arguments about the nature of law. In: MEYER, Lukas, PAULSON, Stanley L.; POGGE, Thomas Winfried Menko (ed.). *Rights, Culture, and the Law:* Themes from the Legal and Political Philosophy of Joseph Raz. Oxford: Oxford University Press, 2003. p. 3-16.

BIX, Brian. Robert Alexy, Radbruch's Formula, and the Nature of Legal Theory. *Rechtstheorie*, v. 37, p. 139-149, 2006.

COLEMAN, Jules. Beyond inclusive legal positivism. *Ratio Juris*, vol. 22, p. 359-394, 2009.

_____. Beyond the separability thesis: moral semantics and the methodology of jurisprudence. *Oxford Journal of Legal Studies* 27: 581-608, 2007.

_____. Methodology. In: COLEMAN, Jules; SHAPIRO, Scott J. (ed.). *The Oxford Handbook of Jurisprudence and Philosophy of Law*. Oxford: Oxford. University Press, 2002.

_____. The Architecture of Jurisprudence. 121 *Yale Law Journal*, p. 2-80, 2011.

_____. *The Architecture of Jurisprudence: part I*. 1st conference of philosophy and Law: Girona, Maio de 2010. Disponível em: <http://www.te.gob.mx/ccje/Archivos/jules_coleman.pdf>. Acesso em 29 dez. 2015.

DICKSON, Julie. The Beneficial Moral Consequences Thesis and an Introduction to Dworkinian Methodology. In: DICKSON, Julie. *Evaluation and Legal Theory*. Oxford: Hart Publishing, 2001.

_____. What's the point of jurisprudence?. In: DICKSON, Julie. *Evaluation and Legal Theory*. Oxford: Hart Publishing, 2001.

DWORKIN, Ronald. *Law's Empire*. Cambridge: Harvard University Press, 1986.

FINNIS, John. Law as fact and as reason for action: a reply to Robert Alexy on law's ideal dimension. *The American Journal of Jurisprudence* 59, 2014.

FULLER, Lon. *The Morality of Law*. New Haven: Yale University Press, 1964.

GARDNER, John. Legal positivism: 5 ½ myths. *The American Journal of Jurisprudence*, vol. 46, 2001.

HART, H. L. A. *The concept of law*. 2. ed. Oxford: Clarendon Press, 1998.

KANTOROWICZ, Hermann. *The Definition of Law*. New York: Cambridge University Press, 1958.

LEITER, B. Legal Realism, Hard Positivism, and the Limits of Conceptual Analysis. In: COLEMAN, Jules (ed.). Hart's Postscript. Essays on the Postscript to the Concept of Law. Oxford: Oxford University Press, 2001.

LEITER, B.; LANGLINAIS, Alex. The Methodology of legal philosophy. *University of Chicago Public Law & Legal Theory Working Paper* No. 407, 2012. Disponível em: <http://chicagounbound.uchicago.edu/public_law_and_legal_theory/398/>. Acesso em 29 dez. 2015.

PERRY, S. Beyond the Distinction between Positivism and Non-Positivism, 22 *Ratio Juris* 311, 2009.

SHAPIRO, Scott. *What is the internal point of view?*. Disponível em: <http://digitalcommons.law.yale.edu/fss_papers/1336>. Acesso em 29 dez. 2015.

SCHAUER, Frederick. Positivism as pariah. In: GEORGE, Robert P. (ed.). *The Autonomy of Law:* Essays on Legal Positivism. New York: Oxford University Press, 1999.

_____ . The Social Construction of the Concept of Law: A Reply to Dickson. *Oxford Journal of Legal Studies*, v. 25, nº 3, 2005.

RAZ, Joseph. The argument from justice, or how not to reply to legal positivism. In: PAVLAKOS, George (ed.). *Law, rights and discourse*. Themes from the legal philosophy of Robert Alexy. Oxford: Hart Publishing, 2007.

WALDRON, J. Normative (or ethical) positivism. In: COLEMAN, Jules (ed.). *Hart's Postscript*. New York: Oxford University Press, 2001.

O espaço da Moral no Direito: um diálogo entre Robert Alexy e Joseph Raz[1]

Paula Gaido

Pesquisadora do Consejo Nacional de Investigaciones Científicas y Técnicas (CONICET) e professora da Universidad Nacional de Córdoba (UNC), Argentina.

Há uma recorrente discussão na teoria jurídica acerca de qual seria a melhor forma de compreender o Direito. Diversos juristas de renome sustentam que é crucial para a compreensão do Direito determinar se há ou não uma necessária relação entre Direito e Moral. Robert Alexy é um deles.[2] Todos os seus escritos, desde o começo, eram cercados por essa ideia.[3] Neste artigo, pretendo destacar como compartilhar da ideia de que há uma necessária conexão entre Direito e Moral estimula a discussão sobre a melhor forma de compreender o Direito, ao invés de colocar nela um ponto final. Robert Alexy e Joseph Raz são os autores que

---

1 Tradução do idioma inglês para português por Rafael S. Glatzl. Revisão técnica por Mariana C. G. M. Ferreira e Cláudia Toledo. Título original – *The Place for Morality in Law*: An Exchange between Robert Alexy and Joseph Raz.

2 ALEXY, R. *Begriff und Geltung des Rechts*. Karl Alber: Freiburg/München, 1994 (de agora em diante citado como *B&G*; há uma tradução para inglês feita por S. Paulson e B. Litschewski, Robert Alexy, *The Argument from Injustice*. A Reply to Positivism. Oxford: Clarendon Press, 2002).

3 ALEXY, R. *A Theory of Legal Argumentation*. The Theory of Rational Discourse as Theory of Legal Justification. traduzido por R. Adler e N. MacCormick. Oxford: Clarendon Press, 1989 (de agora em diante citado como *TLA*).

escolhi para abordar essa questão. Embora concordem que, para compreender o Direito, é necessário compreender um valor moral, eles veem esse valor moral de modo diferente. Suas diferentes compreensões do valor moral ao qual o Direito está necessariamente vinculado têm (em princípio) grande impacto. Elas determinam sua visão sobre como identificar disposições normativas que integram os sistemas jurídicos, assim como sua força prática.

1. ALGUMAS BASES EM COMUM

Robert Alexy e Joseph Raz compartilham esforços teóricos suficientes para concluir que suas divergências sobre o Direito são genuínas.[4] Concordam que o propósito central de toda Teoria do Direito consiste em explicar a natureza do Direito.[5] Explicar

---

4   Torna-se difícil chegar à mesma conclusão quando Robert Alexy debate com Eugenio Bulygin. Para minha análise deste debate, ver P. Gaido, Introducción. In: GAIDO, P. (comp.). *La pretensión de corrección del derecho. La polémica Alexy/Bulygin sobre la relación entre derecho y moral.* Bogotá: Universidad de Externado, 2001.

5   ALEXY, R. The Nature of Legal Philosophy. *Ratio Juris,* vol. 17, nº 2, p. 156, 2004 (de agora em diante citada como *NLPh*); ALEXY, R. The Nature of Arguments about the Nature of Law. In: MEYER, L.; PAULSON, S.; POGGE, T. (ed.). *Rights, Culture, and the Law.*Themes from the Legal and Political Philosophy of Joseph Raz. Oxford, 2003. p. 4 (de agora em diante, citada como *NANL*); RAZ, Joseph. Teoría y conceptos: réplica a Alexy y Bulygin. Traduzido por R. Sánchez Brigido. In: BOUVIER, H.; GAIDO, P.; SÁNCHEZ BRIGIDO, R. (ed.). *Una discusión sobre teoría del derecho: Joseph Raz, Robert Alexy, Eugenio Bulygin.* Madrid: Marcial Pons, 2007. p. 112 (de agora em diante, citada como*T&C*); RAZ, J. Can there be a Theory of Law. In: GOLDING; EDMUNSON (ed.). *The Blackwell Guide to Philosophy of Law and Legal Theory.* Georgia State Univ.: Blackwell Publishers, 2004. p. 324 (de agora em diante, citada *CBTL*), RAZ, J. Two Views of the Nature of the Theory of Law: A Partial Comparison. *Legal Theory 4,* p. 255, 1998 (de agora em diante, citada como *TVTL*), RAZ, J. On the Nature of Law. *Archiv für Recht und Sozial Philosophie,* p. 2, 1996 (de agora em diante, citada como *ONL*).

O ESPAÇO DA MORAL NO DIREITO 277

a natureza do Direito equivale a explicar as propriedades necessárias que o constituem, aquelas que, se desaparecessem, fariam
com que o Direito deixasse de ser o que é.[6] Entender que toda
Teoria do Direito deve explicar a natureza do Direito implica um
compromisso com a ideia de que uma Teoria Geral do Direito faz
sentido. O que se considera é a existência de certa entidade com
propriedades necessárias que podem ser generalizadas e verifica-
das sempre que o Direito é realizado.[7]

Robert Alexy e Joseph Raz também concordam que a análise
conceitual compreendida como elucidação conceitual é inevitável
na explicação da natureza do Direito.[8]Ambos os autores concordam que a metodologia específica da tarefa filosófica é a análise
conceitual e contestam a objeção naturalista que afirma que a tarefa filosófica somente faz sentido se dá lugar à metodologia das
ciências empíricas. Para ambos – embora por razões diferentes –
o conceito de Direito não é algo que o teórico propõe ou formula,
mas, sim, elucida.[9] Sustentam, de modo semelhante, que a perspectiva do participante tem prioridade conceitual.[10] Isso significa

---

6   ALEXY, R. Law, Discourse and Time. *Archiv für Recht und Sozial
     Philosophie*, p. 101-102, 1995 (de agora em diante citada como *LDT*); RAZ,
     J. *CBTL*, p. 328.
7   BIX, B. Some Reflexions on Methodology in Jurisprudence. In: CÁCERES,
     E. *et al.* (ed.). *Problemas contemporáneos de la filosofía del derecho.* UNAM,
     2005. p. 70 ss.
8   ALEXY, R. *NLPh*, p. 156-167; RAZ, J. *CBTL*, p. 324-334; RAZ, J. *TVTL*,
     p. 249-282.
9   Poderia contestar-se a neutralidade de ambos na articulação de suas parti-
     culares teorias do Direito. O desenvolvimento de tal contestação vai além
     dos propósitos deste artigo.
10   ALEXY, R. An Answer to Joseph Raz. In: PAVLAKOS, G. (ed.). *Law,
     Rights and Discourse.*The Legal Philosophy of Robert Alexy. Oxford:
     Hart Publishing, 2007. p. 52; ALEXY, R. *B&G*, p. 56, nota 35; RAZ, J. The
     Relevance of Coherence. In: *Ethics in the Public Domain*. Oxford: Oxford
     University Press, 1994. p. 281; RAZ, J. Why Interpret. *Ratio Juris*, vol. 9, n°
     4, p. 358, December 1996. Para uma análise crítica das consequências desta
     pressuposição, ver P. Gaido, The Scope of the Participant's Perspective in

que, para ambos, a articulação das pressuposições conceituais às quais participantes das práticas jurídicas estão comprometidos é necessária para compreender a natureza do Direito. A articulação dessas pressuposições conceituais é refletida no conceito de correção do Direito (no caso de Alexy) ou em nosso conceito (no caso de Raz).[11]

Robert Alexy e Joseph Raz concordam que dar prioridade conceitual à perspectiva do participante na explicação da natureza do Direito não implica sustentar que os participantes detêm uma completa maestria das pressuposições conceituais às quais estão comprometidos, mas que tais pressuposições conceituais são constitutivas de nosso conceito de Direito ou do conceito de correção do Direito. Nem para Alexy nem para Raz a concessão de privilégio conceitual aos participantes das práticas jurídicas implica conceder-lhes privilégio epistêmico. Consequentemente, para ambos os filósofos, os participantes das práticas jurídicas podem errar na identificação de exemplos específicos de Direito ou não ter muita clareza acerca do que implica os conceitos que utilizam.[12]

Robert Alexy e Joseph Raz caracterizam a perspectiva do participante de forma diferente. Mas é possível afirmar que am-

---

Joseph Raz's Theory of Law. *Canadian Journal of Law and Jurisprudence*, vol. 25, nº 2, 2012; GAIDO, P. Some Problems with Robert Alexy's Account of Legal Validity: The Relevance of the Participant's Perspective. *Ratio Juris* 25:3, September 2012.

---

11 Contestar essas pressuposições excede, em muito, o propósito deste artigo. Para uma análise minuciosa de tais pressuposições, ver P. Gaido, *Las pretensiones normativas del derecho*. Marcial Pons, 2011; GAIDO, P. *The Purpose of Legal Theory*: Some Problems with Joseph Raz's View", Law and Philosophy, Volume 30, Number 6, 2011, 685-698, (DOI) 10.1007/s10982-011-9107-0.

12 RAZ, J. *T&C*, p. 113-114; RAZ, J. *CBTL*, p. 326; ALEXY, R. On Two Juxtapositions: Concept and Nature, Law and Philosophy. Some Comments on Joseph Raz's 'Can there Be a Theory of Law?. *Ratio Juris*, vol. 20, nº 2, p. 164-165, 2007; ALEXY, R. *NLPh*, p. 163.

O ESPAÇO DA MORAL NO DIREITO

bos concordam que aqueles que adotam essa perspectiva compreendem o Direito como uma fonte específica de razões morais para o agir. Os autores chegam a essa conclusão após perceberem que, nas práticas conceituais em que participantes estão envolvidos, a imposição de um dever aos demais demonstra a existência de uma crença moral.[13] Razões baseadas em considerações estratégicas ou em interesses próprios não são consideradas como justificadoras da imposição de deveres aos demais. Na medida em que nossas práticas jurídicas tipicamente almejam a imposição de deveres aos outros, então, para os participantes de tais práticas – como membros de uma prática conceitual compartilhada – o Direito não pode ter senão uma base moral. O que busco ressaltar com isso é que, para os autores, o conceito de aplicação de uma norma, de imposição de uma obrigação a outra pessoa, mostra a existência de uma crença moral em nossa prática conceitual. Qualquer um que exija de outrem o cumprimento de um dever, pode não possuir essa crença, mas não pode negá-la, se compreende que o conceito de impor um dever a outros a requer. Negar essa crença moral implicaria ignorar os compromissos conceituais exigidos pela noção de justificação. Por razões conceituais, alguém que negasse essa crença moral estaria frustrando o ato de justificar tal imposição. Como resultado, da perspectiva do participante, normas jurídicas como razões justificatórias devem ser um tipo de razão moral. Dessa forma, os autores concluem que não é possível apreender o sentido no qual o Direito poderia ser uma fonte de razões de justificação sem que essa crença moral seja explicada.

---

13 RAZ, J. Hart on Moral Rights and Legal Duties. *Oxford Journal of Legal Studies* 4/1, p. 130, 1984 (de agora em diante, citado como *HMRDL*); ALEXY, R. A Discourse-Theoretical Conception of Practical Reason. *Ratio Juris*, vol. 5, n° 3, p. 236 ss., December 1992; ALEXY, R. *TLA*, p. 191 ss. Retornarei posteriormente neste artigo à diferente ideia de Moral, que os autores têm em mente.

Finalmente, Robert Alexy e Joseph Raz concordam que parte de sua tarefa como teóricos consiste crucialmente na reconstrução da razão moral enraizada nas práticas jurídicas como práticas justificatórias. Seu consenso se encerra na caracterização daquela razão.[14] A diferente caracterização da razão moral em questão é de fundamental importância. Ela tem um impacto não apenas na elucidação do conceito de Direito, mas também nas diferentes maneiras como as disposições normativas que integram o Direito devem ser identificadas, assim como na compreensão de sua força prática. Nos parágrafos a seguir, explorarei as diferentes articulações do valor moral, que Alexy e Raz entendem ser necessário para compreender o Direito.

2. A RESPOSTA DE ALEXY: CORREÇÃO

Robert Alexy baseou sua teoria do Direito na pressuposição de que as pessoas tipicamente fazem asserções.[15] Considera que fazer asserções é parte da "forma mais geral de vida humana".[16] Realizar asserções é o ponto inicial do desenvolvimento de um argumento que ele denomina "pragmático-transcendental". De modo bastante simplificado, argumentos pragmático-transcen-

---

14 Uma forma de compreender as diferenças entre os autores, no que concerne à caracterização do valor moral em jogo, pode estar subjacente à ideia de que os autores parecem estar comprometidos com empreendimentos teórico-normativos. Eles não estariam elucidando qualquer conceito do Direito, mas, ao revés, propondo o conceito de Direito ao qual aqueles que adotam a perspectiva do participante deveriam estar comprometidos. Porém, essa hipótese seria rejeitada por ambos. Na articulação de seus esforços conceituais suprarreferidos, os autores afirmam que se utilizam de argumentos normativos apenas incidentalmente.

15 ALEXY, R. My Philosophy of Law: The Institutionalisation of Reason. In: WITGENS, L. (ed.). Kluwer: Dordrecht, 1999. p. 27.

16 ALEXY, R. A Discourse-Theoretical Conception of Practical Reason, op. cit., p. 241 ss.

O ESPAÇO DA MORAL NO DIREITO   281

dentais são constituídos por, pelo menos, duas premissas, conforme Alexy. A primeira premissa identifica o ponto de partida do argumento, que pode consistir em coisas tais como percepções, pensamentos ou atos linguísticos. A segunda premissa, por outro lado, indica as regras que devem necessariamente ser respeitadas para que o objeto escolhido como ponto de partida seja realizado.[17] Fazer asserções implica estar comprometido com uma pretensão de correção ou de verdade sobre o que se fala. Aqueles que fazem uma asserção e negam aquela pretensão de correção ou verdade incorrem em uma contradição performativa. Contradição performativa é uma contradição entre o que foi dito e o que é necessariamente implícito no ato da fala.[18]

Participantes dos atos regulativos estão tipicamente envolvidos em asserções acerca do que outras pessoas deveriam fazer. Por conseguinte, aqueles participantes dos atos regulativos, ao sustentarem que algo deve ser feito, estão comprometidos com sua pretensão de sua correção. Robert Alexy argumenta que essa pretensão de correção implica estar disposto a oferecer razões que justifiquem tais asserções. Qualquer pretensão de correção é necessariamente vinculada a uma pretensão de justificabilidade. É crucial compreender a ideia de justificação que Alexy entende estar em jogo. A ideia de justificação, que Alexy considera relevante aqui, é ligada à ideia de que o discurso prático é estrutura-

---

17 *Ibidem.*
18 ALEXY, R. *TLA*, p. 191-192. Alexy sustenta que, nesse caso, é possível falar de uma "falha conceitual" em um sentido amplo. Isso se, pela noção de "falha conceitual", entendemos a violação de regras constitutivas dos atos de fala – quais sejam, expressões linguísticas como ações. Ver ALEXY, R. *B&G*, p. 67; ALEXY, R. *NANL*, p. 12; ALEXY, R. *ONRBL&M*, p. 178 ss. Para uma análise do diferente tipo de compromissos pragmáticos entre as asserções de participantes e observadores, implicada pelas teses de Alexy, ver GAIDO, P. *Las pretensiones normativas del derecho*, op. cit.; GAIDO, P. *El concepto de derecho: una nueva aproximación metodológica a la teoría de Robert Alexy. Doxa* 32, p. 593-604, 2009.

do por certas regras.[19] Para Alexy, todos os atos regulativos estão vinculados às regras que definem o discurso racional. Sua tese é a de que as regras do discurso racional estão necessária e universalmente ligadas a todos os atos regulativos mediante a pretensão de correção.[20] Em suma, as regras constitutivas do discurso racional impõem aos participantes dos atos regulativos a aceitação da outra pessoa como um igual – isto é, como um interlocutor – e a disposição para justificar o que é afirmado a qualquer um, implicando, assim, uma natureza dialógica.[21] Igualdade e universalidade formam os alicerces de uma Moral procedimental universal, a qual determina como se deve agir. Correção prática, nesse sentido, depende necessariamente de uma estrutura comunicativa.[22]

Mesmo em um discurso ideal ilimitado, diferentes resultados discursivos seriam possíveis e, simultaneamente, podemos imaginar nesse cenário a necessidade real de decidir.[23] Devido a esse fato, Robert Alexy chega à conclusão de que é racional pactuar um procedimento que limite o âmbito do que é discursivamente possível da maneira mais racional possível.[24] Para Alexy, Direito é o nome desse procedimento. A tese de Alexy é forte: ele

---

19 ALEXY, R. *TLA*, p. 214 ss.
20 ALEXY, R. A Discourse-Theoretical Conception of Practical Reason, op. cit., p. 242.
21 Para um desenvolvimento detalhado das regras do discurso, ver ALEXY, R. A Discourse-Theoretical Conception of Practical Reason, op. cit., p. 235-236; ALEXY, R. *TLA*, p. 188 e ss.
22 ALEXY, R. A Discourse-Theoretical Conception of Practical Reason, op. cit., p. 238; ALEXY, R. The Dual Nature of Law. *Ratio Juris* 23 (2), p. 172, 2010.
23 Diferentes resultados discursivamente possíveis seriam possíveis, porque: a) as regras do discurso não prescrevem quais premissas normativas devem ser utilizadas pelos participantes como ponto de partida; b) as etapas da argumentação não estão inteiramente estabelecidas; e c) algumas regras do discurso somente podem ser preenchidas de forma aproximada; ver ALEXY, R. A Discourse-Theoretical Conception of Practical Reason, op. cit., p. 244-245.
24 ALEXY, R. *TLA*, p. 287 ss.

O ESPAÇO DA MORAL NO DIREITO

283

defende que, sem o Direito, a razão prática é inatingível.[25] Direito é, para ele, um instrumento necessário para superar as inevitáveis lacunas de racionalidade encontradas no discurso prático geral.[26] Participantes das práticas jurídicas estão caracteristicamente envolvidos em atos linguísticos compostos por específicos atos de fala, cujo propósito é determinar o que é juridicamente proibido, permitido ou obrigatório dentro de uma ordem jurídica em particular.[27] Como atos de fala regulativos, estão necessariamente ligados à pretensão de correção.[28] Isso transforma, para Robert Alexy, o discurso jurídico em um caso especial do discurso prático geral e implica que a pretensão de justificabilidade ligada à pretensão de correção seja necessariamente vinculada às regras do discurso.[29] Certamente, a pretensão de correção no domínio jurídico tem características específicas. É uma pretensão limitada. Uma pretensão limitada por uma ordem jurídica específica.[30]

A questão crucial é como compreender os limites do domínio jurídico. Em um nível ideal, isto é, em um contexto de total clareza linguística e conceitual, em que toda a informação empírica está inteiramente disponível, em que há a capacidade e o desejo

---

25 O Direito é necessário para: a) assegurar as pressuposições que tornam o discurso racional faticamente possível; b) tornar possível alcançar soluções quando não há consenso discursivo; c) tornar possível alcançar resultados obtíveis exclusivamente por meio da coordenação; d) garantir a observância de soluções práticas; ver ALEXY, R. A Discourse-Theoretical Conception of Practical Reason, op. cit., p. 244 ss.; ALEXY, R. The Dual Nature of Law, op. cit., p. 173.

26 ALEXY, R. Discourse Theory and Human Rights. *Ratio Juris* 9 (3), p. 220-221; ALEXY, R. My Philosophy of Law: The Institutionalisation of Reason, op. cit., p. 32-33.

27 Ver ALEXY, R. An Answer to Joseph Raz. In: PAVLAKOS, G. (ed.). *Law, Rights and Discourse.*The Legal Philosophy of Robert Alexy. Oxford: Hart Publishing, 2007. p. 47; ALEXY, R. *B&G*, p. 47.

28 ALEXY, R. On the Concept and the Nature of Law. *Ratio Juris* 21 (3), p. 290 ss.

29 ALEXY, T. *TLA*, p. 212 ss.

30 ALEXY, R. An Answer to Joseph Raz, op. cit., p. 52-53.

de intercambiar os papéis e em uma completa ausência de preconceito, o Direito apenas realizaria uma escolha dentro de uma margem de opções, todas elas discursivamente possíveis. Contudo, nas práticas jurídicas reais, as regras do discurso racional seriam perseguidas necessariamente de forma imperfeita. Não obstante, para Robert Alexy, o conceito "ideal" de Direito reina nas práticas jurídicas também. É em conformidade com esse conceito "ideal" de Direito que as práticas jurídicas reais deveriam ser avaliadas e contestadas.[31] Após essa reviravolta, é difícil visualizar o que permanece dos limites da pretensão de correção no domínio jurídico. A ideia de uma pretensão limitada de correção nas práticas jurídicas reais parece ser tragada pela última conclusão. A resposta final de Alexy coincide com sua inicial: participantes de práticas jurídicas estão tipicamente envolvidos em asserções sobre o que outras pessoas deveriam fazer. Não lhes é possível renunciar à ambição de cumprir as regras do discurso racional, sem que igualmente renunciem à sua condição de seres humanos.[32] Eles têm que pressupor que o que está em jogo é sempre uma escolha entre opções discursivamente possíveis.

Agora, eu gostaria de me concentrar em três relevantes consequências práticas que o compromisso com tal conceito "ideal" de Direito tem:

1) As disposições normativas que integram uma ordem jurídica não estão exauridas pelo conjunto de normas não extremamente injustas, que foram aprovadas em consonância com o teste de validade da ordem jurídica, e que apresentam, ao menos, a probabilidade de se tornarem efetivas. Há também os princípios

---

31 ALEXY, R. On the Concept and Nature of Law, op. cit.
32 Para o desenvolvimento de um argumento relacionado aos problemas que vejo no que concerne às teses de Alexy, ver P. Gaido, Some Problems with Robert Alexy's Account of Legal Validity: The Relevance of the Participant's Perspective, op. cit.; GAIDO, P. *Las pretensiones normativas del derecho*, op. cit.

O ESPAÇO DA MORAL NO DIREITO   285

morais que as autoridades jurídicas levaram ou deveriam ter levado em consideração em sua tarefa regulatória.[33] Para Alexy, da perspectiva do participante, o Direito não é considerado como um sistema normativo, cujas normas podem ser identificadas em um momento e para sempre, mas como um sistema normativo aberto, cujas normas estão sujeitas à variação.[34] Lembre-se que o que se pressupõe é que sempre está em jogo uma escolha entre opções discursivamente possíveis. Opções discursivamente impossíveis são necessariamente consideradas juridicamente defeituosas.[35] O conteúdo do Direito deveria ser desenvolvido à luz dessa última pressuposição.

2) A identificação do Direito pressupõe deliberação.[36] Toda interpretação jurídica deve ser baseada em um argumento orientado pela pretensão de correção. De fato, trata-se de uma pretensão limitada pela ordem jurídica, mas necessariamente aberta à razão prática geral. A escolha entre os diferentes métodos de interpretação em jogo deve ser feita com base em um argumento que a justifique. Necessita-se de uma completa articulação das premissas fáticas e normativas que justificam a opção por um método particular de interpretação. Assim, interpretação jurídica é compreendida como uma forma de argumentação em que a escolha por um dentre os diferentes métodos de interpretação deve ser ponderada.[37]

3) Da perspectiva do participante, parece que uma resposta à questão acerca do que o Direito considera como o conceito "ideal" de Direito remonta a uma resposta à questão de como os juízes devem justificar o caso concreto em análise.

---

33   ALEXY, *B&G*, pp. 201 ss.; R. Alexy, "An Answer to Joseph Raz," op. cit. p. 47.
34   ALEXY, R. An Answer to Joseph Raz, op. cit., p. 47; ALEXY, R. *B&G*, p. 136, 205-206.
35   ALEXY, R. *B&G*.
36   ALEXY, R. *TLA*, p. 234 ss.
37   *Ibidem.*

286 PAULA GAIDO

Precisaremos relembrar as consequências práticas que o conceito "ideal" de Direito traz às práticas reais, de acordo com Alexy, de forma a avaliar suas principais diferenças teóricas em relação à concepção de Joseph Raz.

3. A RESPOSTA DE RAZ: AUTORIDADE LEGÍTIMA

A ideia de autoridade legítima é crucial na visão de Joseph Raz sobre o Direito.[38] A existência do Direito exige, por um lado, fontes institucionais que, intencionalmente, formulem diretivas cujo propósito é o de regular o comportamento de seus sujeitos, levantando pretensão de autoridade legítima.[39] Por outro lado, exige agentes (tipicamente, embora não apenas, juízes) que aceitem a autoridade legítima dessas fontes institucionais.[40] Raz sustenta que as fontes autoritativas estão conceitualmente comprometidas a levantar a pretensão de autoridade legítima e aqueles que aceitam essa autoridade estão conceitualmente comprometidos a aceitá-las como legítimas. Para Raz, não há Direito sem essa relação institucional. Possivelmente, essa é a razão pela qual o autor conclui que, para entender o Direito, precisamos articular os compromissos conceituais daqueles envolvidos nessa relação autoritativa.

Os compromissos conceituais daqueles envolvidos nessa relação autoritativa refletem-se na maneira pela qual estão compro-

---

38 RAZ, J. On the Nature of Law. *Archiv für Recht und Sozial Philosophie*, p. 14, 1996; ver também RAZ, J. Postema on Law's Autonomy and Public Practical Reasons: A Critical Comment. *Legal Theory 4*, p. 13-14, 1998.

39 RAZ, J. Legal Positivism and the Sources of Law. In: *The Authority of Law*. Essays on Law and Morality. Oxford: Clarendon Press, 1979. p. 37 ss.; RAZ, J. Authority, Law and Morality. In: *Ethics in the Public Domain*. Oxford: Oxford University Press, 1994. p. 194 ss.; RAZ, J. Intention in Interpretation, op. cit., p. 249-286.

40 RAZ, J. Hart on Moral Rights and Legal Duties. *Oxford Journal of Legal Studies 4/1*, p. 130, 1984.

O ESPAÇO DA MORAL NO DIREITO 287

metidos a entender o discurso prático, quando o uso de normas jurídicas como razões justificadoras está em jogo.[41] Nesse caso, explica Joseph Raz, as normas jurídicas são entendidas como razões protegidas para ação.[42] Ou seja, como razões complexas que incluem uma razão de primeira ordem a agir conforme prescrevem e uma razão negativa de segunda ordem, que exclui a relevância prática de qualquer consideração posterior a favor ou contra a ação exigida.[43] Perceba-se que razões excludentes são razões para não agir na própria ponderação de razões, ao invés de não agir em conformidade a elas.[44] Muito do esforço teórico de Raz tem sido devotado a mostrar que agentes que argumentam com base em razões protegidas – isto é, baseando-se em um juízo parcial que desconsidera a totalidade das coisas – preservam a racionalidade.[45]

Decisivamente, para Joseph Raz, a compreensão das normas jurídicas como razões protegidas depende conceitualmente da consideração da autoridade jurídica como uma autoridade moralmente legítima.[46] Raz parece pensar que, em nossas práticas conceituais, somente autoridades legítimas são fontes de razões protegidas para agir.[47] A ideia central que está implícita é a de que melhor se conforma à razão se se obedecer as diretivas autoritati-

---

41 RAZ, J. *The Morality of Freedom*, op. cit., p. 28.
42 RAZ, J. *Practical Reasons and Norms*. Princeton: Princeton University Press, 1990. p. 184-185.
43 RAZ, J *Practical Reason and Norms*, op. cit., p. 49-84; RAZ, J. Legitimate Authority. In: *The Authority of Law*. Essays on Law and Morality. Oxford: Clarendon Press, 1979. p. 22-23. Realmente, apenas certas normas jurídicas têm, para Raz, esse caráter complexo. Ele tem em mente normas jurídicas de obrigação, especificamente. Farei referência, neste artigo, a esses tipos de normas, a menos que eu trace uma distinção adicional.
44 RAZ, J. *Practical Reason and Norms*, op. cit., p. 229.
45 *Idem*, p. 144 ss.
46 Para uma análise crítica da concepção de Raz sobre essa relação, ver Margaret Martin, *Judging Positivism*. Hart Publishing, 2014, caps. 4 e 5.
47 RAZ, J. *The Morality of Freedom*, op. cit., p. 46; RAZ, J. On the Nature of Law, op. cit., p. 14.

vas do que se se agir de acordo com os próprios critérios. *Grosso modo*, a concepção de autoridade de Raz é fundada em duas teses: a tese da justificação normal e a condição de independência. Conforme a tese da justificação normal, o sujeito está em melhor conformidade às razões certas se tentar orientar-se pelas diretivas da autoridade do que se não o fizer. A condição de independência, por sua vez, considera que as questões pelas quais a primeira condição é preenchida são tais que, em relação a elas, é preferível orientar-se pelas diretivas autoritativas decidir por si mesmo, sem o auxílio da autoridade.[48] Adicionalmente, acrescenta Raz, o caráter legítimo da autoridade é avaliado sob o ponto de vista do indivíduo, levando-se em consideração o conjunto de suas diretivas.[49] Disso decorre que não é possível, para Raz, determinar um dever geral de obediência a qualquer Direito.

A concepção de autoridade legítima de Joseph Raz inclui o fato de que é possível à autoridade manter-se legítima, ainda que incorra em erro.[50] Isso porque, para a autoridade ser legítima, é suficiente a ela tornar mais provável que as pessoas ajam em conformidade à razão, mas não é necessário a ela assegurar tal conformidade em todas as ocasiões. Assim, sob a perspectiva do participante, autoridades (jurídicas) legítimas são entendidas como detentoras de um caráter instrumental e concebidas como agentes potencialmente imperfeitos.[51]

---

48 RAZ, J. The Problem of Authority: Revisiting the Service Conception. *Minnesota Law* Review, p. 1012 ss., 2006; RAZ, J. *The Morality of Freedom*, op. cit., p. 23-69.

49 RAZ, J. *The Morality of Freedom*, op. cit., p. 71-104; RAZ, J. On the Nature of Law, op. cit., p. 11.

50 RAZ, J. The Problem of Authority: Revisiting the Service Conception. *Minnesota Law* Review, 2006; RAZ, J. *The Morality of Freedom*, op. cit.; RAZ, J. On the Authority and Interpretation of Constitutions: Some Preliminaries. In: RAZ, J. *Between Authority and Interpretation*. Oxford: Oxford University Press, 2011. p. 343, especialmente a nota 14.

51 RAZ, J. About Morality and the Nature of Law. *The American Journal of Jurisprudence*, vol. 48, p. 12, 2003; RAZ, J. Incorporation by Law, op. cit., p. 9.

O ESPAÇO DA MORAL NO DIREITO 289

Para uma compreensão precisa da natureza excludente das normas jurídicas, ainda são necessários maiores esclarecimentos. Precisamos determinar o escopo das razões excluídas pelas normas jurídicas como razões protegidas. O que deve ser excluído, salvo um alerta explícito, são aquelas considerações contrárias à ação exigida pela norma, as quais levariam à rejeição da ação exigida, caso prevalecessem.[52] Adicionalmente, a suposição é a de que a autoridade decidiu no interior dos limites de sua competência ou jurisdição.[53] Realmente, é coerente para Joseph Raz reconhecer que legisladores ou normas de segunda ordem de um sistema jurídico (por exemplo, normas constitucionais) podem pôr limites à exclusão, isto é, invocar algumas razões para além do escopo de exclusão. Ademais, pode haver um forte argumento moral substancial que coloque certas considerações (por exemplo, direitos humanos) sistematicamente para além do escopo das exclusões exigidas pelas normas jurídicas autoritativas.[54] Contudo, quanto mais se permitem tais restrições à exclusão, menos espaço resta para a resolução antecipada de questões pela autoridade jurídica.

Agora, quais tipos de razões podem superar normas jurídicas válidas como razões protegidas para ação no domínio jurídico? Ou, em outras palavras, quais são as razões que competem na arena do Direito (dado que, sob a perspectiva do participante, a

---

52 RAZ, J. Postema on Law's Autonomy and Public Practical Reasons: A Critical Comment, op. cit., p. 17, rodapé 39. Raz utiliza diferentes expressões indistintamente para se reportar às considerações que as normas jurídicas excluem, referindo-se a ela como: razões dependentes, razões aplicáveis, razões relevantes, razões subjacentes, razões excluídas etc. Ver como exemplos: RAZ, J. *Practical Reasons and Norms*, op. cit., p. 190, 193, nota 36, p. 216; RAZ, J. Reasoning with rules, op. cit.; RAZ, J. Incorporation by Law, op. cit., p. 14; RAZ, J. The Problem of Authority: Revisiting the Service Conception, op. cit., p. 1019-20, 1022.

53 RAZ, J. Legitimate Authority, op. cit., p. 22; RAZ, J. The Problem of Authority: Revisiting the Service Conception, op. cit., p. 1019-1020.

54 Gostaria de agradecer a Gerald Postema por destacar esse ponto.

290 PAULA GAIDO

ideia de Direito implica a ideia de argumentação baseada em um juízo parcial e potencialmente imperfeito, e não de argumentação que considere todas as coisas?). À primeira vista, parece que, sob a perspectiva do participante, se o Direito regula o caso e não se refere a considerações extrajurídicas, nada mais pode importar. De fato, com frequência o Direito se refere a considerações extrajurídicas e Joseph Raz admite diferentes cenários em que normas jurídicas, como razões protegidas, não determinam o que é conclusivamente exigido. Por um lado, Raz concebe a possibilidade de leis válidas em genuíno conflito entre si.[55] Por outro lado, há considerações extrajurídicas remanescentes, não excluídas pelas normas jurídicas, que podem entrar em conflito com elas.[56] Nesses casos, seria exigida uma nova ponderação de razões, na qual considerações extrajurídicas teriam necessariamente um papel a desempenhar. Nessas situações, para Raz, o Direito parece deixar a questão sem decisão. Isso será compatível com a relação autoritativa em que participantes estão envolvidos. Se não for dado qualquer critério jurídico a ser seguido na ponderação dessas razões, não há Direito estabelecido.[57]

Uma questão relacionada, porém, diferente, é a importante restrição colocada por Joseph Raz à ideia de autoridade considerada sob a perspectiva do participante. Por um lado, para Raz, do ponto de vista do participante, erros grosseiros são excluídos da concepção de autoridade legítima.[58] A ideia de autoridade legítima parece incluir a ideia de uma autoridade ser legítima ainda que incorra em erro. Entretanto, há um limite para o tipo de erros em jogo. Diretivas autoritativas que realizem erro grosseiro não po-

---

55 RAZ, J. Legal reasons, sources, and gaps. In: *Ethics and the Public Domain,* op. cit., p. 59; ver também RAZ, J. The Claims of Law, op. cit., p. 33; RAZ, J. Legal Rights. In: *Ethics in the Public Domain,* op. cit., p. 257; RAZ, J. The Problem of Authority: Revisiting the Service Conception, op. cit., p. 1019-1020.
56 RAZ, J. *Practical Reasons and Norms,* op. cit., p. 77.
57 RAZ, J. Legal Reasons, Sources, and Gaps, op. cit., p. 77.
58 RAZ, J. Intention in Interpretation, op. cit., p. 294.

O ESPAÇO DA MORAL NO DIREITO 291

dem ser consideradas razões justificatórias. Por outro lado, para Raz, sob a perspectiva do participante não há autoridade atemporal.[59] A ideia aqui parece ser a de que a relação autoritativa que estrutura o Direito é limitada pelo tempo.[60] O decorrer do tempo priva, gradualmente, o legislador de seu posicionamento moral. A noção considerada de autoridade implica que a probabilidade de os legisladores identificarem as razões corretas decresce com o tempo. Assim, a relação autoritativa que estrutura o Direito pressupõe não apenas a crença na capacidade moral falível da autoridade jurídica, mas também a crença de que essa capacidade não pode durar muito tempo.[61] Essa constrição de tempo sobre os legisladores retira a força prática das disposições jurídicas – desde que nenhum argumento posterior seja oferecido para substituir a autoridade como fundamento de sua validade.

Podemos concluir que a ideia de autoridade jurídica legítima de Joseph Raz está cercada por limites claros: não é uma autoridade onipotente. Simultaneamente, há ainda uma importante ideia que Raz deseja que consideremos: a ideia de autoridade jurídica que subjaz à nossa prática conceitual implica a ideia de ter um problema resolvido previamente por outra pessoa. Sistemas jurídicos são compostos de normas jurídicas que, enquanto sejam as regras formuladas pela autoridade legítima e não refiram a considerações extrajurídicas, colocam fim à relevância prática de qualquer deliberação posterior. Portanto, sob a perspectiva do participante, o papel excludente do Direito parece ter duas faces: é relacionado com a identificação e com a força do Direito. A autoridade jurídica é entendida como um meio para a identificação de qual é a coisa correta a se fazer.

---

59 RAZ, J. Intention in Interpretation. In: RAZ, J *Between Authority and Interpretation*. Oxford: Oxford University Press, 2011. p. 296 ss.
60 RAZ, J. On the Authority and Interpretation of Constitutions: Some Preliminaries, op. cit., p. 341.
61 *Ibidem.*

292 PAULA GAIDO

Aqui, também, gostaria de me concentrar em três consequências práticas relevantes que o compromentimento com tal conceito de Direito traz:

1) As disposições normativas que integram um sistema jurídico estão exauridas pelo conjunto de normas aprovadas pelo teste autoritativo de validade jurídica estabelecido pelo sistema jurídico. Não há Direito além do Direito estabelecido.

2) Há uma relação conceitual entre os fundamentos da autoridade do Direito e como o Direito tem de ser interpretado.[62] A ideia é que, enquanto o Direito for o produto de criação deliberada e a legitimidade moral dos legisladores for pressuposta, a interpretação deve refletir as intenções de seus criadores.[63] A intenção mínima, que Joseph Raz atribui aos legisladores, é que as leis aprovadas sejam entendidas da forma como alguém iria normalmente compreendê-las, conforme as circunstâncias e cultura jurídica em que foram aprovadas (Tese da Intenção Autoritativa).[64] Particularmente, ele sustenta que temos que identificar o Direito utilizando as convenções interpretativas (jurídicas) preponderantes na época de sua promulgação.[65] E assim seria, a menos que a autoridade explicitamente declarasse algo diferente (cujo conteúdo também terá que ser interpretado em acordo com as convenções interpretativas prevalentes).[66] Contudo, a Tese da

---

62 RAZ, J. On the Authority and Interpretation of Constitutions: Some Preliminaries, op. cit., p. 332.
63 RAZ, J. Why Interpret. In: RAZ, J. Oxford University Press, 2011. p. 235-236; RAZ, J. Intention in Interpretation, op. cit., p. 275 ss.
64 RAZ, J. Intention in Interpretation, op. cit., p. 284-5, 289. Raz quer diferenciar essa intenção mínima das "reais" intenções dos legisladores (Tese da Intenção Radical).
65 RAZ, J. Intention in Interpretation. In: RAZ, J. *Between Authority and Interpretation*. Oxford: Oxford University Press, p. 284-5, 289.
66 RAZ, J. Intention in Interpretation, op. cit., p. 286 ss.

O ESPAÇO DA MORAL NO DIREITO   293

Intenção Autoritativa exclui conceitualmente métodos de interpretação que sustentam que temos que interpretar o Direito de acordo com o que o Direito deveria ser ou qualquer outro método de interpretação que atribua relevância prática a deliberações posteriores. Tais métodos de interpretação têm que ser excluídos por causa da própria ideia de autoridade legítima como um meio para a identificação da coisa correta a se fazer.

3) Sob a perspectiva do participante, onde há Direito estabelecido, a autoridade jurídica determina antecipadamente o que deve ser feito. Parece que, para Joseph Raz, sob a perspectiva do participante, se há Direito estabelecido, uma resposta à questão acerca do que o Direito é equivale à resposta acerca de como os juízes, como participantes, devem justificar o caso em jogo. Como se sabe, Joseph Raz rejeita explicitamente essa última conclusão.[67] Ele sustenta que cabe a cada prática jurídica decidir se esse é o caso.[68] Duvido que haja lugar para tal tese dentro do seu entendimento de Direito.[69]

4. UM DEBATE PROFÍCUO

Robert Alexy e Joseph Raz concordam que não podemos entender o Direito sem compreender o valor moral que subjaz às práticas jurídicas. Eles articulam o valor moral com o qual as práticas jurídicas estão diferentemente comprometidas. A pretensão de correção de Alexy e a pretensão de autoridade legítima de Raz parecem conduzir-nos a imagens opostas sobre a natureza do

---

67 RAZ, J. Postema on Law's Autonomy and Public Practical Reasons: A Critical Comment. *Legal Theory 4*, p. 1-20, 1998; RAZ, J. On the Autonomy of Legal Reasoning. In: *Ethics in the Public Domain*. Oxford: Oxford University Press, 1994. p. 310-324.

68 *Ibidem.*

69 Estou trabalhando em um artigo que mostra os problemas que sustentar tal tese traz para sua concepção geral de Direito.

Direito. O diferente entendimento do valor moral em jogo parece trazer, em princípio, grandes consequências à interpretação do Direito e julgamento de casos jurídicos. Para Alexy, a identificação do Direito depende de um argumento sempre aberto ao discurso prático geral mediante a pretensão de correção. Para Raz, a identificação do Direito depende de um argumento no qual reinam apenas considerações de fatos autoritativos. Para Alexy, a própria ideia de Direito como uma prática contínua aberta à razão prática reflete na sua concepção de julgamento como sempre aberto à razão prática também. Para Raz, a própria ideia de Direito como tendo a questão resolvida previamente por uma autoridade legítima parece não deixar espaço para a razão prática posterior no julgamento, ao menos onde houver Direito estabelecido.[70]

O debate entre estudiosos das tradições de Robert Alexy e Joseph Raz ainda pode continuar. É na articulação do valor moral, com o qual o Direito está necessariamente comprometido, e suas consequências práticas, que entendo que a discussão ainda poderá encontrar um campo fértil. A necessária relação entre Direito e Moral é tida como certa em ambas as tradições teóricas. O que está em jogo é o que isso significa. E, acrescentaria, até que ponto ambos os autores estão dispostos a seguir seus próprios compromissos teóricos.

---

70 Ver nota 68, acima.

www.forenseuniversitaria.com.br
bilacpinto@grupogen.com.br

Este livro foi impresso na
LIS GRÁFICA E EDITORA LTDA.
Rua Felício Antônio Alves, 370 – Bonsucesso
CEP 07175-450 – Guarulhos – SP
Fone: (11) 3382-0777 – Fax: (11) 3382-0778
lisgrafica@lisgrafica.com.br – www.lisgrafica.com.br